国家出版基金项目
NATIONAL PUBLICATION FOUNDATION

第八卷

序跋集

王富仁学术文集

王富仁◎著

李怡 宫立 ◎编

山西出版传媒集团
北岳文艺出版社
·太原

图书在版编目（CIP）数据

王富仁学术文集.8，序跋集/王富仁著；李怡，宫立编.—太原：北岳文艺出版社，2021.5
ISBN 978-7-5378-6354-4

Ⅰ.①王… Ⅱ.①王…②李…③宫… Ⅲ.①王富仁—文集②序跋—作品集—中国—当代 Ⅳ.①C52②I267

中国版本图书馆CIP数据核字（2021）第004293号

王富仁学术文集.8·序跋集
王富仁 著
李怡 宫立 编

//

策划	出版发行：山西出版传媒集团·北岳文艺出版社
续小强	地址：山西省太原市并州南路57号 邮编：030012
王朝军	电话：0351-5628696（发行部） 0351-5628688（总编室）
	传真：0351-5628680
项目负责人	经销商：新华书店
王朝军	印刷装订：山西人民印刷有限责任公司
高海霞	
	开本：787mm×1092mm 1/16
责任编辑	总字数：3557千字
赵 婷	总印张：238.75
	版次：2021年5月第1版
书籍设计	印次：2021年5月山西第1次印刷
张永文	书号：ISBN 978-7-5378-6354-4
	总定价486.00元（全12册）
印装监制	
郭 勇	本书版权为本社独家所有，未经本社同意不得转载、摘编或复制

目　录

《古老的回声——阅读中国古代文学经典》再版后记 …………… 001

《中国需要鲁迅》后记 ………………………………………………… 002

《先驱者的形象》再版后记 …………………………………………… 005

谈女性文学
　　——钱虹编《庐隐外集》序 …………………………………… 009

文化的光芒与阴影
　　——何希凡《在文化的光芒与阴影下》序 …………………… 020

《鲁迅学文献类型研究》评介 ………………………………………… 027

摸索鲁迅的灵魂
　　——读解洪祥《近代理性·现代孤独·科学理性》 ………… 031

国家主义与无政府主义
　　——《无政府主义与五四新文化：围绕〈新青年〉同人所作的考察》序
　　…………………………………………………………………… 037

个人的自觉与文学的自觉
　　——高俊林《现代文人与"魏晋风度"》序 …………… 054
林纾现象与"文化保守主义"
　　——张俊才教授《林纾评传》序 ……………………… 064
无政府主义与中国现代文学漫论 ……………………………… 073
河南文化与河南文学
　　——梁鸿《在边缘与中心之间——20世纪河南文学》序 ………… 088
从本质主义的走向发生学的
　　——女性文学研究之我见 ……………………………… 146
当代鲁迅研究漫谈
　　——朱崇科《1927年广州场域中的鲁迅转换》序 ………… 159
研究鲁迅儿童教育思想的重要性
　　——姜彩燕《鲁迅与儿童教育》序 …………………… 173
女性文学研究：广阔的道路
　　——《人与衣：张爱玲〈传奇〉的服饰描写研究》序 …………… 180
左联期刊研究的价值和意义
　　——评左文《非常传媒——左联期刊研究》 …………… 187
让尘封的历史成为鲜活的文化
　　——张惠民《人间一度"春秋"——〈左传〉今读》序 ………… 193
中国现代文学文献学研究的力作
　　——徐鹏绪著《中国现代文学文献学研究》评介 ……… 198
谈"化"
　　——朱崇科《鲁迅小说中的话语形构："实人生"的枭鸣》序 …… 205

目 录

他摸到了学院学者文学家的脉搏
　　——读于慈江著《杨绛,走在小说边上》 …………… 221

华人女性：东西方性别文化解读新符号
　　——《"她者"镜像:好莱坞电影中的华人女性》引发的思考 ……… 228

《依然旧时明月》序 ………… 232

《翻身道情：解放区小说主题叙事研究》序 ………… 243

《漳州籍现代著名作家论集》序 ………… 246

《诗文探微》序 ………… 248

《经验与真理：中国文学真实观念的历史和结构》序 ………… 256

充满真实的青春激情
　　——《郭小川精选集》序 ………… 260

《女子高等教育与中国现代女性文学的发生》序 ………… 265

"绘事后素"
　　——刘殿祥《闻一多〈死水〉论》序 ………… 274

谭桂林《本土语境与西方资源》序 ………… 285

《古老的回声——阅读中国古代文学经典》再版后记

四川人民出版社肯将我的这本书再版发行，我感到十分的荣幸。在该书再版的过程中，张丹女士做了大量细致麻烦的工作，她请人为该书重新设计了封面，并且几易其稿，精益求精。这次的封面颇有淡泊素雅之气和意境悠远之美，我很喜欢；初版印刷错误颇多，也是在张丹女士主持下，反复校对，改正了原书的大量错误，算是去了我的一块心病。姜飞、魏智渊两位先生为该书写了推荐语，对他们的厚爱，我是十分感激的。姜飞先生在该书初版的出书过程中就是与有力者之一，这一次又慨然应允，写了荐语；魏智渊先生在新教育实验网络师范学院研制的"中国中小学教师基础阅读书目"中推荐该书，所以他们都是有恩于该书和该书的作者我的。北京师范大学杜霞女士也是再版该书的推动者之一，在此一并表示感谢。

2014年3月13日于汕头大学文学院

原载《古老的回声——阅读中国古代文学经典》，王富仁著，四川人民出版社2014年版

《中国需要鲁迅》后记

感谢葛涛先生和安徽大学出版社能够将我的这些鲁迅研究的文章编入他们的"中国鲁迅研究名家精选集"。不过,说是"名家",有些惭愧,只是年纪大了,在鲁迅研究界,年轻人认识我的多,我认识的年轻人则较少,就好像有了"名",其实再过多少年,别人把我们这一代的人忘了,而现在还没有"名"的年轻人则有了更多的读者。到那时,我们就不是"名家"了;说是"精选",也有些牵强,因为我这个人做事,向来有些"马大哈",不是那种肯下"十年磨一剑"的死功夫的人。我们所处的时代又是一个变动不居的时代,有什么话得赶紧说,不然,时世一变,你想说的话就说不出来了。说出来,也没有人听了。所以,我的文章做得都有些"急",有些"空",并不那么"精",那么"细"。我的文章,时间跨度有三十余年,前后也有很大变化,很难找到一个统一的标准,分出哪篇更好、哪篇更坏来。

该集"上编"中的三篇文章,都是从整体上研究鲁迅小说的,只是角度不同,所以我称之为"鲁迅小说面面观"。《鲁迅前期小说与俄罗斯文学》是我的硕士学位论文的"总论",《〈呐喊〉〈彷徨〉综论》是我的博士学位论文的"摘要",这两篇都写于20世纪80年代,又是得提交"答辩"的学位论文,所以其基调还是那时提倡的现实主义,马克思主义文论的影响也是显然可见的。《鲁迅小说的叙事艺术》则是一篇命题作文性质的文章,自己并没有系统研究过西方的小说叙事理论,只是别人

《中国需要鲁迅》后记

给起了这么一个题目,就想当然地写了这么一篇。那时已经是20世纪90年代,"新方法"成了时尚。实际上,那时的"新方法"也只是西方的"旧方法",并不是我们自己的独立创造。只不过没有了以前的条条框框,写起来更加自由(有时也更加随意)罢了。

该集"中编"中的几篇文章,大都写于20世纪90年代。那时在中国内地兴起的是"经济的大潮","钱"贵了起来,"文"便贱了下来,鲁迅的文章也概莫能外。在那时,实业家、商业家相互之间倒有更多的扶助和照应,因为当时他们的空间很大,做点买卖就能发财,用不着彼此竞争,文人之间的竞争反而激烈起来,因为文化空间一下子变小了,文人自己的经济意识也空前地增强了,就顾不上相互的扶助和照应了。这首先表现在鲁迅作品的命运上。从客观上说,鲁迅当时在中国内地占有的文化空间确实太大了,一个社会是不可能只把眼睛盯在一个作家的一部书上的;从主观上来说,中国内地文人要想把自己提高到中国内地文化界领袖的地位上,就必须首先把人们的目光从鲁迅身上引开,而攻击和亵渎鲁迅本身就是一种能够引起人们广泛关注的途径和手段。所以,当时的"反鲁"思潮几乎是遍及整个中国内地文化界的。在这里,又有三个领域:其一是学院精英文化领域,其二是现当代文学领域,其三是中小学语文教学领域。在这三个领域,那时似乎谁不说几句鲁迅的坏话,谁就不够"先进"似的,甚至连当时的中学生,也大都瞧不起鲁迅了。该编中的《学界的三魂》是写给当代文学界那些乐于亵渎鲁迅的人看的,《精神"故乡"的失落——鲁迅〈故乡〉赏析》《自然·社会·教育·人——鲁迅〈从百草园到三味书屋〉赏析》是写给中学教师看的。是为了中学教师更贴切地感受和理解鲁迅的作品。当然,这都有点"螳臂当车"的味道,但作为一个鲁迅研究者,有时却不免要做些这种"螳臂当车"的事情。《〈狂人日记〉细读》是沿着20世纪80年代的路子走过来的,也有点"为学术而学术"的味道。《语言的艺术——鲁迅〈青年必读书〉赏析》则是根据编者的要求专门为本书撰写的。

在物质世界里,"扶竹竿不扶井绳"是一种"明智"之举,而在文化世界里,"枪打出头鸟"则是一种"明智"之举。在物质世界里"出头"的都是有权有钱的人,而权力和金钱本身都是一些实实在在的力量，他们是不扶自直的，扶一扶他们对自己只有好处没有坏处，要想扶起像阿Q一样本身就孱弱的人，那可就难上加难了，并且对自己也没有好处；在文化世界里"出了头"的人则不同，他们是趁别人没注意冷不防地出了名的，出了名以后也仍然是无权无钱的一些人，所以攻击和亵渎一下他们对自己不但没有多大害处，而且可以因此而成名。所以，在20世纪20年代，受攻击最多的是胡适和陈独秀，因为他们搞了个五四新文化运动，"出了头"；到了20世纪30年代，受攻击最多的就是鲁迅了，因为他参加了"左翼"作家联盟，也"出了头"。实际上，谁都知道当时的中国不是被陈独秀、胡适、鲁迅这样一些文人搞坏的。文化界的这种传统，实际一直就没有断过头，到了21世纪，人们又一次把自己的怨气一股脑儿地倾泻到了五四新文化运动和鲁迅的身上，似乎整个中国现当代社会的灾难都是五四新文化运动和胡适、陈独秀、鲁迅，特别是鲁迅搞出来的。该集"下编"的三篇文章都是进入21世纪之后写的，但这时已经没有什么人关心我们这些鲁迅研究者都在想什么、怎么想，虽然费了好大力气，却没有产生什么影响。

　　检视自己一生的学术研究道路，心里多多少少有点别扭的感觉。该集"上编"所收的《鲁迅前期小说与俄罗斯文学》《〈呐喊〉〈彷徨〉综论》两篇文章，是我老老实实运用我曾经下过一番苦功夫的马克思主义理论写成的，但当时我却被当作反马克思主义者而受到社会的公开批判，其人当然也是"右派"了，而进了21世纪，我早已不再恪守马克思主义的思想信条，却仅仅因为我不否定"五四"、不否定鲁迅，不否定20世纪30年代的"左翼"文学运动，就又被一些人视为"左"，视为"保守"了。

　　前几天，汕头大学一位教授问我："你到底是'左派'呢，还是'右派'呢？"我当时说了半天，也没有能够回答出他提出的这个问题。现在想来，假若再有人问我这个问题，我就说：我是鲁迅派！

2013年1月31日于汕头大学文学院

原载《中国需要鲁迅》，王富仁著，安徽大学出版社2013年版

《先驱者的形象》再版后记

这是我的第一部论文集,写于我于西北大学攻读硕士研究生(1978—1981)和于北京师范大学攻读博士研究生(1982—1984)两个人生阶段,那时正是"文化大革命"已经结束,国家正在"改革、开放"的历史时期,所以我的这部论文集,虽然只是个人试着写的一些学术论文但与那时"改革、开放"的历史趋势也有一些或显或隐的内在联系。

实际上,不论是"改革"还是"开放",都有相互联系的两个层面,其一是"现实层面",其二是"理想层面"。"现实层面"永远是一个基础的层面,本体的层面:不论一个人有多么高远的理想,但归根到底还是为了把现在的事情做好,使现在变得更适于自己的生存和发展。不论多么狂热的理想家,也不会为了未来的理想而毁掉眼前的现实,为了未来人的崇高而否定掉自己生存的价值和意义。"理想"只是一面照耀"现实"的镜子,让人看清现实的不足并为改善"现实"开出一条可供选择的道路。这具体到"开放",实际就是"中国现实"与"异域经验"的关系。"中国现实"属于"现实层面","异域经验"则是异域已有而自己尚无的具有理想性质的因素,不过这种理想更具有现实的可行性,不纯粹是自己的主观想象,所以也易于被人所理解和接受。但不论怎样,对于我们,"中国现实"都是更关键的因素,开放是为了中国自身的发展,是为了中国社会人生的整体改善,而不能只停留在崇拜外国而漠视中国的思想层面上,更不能只承认外国人生存和发展的权利而否定中国人自己生存和发展的权利。在那时，我对于"改革、开放"的认识，主要是通过对鲁迅及其作品的思考和研究具体阐发出来的，因为鲁迅始终是主张"改革、开放"的，但在文化上却既不属于"复古派"，也不属于"西化派"。用我的话说来，在文化上，他始终是一个"中国文化的本体论"者。他关注的始终是中国文化的本体的存在与发展，不论他对中国固有的文化传统和中国的国民性采取着何种严厉的批判态度，但都是为了中国社会的现实发展，都是为了中国社会人生的自身改善。所以我的文化思想，也更接近鲁迅的这种"中国文化的本体论"，也是在这种"中国文化的本体论"的思想基础上理解当时的"改革、开放"的文化方针的。

20世纪80年代的"改革、开放"，有一个为后来的社会思潮所无法代替的优点，即它是一个整体的社会运动和社会思想运动，而不仅仅体现社会少数人的愿望和要求。只要在那个时候走过来的人都会知道，经过十年的"文化大革命"时期的社会动乱，不论是中国社会的政治、经济和文化，不论是中国社会的上层和下层，不论是中国的城市和乡村，实际上都已经走到了一个岔路口，实际上都已经无法按照原有的方式生活下去了。甚至连那些口头上反对"改革、开放"的人在内心都期待着一种新的变化，因为不变连他们自己都是没有出路的。所以，那时的"改革、开放"，带有更强烈的自发性，是在社会各个阶层和社会各个领域同时兴起的，几乎谈不到到底是谁领导了谁。但也正是因为如此，那时的人各自关心的都是中国社会这个整体的生存和发展，因为没有这个中国社会的整体的生存和发展，任何一个单独的个人都无法仅仅为自己找到一个光明的前途。后代人常常批评我们那代人运用的还是"宏观叙事"，实际上，在那时，几乎只有这个"宏观"才是有意义的，任何一个"微观"都离不开这个"宏观"。——整体凝固了，任何一个个体都动不起来。要动，大家得一起动。

从那时到现在，已经过去了多年的时间，我也从中年期进入了老年期，从"新人"变成了"旧人"。从现在的青年看来，这部论文集中的文章大概已经陈旧不堪了，甚至连那时使用的语言也与现在流行的语言有了很大的差别。那时还是一个读书的时代，现在则已经进入了网络的时

《先驱者的形象》再版后记

代。但是，历史又是有连续性和循环性的。所谓连续性，是说人类或一个民族的历史发展是一个连续变化的链条，任何一个历史时期都不会永久地停留在已有的水平上，任何一个历史时期都不会成为人类或一个民族的黄金时代，在这个意义上，人类或一个民族的历史实际都处在"改革、开放"的过程中，过去的"改革、开放"对现在的"改革、开放"仍然是有借鉴作用的。例如，任何一代人，任何一代青年，都要谋取自身的发展，都要前进，都要向未来、向未知的领域迈出自己的一只脚，而不能将两只脚都站在前人已经给自己垫平的地面上。保守主义不是没有自己的作用，但要是一代知识分子，一代青年都满足于自己是一个保守主义者，都以自己是一个保守主义者为荣，这个时代的人，这个时代的青年就得警惕了，就得认真地环顾一下现实的社会了，就得意识到现实社会已经在一些不可见的领域逐渐腐败下去，因为这是一个十全停滞的社会所必然发生的现象。与此同时，当一代人，一代青年向未来、向未知的领域已经迈出了自己的一只脚，那么，他的另外一只脚，就必须更有力地踏在现实的地面上。只有在迈出的那只脚已经踏在地面上之后，再抬起自己另外一只脚再将自己另外一只脚迈向未来、迈向未知。不要设想一个人或一个社会会整个地飞起来，不要设想整个人类或一个民族的固有的文化传统会在一个历史时期完全失去其对现实人或现实社会的制约作用。历史的发展从来不可能是直线的，跳跃的，从来不会"大跃进"，而是有其自然顺序的，而是在循环中前进，在盘旋中发展的。所谓"循环性"，是说任何一个时代的发展都是在政治、经济、文化这些早已存在的不同领域间循环往复的，新的不是绝对的新，旧的也不是绝对的旧，即使一代代的人，也都要经历从生到死这样一个圆圈式的变化过程，任何一代青年都有青年的特征，任何一代老年也都有老年的特征，新一代人不是绝对的新，老一代人也不是绝对的旧。总有变化，也总有联系。任何一代人都不会成为超人，也不会找到可以包治百病的文化模式或社会模式。一个时代的人，一个时代的青年都以自己是一个保守主义者为荣是值得警惕的，一个时代的人，一个时代的青年都以自己是一个超时代的"超人"，都以为自己能够无往而不胜，也是十分危险的，因为这恰恰是一个社会即将面临一场社会大灾难的前兆。总之，任何一个时代的人，任何一个时代的青年，都要前进，都要发展，而任何一个时代的人，任何一个时代的青年，都要准备承担发展的艰难，都要克服自己前进道路上的困难。在这个意义上，我们那代人所曾经经历的现实人生和文化道路，对于现在的青年仍然是有借鉴意义的。我们这一代人现在已经老了，已经成了"时代的落伍者"，但我们也曾年轻过，也曾奋斗过，把我们那个时代的照片拿出来，让青年们看一看，或许不是没有一点用处的。

感谢浙江文艺出版社，在那个春寒料峭的年代，为我们这些刚刚进入文坛的无名文卒出版了这套"新人文论"丛书，又在我们进入耄耋之年的时候，将这套丛书拿来重印。用鲁迅曾经用过的说法来说，这也可以叫作"朝花夕拾"吧？虽然其花叶未必那么美，但重新捡拾起来，心里还是有点激动的。

谢谢！谢谢编者！谢谢读者！

2014年5月10日于汕头大学文学院
原载《现代中文学刊》2014年第5期

谈女性文学
——钱虹编《庐隐外集》序

按理说，读书的序言是不应由我来作的，但推托了一次没有成功，又恰值有几句闲话要说，便接受了下来。

当该书编者钱虹来信要求我为该书作序的时候，我刚刚参加过电影研究中心召开的近年来中国女导演执导影片座谈会。在这个座谈会上，方知世界上对于女性文学的研究颇为重视，国内有些同志也开始着手女性文学的研究。我无意专门从事这个专题的研究，也没有能力代女性立言，但却使我联想到关于中国现代文学研究的一些问题。我说"恰值有几句闲话要说"，就是这么一个意思。这些零碎想法难以构成一篇正式的评论文章，但又想说一说。钱虹同志正好给我提供了这么一个机会，于是便觍颜接受了这一任务。

女性文学不能与男性文学绝对对立起来，正像不能把女人与男人绝对对立起来一样，但这绝不意味着女性文学不能作为一个独立的研究学科。人类是由男人和女人组成的，二者必须有彼此联系的共同基础，在生理、生活上是这样，在思想感情、观念意识、审美趣味上也是这样。但二者又必须、也必然有差别、有歧异，否则这个世界也便不成其为世界，不论神话中的女儿国还是男儿国，都是一种幻想，并且在幻想中也属于荒诞形的。我认为，女性文学研究学科的建立，标志着女性文学意识的自觉，它是建立在承认女性有而且也应当有与男性不完全相同的生活态度、思想观念、审美意识的基础之上的。自然承认差异，承认这种差异的合理性，我们也就应当用不完全相同的尺度衡量女性文学。表面看来，这个问题是蛮抽象的，但结合我们具体文学研究，它的意义就十分明确了。例如，在现代文学研究中，我们对庐隐、萧红这类的女作家，对丁玲的《莎菲女士的日记》《我在霞村的时候》这类的作品，评价是不很高的，有些还长期以来受到批判。当这类进步的作家和作品受到有意和无意的漠视及批评，像凌叔华、张爱玲这类作家就更难得到人们的理解了。茅盾是对庐隐第一个做出最公正、最高度的评价的作家，但我认为，他仍然是用一种男性尺度要求庐隐的。例如：

> 庐隐与五四运动，有"血统"的关系。庐隐，她是被"五四"的怒潮从封建的氛围中掀起的，觉醒了的一个女性；庐隐，她是"五四"的产儿。正像"五四"是半殖民地的中国社会经济的"产儿"一样，庐隐，她是资产阶级性的文化运动"五四"的产儿，五四运动发展到某一阶段，便停滞了，向后退了；庐隐，她的"发展"也是到了某一阶段就停滞。①
>
> 我们读了庐隐的全部著作，总觉得她的题材的范围很仄狭；她给我们看的，只不过是她自己，她的爱人，她的朋友，——她的作品带着很浓厚的自叙传的性实。②
>
> 但是如后，跟着五四运动的落潮，庐隐也改变了方向。从《或人的悲哀》（短篇集《海滨故人》的第八篇）起到最近，庐隐所写的长短篇小说，在数量上十倍二十倍于她最初期诸作，然而她告诉我们的，只是一句话；感情与理智冲突下的悲观苦闷。……然而我们很替庐隐所惜，因为她的作品就在这一点上停滞。③

这些评价都不无道理，但细心体察一下，便不难发现，茅盾是用一

---

① 茅盾：《庐隐论》，《茅盾论创作》，上海文艺出版社，第176页。
② 同上，第177—178页。
③ 同上，第178—179页。

谈女性文学

种统一的男性标准评价庐隐的,庐隐没有走上新民主主义政治革命的道路,没有反映更广阔的社会人生,她停滞了,这种停滞也像类似的男性作家的停滞一样受到批评。原则讲来,这是不合理的。萧军走上政治革命道路,萧红始终没有投入政治革命斗争的漩涡,能否说萧红作品的思想艺术价值就一定逊于萧军,仅就这一个侧面来说是如此,但就整体而言就未必如此。正像就平均身高女人不如男人,但却绝不能由此得出女人是劣等人一样。因为在其他方面,例如就平均寿命来说,女人又常常是长于男人的。女人有女人的世界,女人有女人独特的生活道路、思想道路和文学道路,历史给男女作家提供的历史空间、思想空间和艺术空间是不完全相同的。在传统的封建社会里,封建礼教对中国妇女的束缚比对男性的束缚更严重,"五四"的反封建思想革命为她们提供了更广大的思想艺术空间,在这里,她们有着更直接的生活感受和思想感受,有着展开自己艺术才能的充分的空间,虽说妇女的解放最终要有赖于整个社会的解放,而整个社会的解放又离不开中国新民主主义的政治革命。但这个政治革命,充满着更多的血腥和污秽,进行的是残酷的阶级斗争和人杀人的无情战争,这对于始终与母性联系在一起的女性,是更难于接受的现实。有史以来的战争,都是男性担负着主要责任的,我们不能要求一个女性作家会与男性作家以相同的热情看待战争,看待战争这种极端险恶的环境,男女在生理上的差异直接决定了他们在投入这种环境时的心理状态。再者,当一个环境由绝大多数的男性组成的时候,当一个社会对女性的独立意识的理解还没有达到足够高的程度时,一个女性在决定投入这个男性世界时的心灵抉择就要思考自己个性维持的可能性,这是一个男性较少考虑到的,只要我们承认女性应当有足够的女性独立的意识,对她们这种抉择的标准就应当有足够的理解。这绝不是一个纯理论问题,而是一个实际问题,只要想一想丁玲的《莎菲女士的日记》和《我在霞村的时候》一度遭到的苛评,我们就应当承认,我们对女性独立意识的理解还是不够充分的。在这时,我们能要求一个女性作家与一个男性作家对当时进行的政治革命取完全相同的态度吗?当然,这绝非说女性作家就不能或不应投入政治革命斗争的漩涡,而是说有着相同进步愿望和社会改革要求的男女性作家,在外部表现上是会很不相同的，彼此的发展方向也可能是极不一致的。在追求方向上是这样，在题材范围上也是这样。庐隐并不是没有反映更尖锐社会生活斗争的愿望，在前期，她写过不少反映劳动人民生活疾苦的作品，在30年代，她甚至创作了反映一·二八战争的中篇小说《火焰》，但这些作品大多数是失败的，特别是《火焰》，更是艺术上的失败。因为这离开了她的具体的、有生命活力的生活视野和艺术空间，离开了一个女性心灵能够精微体察的题材范围。我们不能说女性作家就应有一个什么特定的题材范围，但一具体到一个特定民族、特定历史阶段的特定女性作家，这种范围也就有了确定的内涵了。女性作家中，庐隐是一个最大胆、泼辣的"野马"，但她依然不能像郁达夫、曹禺那样具体描绘妓院生活，在日本，她曾到妓院区观察生活，但也只是在门外一瞥，我们能认为这是她的缺陷吗？在庐隐所处的历史阶段，在她所能表现的范围中，她充分表现了自己所能表现的东西，我认为这就足够了。这并非说她的作品就没有缺点，而是说不能以一个男性作家的尺度衡量她的作品。我认为，庐隐并没有找到更为有力的艺术形式以更充分地表现她的丰富的人生体验和审美体验，没有把她能够反映和表现的更广阔的社会人生更深刻地表现出来。她的议论比她的艺术表现更深刻，这说明她没有用艺术的力量更有力地传达出她的全部生活体验。

对于女性文学，可能有三种界定：一、描写女性生活的文学；二、具有女性意识的文学；三、女性作家创造的文学。实际上，这三种理解是极不相同的。描写女性的文学，可以包括男性作家的作品，不一定是女性作家的作品。这样界定女性文学，有利于全面研究女性在世界上的地位及其历史演变，有利于全面观察在各种历史文化环境中女性的生活和作用，也有利于了解女性的生活和心尘。但是，描写女性生活的作品不一定具有女性意识，它可能只是由特定历史时期、特定作家的男性审美观念和思想意识立体化了的女性形象。鲁迅说：

女的天性中有母性，有女儿性；无妻性。
妻性是逼成的，只是母性和女儿性的混合。

（鲁迅：《而已集·小杂感》）

谈女性文学

在男性为中心的社会里，女性形象往往是妻性化了的形象，是以妻性为标准审美化了的形象。《孔雀东南飞》中的焦仲卿妻引起了我们历代人的同情，但她假若是一个不甘于婆婆虐待、愤然于焦仲卿的软弱无能的女性形象，还会不会得到作者的同情的描写并以如此美的女性形象呈现在我们面前呢？《水浒传》中的潘金莲最后被处理成了一个杀人犯，当然我们不能再说她是一个美的女性，但她的婚姻分明是不幸的，她不爱武大而爱武松并没有得到作者的应有的同情和理解，而假若从女性的眼光看人生，至少潘金莲会得到部分的同情和理解的。这两个女性艺术形象一正一负，都反映了男性的思想意识和审美意识，是以统一的妻性眼光表现女性的结果。这种妻性眼光在当代文学中还有没有表现呢？我认为还有。电影《牧马人》《喜盈门》《人生》《良家妇女》中的女主人公，在审美形象上不都是好妻子形象吗？而作者所不满意的黄亚萍（《人生》）、大嫂（《喜盈门》）等女性形象，大都是不符合好妻子规范的。我们不能低估男性中心社会给我们积淀下的思想意识和审美观念的力量，但我们又不能要求作家离开自己的真实的审美感受去表现人生，表现女性形象，这同样会导致对整个人生，其中也包括对女性形象的歪曲。这样，研究女性意识的特性，提高作家对女性心理特质的理解和感受，便成了一种历史的需要和文学的需要。

我认为，不能认为只有女性作家的作品才有可能具有女性意识。人的一个基本素质便是具有对象化的能力，便是具有相对远离自我而有意识地立于对象的立场上，以对象的审美意识、思想观念、感情态度环视人生的能力，这对于文学艺术家更是必不可少的条件和才能。在漫长的男性中心的社会历史上，文学也主要是由男性创造的，那时女性的意识较少有可能通过女性作家的作品反映出来。倒是在一些男性作家的笔下，女性意识得到了更充分的表现。所以以女性意识界定女性文学而不局限于女性作家的作品也有一定的合理性。《红楼梦》中薛宝钗和林黛玉、袭人和晴雯、尤二姐和尤三姐这些女性形象，都以独特的审美特征出现在了人们的面前，我认为，从一个特定角度来说，是曹雪芹的对象化能力提高的结果，这种对象化能力的提高，带来了男性作家对女性的更多的理解和更精确的描写，在这些女性形象的描绘中所体现出来的女性意识，是未必比像许穆夫人、蔡文姬等女作家的作品中为少的。到了现代文学中，由于作家妇女观念的改变和个性意识的增强，男作家笔下的女性形象也有了很大变化。曹禺《雷雨》中的蘩漪、《原野》中的金子、《日出》中的陈白露，巴金作品中的一些女性形象，老舍《骆驼祥子》中的虎妞，都不能认为是完全妻性化了的形象。认真研究男作家对女性理解力的提高和女性意识的表现，我认为也可能作为女性文学研究的对象。

但是，任何一个人的对象化的能力都是有限的，并且这种对象化都必须以主体意识为立足点，脱离开主体意识的对象化只能是盲目的臆测，只能带来作品的失败。如上所述，曹雪芹是中国第一个深刻了解并艺术地表现了大量女性形象的作家，这些女性形象是他在没有受到男性中心主义思想观念的强烈影响的童年和少年时期感受到的，因而更少妻性的眼光。但即使他，也不能完全脱离男性对自己的束缚。譬如他所说的"女儿都是水做的骨肉，男子都是泥做的骨肉"，就带有强烈的男性特征，是一种有距离的对女性的观照，反映了异性对男性的特殊吸引力，这在女作家庐隐的作品里，是看不到的。相反，庐隐笔下的一些女性客观形象，都不带有特殊的美的魅力，而男性形象倒有可能成为具有魅力的形象。由此可见，以笔下的女性形象是否具有艺术魅力区别作家的女性意识的强弱往往会得到适得其反的结果。我认为恰恰相反，男性作家有可能塑造出最具艺术魅力的柔性女性形象，女性作家则有可能塑造出最具艺术魅力的有刚健美的男性形象。没有距离感便没有美，自我欣赏只是在把自我也对象化以后才有可能，对象才是清晰的，纯自我只是一个混沌的模糊整体。总之，女性意识只有在女性作家的作品中才能得到最深度的反映，因而研究女性作家的作品应该是女性文学研究的重点。

是不是女性作家的作品中都有比男性作家作品中更直接、更明确的女性意识的表现？我认为不一定。英国作家乔·亨·刘易斯说："女性文学的出现，展示了妇女的生活观点和经验，换言之，它提供了一种新的因素在这个充满差异的社会中，它进一步证实了男女两性之间确实存在着不同的生理机制，各种体验大相径庭。……但是，迄今为止，妇女文学没有起到它应有的作用,很大程度上仍是一种模仿文学。这是出于一种非常自然而又极为明显的弱点:妇女在创作中总是把像男子一样写作当作目标;而作为女人去写作,才是她们应该履行的真正使命。"(乔·亨·刘易斯:《女小说家》)我不同意这里说的女性作家只应为女人写作,正像男性作家不能只为男人写作一样。但这里说的女性作家还不可能充分体现自己的女性意识则是不能忽视的历史事实。整个漫长的文明史,都是男性中心的社会历史,在全部社会的价值观念和文学观念中,都浸透着男性中心的社会历史特征,一个女性作家要在这样一个文化环境中塑造自己、发展自己,才能取得一定的创作才能,也只有首先取得了这样的一套价值观念和文学观念,其作品才能得到这种文化环境的认可或默认。这样,一个女性作家的作品就不可能直接地、具体地体现自己全部的女性审美意识。这种可能性也是客观存在的:越是女性作家,越是不便于或不敢于公开表现当时文化环境中认为不合理的甚或丑恶的心理特征,而越是不敢于公开表现这种独特的心理特征,其作品的女性意识越不能得到更充分的体现。相反,倒是男性作家由于自己的特殊地位,敢于更直露地表现女性的心理活动,较少为女性掩盖社会所公认的"丑恶"的角落。但这是否意味着女性作家的作品倒更少女性意识呢?显然不能这样说,我认为,正是在对某些问题的敏感中,反映出了女性文学的特征和女性意识的特定历史阶段的特征,只不过我们不能从表层的直接表现中发现到,只能在深层的曲折表现中研究出来。由此也可看出,女性的个性意识增强到什么程度,整个社会对女性个性意识的认可深入到什么程度,女性作家的作品能够直接表现出的女性意识也就会增强到什么程度。就这样一个意义上,五四时期的女性作家的作品,是研究中国女性意识的最值得注意的对象,而在五四时期的女性作家的作品中,庐隐的作品又是最值得重视的。就作品的丰富程度和艺术成就,庐隐不如与她齐名的冰心,但庐隐的生活道路和个性意识,分明更带有现代的特征。庐隐在传统的封建家庭里,没有得到像冰心那样多的父爱和母爱,这决定了她对封建传统没有那么多的留恋,对封建意识和传统的审美意识没有那么多的偏爱。她被无情地抛入了现代社会生活,抛入了一个在生活道路上属于现代而在文化背景上仍与封建传统文化背景没有很大差异的中国现代社会上,她经历了一个觉醒女子在封建文化背景上所可能遇到的更多的生活波折,对封建传统对自己的压力具有更敏锐的感受,因而对生活和对人的观感较传统的女性也有了更大的变化。她是一个不想掩饰、也不善于掩饰自己真实心灵的女性作家,她对女性同类的那种存在着内在排斥和外在亲和力的心理活动,那种对异性充满怀疑、憎厌的亲和力感情,都比较直露地表现在自己的作品里。她追求着自我的和女性的个性解放,又本能地惊惧于男性的个性解放,因为男性个性意识的片面增长恰恰会给得不到充分个性解放的妇女带来严重的威胁。这种种复杂的意识,庐隐都坦露地表白了出来。当然在深层意识上,庐隐仍然没有完全摆脱封建传统和男性文学传统的束缚。例如,她的语言和她的文体更接近传统小说,这与她需要表达的思想情绪特征是不完全吻合的,这说明她的审美情趣的变化远远落后于她的理性追求和生活实际感受的变化。

什么是女性意识?什么是女性文学?女性意识和女性文学应该具备哪些特征?在女性文学的研究中,我们往往首先提出这样一些问题。我认为女性文学研究不能由此入手,应该从历史地、广泛地分析女性文学作品入手。女性文学是一个总体的概念,又是一个历史的概念。从狭义的女性文学(女性作家创作的文学)来说,从许穆夫人到张洁、王安忆、谌容、张辛欣、舒婷、刘索拉的作品,从萨福到乔治·爱略特、弗吉尼亚·伍尔芙等人的作品,都内蕴着女性意识,都属于女性文学,但它们外在的表现形式是有极大差异的,甚至比与同民族、同时代的男性作家的作品间的差异还要大。但是,正像恩耐斯特·贝克尔所说:"文学界的女子有一些特性使她不同于男子,这些特性就像不同种族和不同古代传统的特性那样鲜明。我们随意挑选一些女作家,不管她们具有怎样的能力,持什么观点,个性如何,她们总是因鲜明的女性特质不谋而合。"(恩·贝克尔:《英国小说史》)这才应当是女性文学的总体特质,但这应当是研究的结果,不是研究的起点。如果先验地规定下什么样的作品才更像女性文学,什么样的风格才是女性意识的表现,其结果往往把传统的女性作品的特征固定为一个先验的女性文学的模式,这不但不利于女性文学的发展,反而束缚了它。例如庐隐,较之凌叔华、冰心的作品更不像

谈女性文学

传统女作家的作品，但我认为，她恰恰较之她们更明显地表现着现代女性的特征，因而也更明显地反映着女性意识。吴黛英同志在一篇文章中指出："现代社会剧烈的竞争（包括知识、能力、体力等方面，并非指经济意义上的），往往使我们不知不觉地在某些方面日益男性化起来，譬如进取、好胜、强悍等原本属于男性的一些性格特征已在越来越多的女子身上体现出来。"（吴黛英：《女性世界和女性文学——致张抗抗信》）这绝非是女性意识的消失，而是女性意识在现代社会生活条件的新的贯彻形式，这种在表层男性化的形式下的女性意识的新发展，在五四时期的庐隐身上表现得已经极为明显，可以说，唯其妇女对男性的奴性服从和消极依附被现代社会生活条件逐步摧毁的过程中，唯其在女性以独立的人格介入现代的社会生活之后，女性的内在意识特征和独特的心理机制才有可能更充分地表现出来。也只有在女子的社会作用一步步增长的过程中，她们才会在世界上印下更多的女性意识的印迹。

男性和女性也是彼此联系的，男性意识和女性意识也是互为因果的，在女性意识没有更大独立的社会环境中，男性意识也不会有自己更高程度的独立性。这里的原因很明显，因为男性永远不可能离开女性而独立占领世界，他也不会乐意这样做。当女性意识没有独立发展的可能性的时候，当男性为了自己的根本需要抑制着女性意识的自行运演的时候，男性就要把自己可以赋予女性的意识从外部赋予女性，男性意识就必须把女性意识包容在自己的意识之中，与此同时，当男性剥夺了女性意识的发展而又必须与女性达成一定程度的和谐关系的时候，男性意识也不可能片面地、独立地发展起来。研究中国古典文学的发展是很有趣味的。在中国古典文学中女性的正面形象最多的是这么两大类，一类是像焦仲卿妻（《孔雀东南飞》）、赵五娘（《琵琶记》）这样贤妻性形象，一类是木兰（《木兰辞》）、穆桂英（《杨家将》）、孙二娘（《水浒传》）这类比男性还男性的形象。这反映了男性既要女性成为自己的好妻子、在必要时又可完成男性的社会任务为自己分劳的社会无意识心理愿望，像安娜·卡列尼娜（列夫·托尔斯泰《安娜·卡列尼娜》）、繁漪（曹禺《雷雨》）这类既非好妻、亦不能为男性代劳的女性形象都不可能在古代构成正面的女性形象。而男性正面形象呢？在戏曲舞台上活跃着的是大量女扮男妆的女性气十足的小生，在才子佳人小说中活跃着的是大量温情脉脉、多愁善感的女性化才子，在绘画中出现的是无数温文尔雅、羽扇纶巾的女性般的儒生，在诗歌中有大量为妇女立言的闺怨诗。这类形象和感情分明适应着女性独立意识不得充分发展时易被女性接受的对男性公民的要求。除此之外，当然还有整个社会所需要的帝王将相、清官武侠，而像鲁迅《狂人日记》中的"狂人"、古希腊雕刻《掷铁饼者》中的男性形象，是极少见的。就这个意义上，女性意识的发展绝非仅仅是女性的任务，也是整个社会意识发展的标志，女性文学的发展也不仅仅是女性作家的任务，而是整个文学事业发展的需要。但是女性文学的发展和女性意识的独立又绝非仅仅通过整个社会文学和社会意识的发展便自然而然得到解决，这是相联系的两码事，而不是可以彼此代替的一码事。这种情况也不是没有的，越是整个社会的个性意识得到充分的发展，原来居于统治地位的男性意识越是能迅速发展，而男子的独立意志越是能得到充分的发挥，萌芽中的女性意识便有可能受到更严重的摧残。电影《人生》中的巧珍、鲁迅小说《伤逝》中的子君便是这种例子。在这时，妇女自身的独立意识的发展是一个独立的问题，女性文学的独立发展也是一个与整个社会文学的发展不同的问题。我还同意顾亚维同志的意见，她说："'女性文学'的繁荣不仅依赖于妇女地位的提高，更依赖于妇女自身精神意识的进步。"（顾亚维：《时代的女性文学》）这个道理是非常明显的，贾府里的贾母地位并不低于一般男子，但她创造不出女性文学，因为她并没有自己独立的精神意识。女性文学的发展不能依靠男性文学的让路，不能依靠评论家的优遇，不能依靠男性社会的鼓励和扶植，而应当自己为自己争取更大的活动空间。

在中国女性文学的发展中，五四时期的女作家为我们做出了巨大的贡献，而庐隐又是极重要的一个。

我们过去，几乎忘了她。

我们应当记住庐隐。

除了别的原因，这是否也与不自觉地漠视女性意识和女性文学的独立价值的社会心理有关呢？

在近年来的庐隐作品的整理和研究的工作中，除肖凤同志外，钱虹同志是做工作做得最多的一个。肖凤和孙可二同志于1983年出版了二人合编的《庐隐选集》（百花文艺出版社），肖凤同志另有《庐隐传》一书问世（1982年北京师范大学出版社出版），而钱虹同志几乎在同时，开始了庐隐作品的搜集、整理和研究的工作。那时她还在大学读书，除了编写了《庐隐著作系年目录》《庐隐年谱》外，还写了题为《论庐隐的创作道路》的毕业论文和《试论庐隐笔下的女性形象》等论文。1985年，福建人民出版社出版了她编的上、下两卷本的《庐隐选集》，收印了较肖凤、孙可二同志合编的《庐隐选集》更多的庐隐作品。在读研究生期间，她又写了几万言的《青春期的现代女性——五四女作家群创作论》。现在，她又经过艰苦的搜集、整理过程，把庐隐未收入作品集的作品编为《庐隐集外集》，交由书目文献出版社出版，为庐隐研究提供了更加完备的资料。这是一个极有意义的工作，对现代文学研究和现在正在发展着的女性文学研究都是一个贡献。钱虹同志以女性评论家的身份研究女性作家及其作品，既重视理论研究又注意扎实地做资料工作，这些都是极为可取的。祝钱虹同志取得更大的学术成果！

1986年11月12日于北京师范大学中文系
原载《名作欣赏》1987年第1期

文化的光芒与阴影
——何希凡《在文化的光芒与阴影下》序

何希凡先生是四川师范学院（现名西华师范大学）中国现代文学教研室主任，1993年9月至1994年7月曾在我原来任教的北京师范大学中文系进修一年，从此我们相识并经常有通信往来。何希凡先生是一个治学很勤奋、很执着的人，在我与他相识的这十年来的时间中，他一直未曾中止过学术研究，先后在《中国现代文学研究丛刊》《名作欣赏》等刊物上发表文章几十篇。他的文章，尽管不能说有何等叱咤风云的气概、一言九鼎的价值，但每篇都显现着他的扎实严谨、执着和认真，是经过他的一番努力做出来的，没有铜臭气、浮滑气、才子气、流氓气和学霸气，我认为，这在当前的中国学术界，实在是难能可贵的。

何希凡先生这部书稿，首先给我很深感触的是它的书名："在文化的光芒与阴影下"。我不知道何希凡先生是有意还是无意，但我却从这个书名中感到了一种很深刻的哲理意味和一丝不可见的悲凉感觉。我们都是搞文化的，我们都相信文化的作用，相信文化是光明的，乃至相信文化的光芒最终必将照亮整个世界，但当我们真正接近了文化，我们又同时感到，文化不都是光明的，不全是光明的，在它的光芒下也有自己的阴影，它能以自己的光明把人类照亮，也能以自己的光明把我们罩入黑暗中。

我是生在40年代、长在50年代的一代人，不用说，在40年代，我

文化的光芒与阴影

们是在童年的懵懂中度过的,到了50年代,我们的世界才被文化的光芒照亮。那是马列主义、毛泽东思想的光芒。我的父亲是个老的共产党员,1949年之后在一个地区医院里当院长。他有一套《毛泽东选集》,竖排本的,大概是最早的一个版本。到我上了高中,就把它带到了学校里,居然接连把四卷《毛泽东选集》都读完了。我那时的感觉是,眼前突然亮了起来,以前所不懂的一切现在都弄清楚了、明白了。在过去,只是上学而已,读了《毛泽东选集》,才知道社会是什么,阶级是什么,才知道社会人生并不是那么简单的,不论做什么都有很多的道理。而毛泽东的道理则是最明白、最正确的道理。此前我还读过《鲁迅全集》,鲁迅给了我很多感动,但却没有告诉我社会的道理,革命的道理,做人的原则,做事的方式和方法。关于这一切,都是毛泽东让我搞明白的。记得有一次,班里开会,分组讨论,不知为什么提到了阶级、政党什么的,我就说,到以后,阶级是要消灭的,政党也是要消灭的。这颇引起了全组人的大哗,同学们神情非常紧张。我赶忙补充说,这是毛泽东(当时当然是称"毛主席"的)说的,并且从抽屉洞里拿来《毛泽东选集》让同学们看,全组的气氛这才缓和下来。于是,我感到我比其他同学都懂得多,我心里是亮堂的,他们心里是黑暗的。

除了毛泽东的,我还读过马克思、恩格斯、列宁、斯大林的许多著作,那也是我父亲的藏书。除《资本论》之外的马、恩、列、斯的主要著作,我几乎都读过。这使我不但知道中国的革命、中国的革命史,知道怎样打游击战,怎样打运动战,怎样打阵地战,知道了中国革命的战略和战术,也知道了什么是唯物主义、唯心主义、辩证法、形而上学,什么是价值、交换价值、剩余价值、资本、货币和商品流通,知道了家庭、私有制和国家的起源,知道了亚里士多德、柏拉图、康德、黑格尔、费尔巴哈、马赫、贝克莱以及应该怎样评价他们的思想学说,知道了历史的发展是由经济基础决定的,生产关系是由生产力决定的,知道了共产主义必然胜利,资本主义必然失败。那时我感到,马列主义、毛泽东思想把我眼前的整个世界都照亮了,把整个人类的历史都照亮了。

但阴影也在我的身边聚集,整个世界好像都是亮堂堂的,唯有自己身边的阴影却愈来愈大。在批判"胡风反革命集团"的时候,我刚刚读过胡风的诗，我感到胡风很"革命"，但他却成了"反革命"。我心里很糊涂，也就是有了一片阴影。后来我又知道鲁迅与胡风是很要好的，但批判他的人说他蒙蔽了鲁迅，反对鲁迅。这也使我感到很奇怪，懵懵懂懂的，心里感到不畅快；在把华岗抓进监狱的时候，我刚刚读完了他的《辩证唯物论大纲》，这甚至使我感到有些可怕。我是不愿进监狱的，华岗读了那么多马克思主义的书，也没有躲过进监狱的命运，我怎样保证自己一生也不进监狱，也就没有了一个准谱，怎能不心悸呢？再后来是反右派，别的人我印象不深，但有两个人却使我无论如何也无法忘记。一个是王蒙，一个是秦兆阳。在王蒙被打成右派的时候，我刚刚读了他的《组织部新来的青年人》，甚至还为他写了一篇辩护的文章，寄给了当时一个很有名的刊物《文艺学习》，当然没有人给我发表，但也幸亏没有给我发表，假若真的发表出来，我这一生可就完蛋了。王蒙还可以平反当他的作家，我恐怕连大学也考不上，不知将落到一个什么下场；在把秦兆阳打成右派的时候，我刚刚读了他的《现实主义——广阔的道路》，这篇文章简直令我兴奋，在我当时看来，它所说的才是真的现实主义，但它却受到了中国现实主义者们的严厉批判。我对丁玲成为右派，倒没有多少同情，因为在我这个农村的孩子看来，《丁玲短篇小说选集》里的那张丁玲的照片，就是"资产阶级小姐"的样子，说她是资产阶级右派也就不觉得多么奇怪了。但到了后来，有个同学问我怎样看待丁玲的《太阳照在桑干河上》，当时我刚刚读了王燎萤先生在《文学评论》发表的一篇文章，题目就叫作"一个坏作家的好作品"，我就这样回答了那个同学的询问，想不到这个同学正在积极要求入团，就把我的话汇报给了团支部书记，而团支部书记则认为坏作家是不可能有好作品的，就把我判定为同情右派分子，在班会上批了我一通……以上这些，还是仅仅触及我的灵魂，而没有触及我的皮肉的。再后来，这个黑影可就罩在了我的头顶上，把我整个地罩在了黑暗中。在那时，我们地区出了一个"杏林文学社"，是几个爱好文学的中学生自己组织的。这可忙坏了我们地区的教育界，各个中学都要抓杏林文学社的成员。因为我也是爱好文学的，自然成了领导们的怀疑对象。趁我不在，团支部书记就把我的日记查抄了去，虽然最终也没有查出我和杏林文学社有联系的证据，却在我

文化的光芒与阴影

的日记里发现了许多在当时认为大逆不道的思想，从此我就交上了"华盖运"，期末的操行成绩是全班最低的"3分"不说（"2分"就要被开除学籍了），再下一学期与我同桌的就成了团支部副书记。不论我写什么，在我不在的时候，他都要偷去看一看；不论我上街去买什么东西，后边都会有一个同学跟着我；不论我和什么人接触，就要把那个人查一查。真好像我这个十六七岁的孩子能够推翻整个社会主义制度一样。而与我同校的另外一个女同学（她还比我低一个年级），则因与杏林文学社有联系而被开除了学籍，随同被开除的还有被委派做她的思想工作的团总支委员，一个男同学——因为他爱上了她。

我当时的感觉是，在毛泽东思想的照耀下，整个世界都是亮的，整个中国都是亮的，世界上的任何事情我都看得清清楚楚，唯独对我自己的事情，对我周围的事情，却是丈二的和尚摸不着头脑，好像世界上只有巴掌大的一块黑暗，就罩在了我的头上。我走到哪里，它就跟到哪里，我对它一点办法也没有，甚至就不知道这到底是怎么一回事。第一年，我是因为"白专道路"而没有被大学录取的，第二年好容易考上了大学，改换了一个门庭。那时已是60年代，在全国掀起了一个学习毛泽东思想的热潮。我从高中就通读了《毛泽东选集》，按理说，我的命运应该变得好起来，即使不被视为毛泽东思想学习积极分子，至少也不能再被当作反动学生而处处受挤，从此可以痛痛快快说话，爽爽快快做人了吧，但谁知事情并不这么简单。别人没有号召你读，你读了，是不算数的；别人号召你读，你又读得不如别人读得上劲了，你仍然还是一个落后分子，一个不听话的学生。所以，我的"华盖运"仍然没有到头。对于那时的我，"右"自然是要倒霉的，但"左"也"左"不出好的结果。有一次系里开学术讨论会，讨论批判继承问题。有个同学提出对马克思主义要不要批判继承，大家都不说话。我想，毛泽东明明说对中国古代文化和外国文化都要批判继承，马克思主义也是外国文化，当然也要批判继承了。谁知这却差点惹了大祸。第二天支部书记就找我谈话，说我的说法是有"问题"的。我的原意是想"左"一点的，谁知到头来还是被塞了一堆马粪——总之，文化是光明的，但到了我的身上，就不光明了。

直到"文化大革命"结束,我才勉强想通了这个问题。我的想法可能仍然让人感到奇怪,但既然这样想的,我就姑且这么说一说吧。我认为,文化是光明的,但文化又是一个个具体的人创造的。人有思想,也有肉体。一个人因其思想而光明,也因其肉体的阴影下,使其能够看清周围的世界但却看不清自己周围的事物,越是与自己无关的事情越是看得清楚,越是与自己有关的事情越是看不清楚。就说毛泽东思想吧,直到现在,我仍然认为它是中国近现代文化中一个重要的文化,毛泽东思想的光芒确实可以用"万丈""亿丈"来计的。要没有毛泽东思想,中国共产党的革命是胜利不了的,所以说毛泽东思想照亮了中国革命的道路也是一点也没有错的。但是,毛泽东思想不论多么伟大,但仍然是毛泽东这个人的思想。毛泽东也是有肉身的,他的肉身使他只能在自己特定的环境中和特定的地位上说话,他的思想无法完全超越他的环境和他的特定的地位。他开始是一个中国共产党革命的领袖,后来是中华人民共和国最高权力的执掌者,这使他的思想比我们更有吞吐宇宙的力量,但也使他不能没有自己特定的目的和要求。我们不是革命领袖,也不是国家最高权力的执掌者,因而也不必顾忌在中国这个特殊环境条件下个人权力的得与失。毛泽东却不行,失去了他的权力,他的思想也普照不了全国了。所以,在他的思想里,是有他的一个肉体的阴影的,那就是他的权力欲望,我们崇拜他的思想,但却忘了他还是需要权力的,需要你对他的权力的服从的,所以你越是感到他的思想的伟大,越是只看到他的思想的光芒,也越是常常碰到他的权力的铁壁上。

实际上,不仅毛泽东思想是如此,所有的思想都是如此。"文化大革命"结束之后,毛泽东已经不在人世,对他的"个人崇拜"也维持不下去了,我们在毛泽东时代受的所有委屈,经历的所有苦难,甚至连那些与毛泽东本人没有任何关系的个人生活上的沟沟坎坎,都算在了毛泽东的账上,于是有了我们新时期的思想解放。但是,这个思想的解放,并不是我们自己的思想的解放,因为那时我们自己还是没有自己的思想的。在毛泽东生前,我们不但不敢有自己的思想,甚至也没有想到自己应该有自己的思想。我们有的只是自己的一点苦恼,一点苦闷,但这还不是思想。思想是理性的,而这些仅仅是感性的,纯粹感性的东西是无

文化的光芒与阴影

法表达的。表达得依靠理性，理性得依托在一种文化上。没有思想就没有文化，没有文化就没有语言，没有语言就说不出自己的话来。在那时，我们是用西方思想文化代替自己说话的，什么民主了，科学了，自由了，人权了，个性解放了，现代性了，都是从西方文化中接受过来的一些词语。这样一路说下来，一直说到现代主义和后现代主义、结构主义和解构主义，我们眼里的西方文化就光明起来，有了千丈之势，万丈之势，连中学生都把这些词语背得滚瓜烂熟，我们社会的角角落落都撒满了这些词语，亮晶晶的，光灿灿的，真是一片文化的锦绣，好像整个世界都被西方文化照亮了，我们也被西方文化照亮了。于是我们就以为我们也成了西方民主派、自由派、现代派或者后现代派。但是，西方的科学、民主、自由、人权、个性解放都是结了一些果实的，而我们的却是一些不结果实的花朵，一遇到我们自己的具体困难，我们还是如堕五里雾中，不知如何是好。为什么呢？依照我的"理论"，那就是西方文化也有自己的灵和肉的，仅就它的思想，当然是光明的，但西方人也有肉体，这个肉体决定了他们仍然是西方人，不是中国人，他们是在自己特定的境遇中以自己的方式思考自己的问题的，而不是在我们的境遇中以我们的方式思考我们的问题的。西方文化遮蔽了我们的什么呢？它恰恰遮蔽了我们用我们的方式实现我们的目标的途径和方法，遮蔽了我们自己的真实的思想和要求。西方文化在中国结出的不是在西方结出的果实。西方讲民主讲出的是民主，我们讲民主讲出的更是一些学者；西方人讲科学讲出的是科学，我们讲科学讲出的更是发财的欲望；西方人讲个性讲出的是个性，我们讲个性讲出的更是一些精英知识分子；西方人讲现代性讲出的是现代性，我们讲现代性讲出的更是城市小市民的生活方式……总之，西方文化是光明的，但当我们只注视着它的光明的时候，它也能将我们遮在黑暗中。

现在，我们又开始厌倦了西方文化，中国传统文化的光芒在我们的眼前又开始亮起来，亮起来。中国传统文化是不是光明的呢？当然是光明的！我们在几千年之前就有了老子、孔子、墨子、韩非子，我们在西方还处在中世纪黑暗时代的时候就有了陶渊明、李白、杜甫、白居易，我们在西方的工业革命以前就有了四大发明，但所有这一切，都无法掩盖这样一个事实，那就是我们这些既非官也非民的知识分子却是在五四新文化运动之后才有了自己独立的存在价值感觉的，在中国古代的社会里，没有我们存在的余地，有也是一些像孔乙己一样的人物。中国传统文化能够给我们照亮中国的社会，但却无法照亮我们的前途和命运。

文化是光明的，但同时又能遮蔽我们，将我们罩在它的阴影下，那么，我们怎么办呢？

我们得自己发出自己的光来。

我们不能仅仅依靠别人的思想的光芒。

只有自己的光才能照亮自己的前途和命运，别人的光只能照亮别人的世界。

即使自己无法发光，也要准备一个手电筒，用它照亮自己眼前的路。

即使整个世界都是黑暗的，我们也可以依靠自己的这点光摸索着前进。

即使整个世界都是黑暗的，假若我们十二亿人每人都有一个手电筒，这些微小的光连在一起，也会造成一个光明的世界。

假若整个世界都是光明的，我们就把这点光只留给自己；假若整个世界都是黑暗的，我们照亮我们眼前的路，也会让我们周围的人看到一点光，看到一点生存的希望。

何希凡先生是在一个偏僻的小城默默地从事着自己的学术研究的，我也是在一个偏僻的小城教过多年书的，现在又来到地处边远地区的汕头，我们无法像国家精英知识分子那样用文化照亮整个中国乃至整个世界，大概何希凡先生也从来没有这样的野心和企图。但我们还是得思考，得写作，得发出自己的声音来。为什么呢？为的就是不被别人的文化的阴影将自己罩在黑暗中，为的就是照亮自己的前途和命运。假若周围的人也能在我们这里看到一点微弱的光，使他们在孤寂的人生中感到一点茫漠的慰藉和希望，那就算尽了我们对人类的一点责任。

2003年12月10日于汕头大学文学院
原载《鲁迅研究月刊》2004年第1期

《鲁迅学文献类型研究》评介

徐鹏绪教授的《鲁迅学文献类型研究》一书（中国社会科学出版社2004年出版），是鲁迅研究和中国新文学史料研究的重要收获。该书是以鲁迅学史料为范例，对中国现代文学的史料类型和存在方式所进行的全面系统的梳理和文献学研究，试图通过这种梳理和研究，建构现代文学文献学的基本构架，总结现代文学文献学的基本理论和方法。

为进行这项研究，徐先生进行了长期的准备。他不但参加了《鲁迅生平史料汇编》等鲁迅学大型史料的编选研究工作、《鲁迅大辞典》《鲁迅杂文辞典》等大型工具书的撰写工作，做出了自己的贡献；而且还对中国古代文献学、西方现代文献学、图书馆学、情报学等理论和方法进行了系统的学习和研究，对建立中国现代文学文献学的研究体系，进行了长期的思考。

他描述了中外文献学学科历史发展的大势，论证了建立中国现代文学文献学学科，以及在学科内部再建立众多分支学科的必然性。他认为，中外文献学都是文献积累的数量和类型达到一定程度后产生的，并在长期文献整理、研究的历史过程中得到发展和走向成熟。最初是综合性的文献学，之后又有单科、断代的文献学，以及对专人、专著进行个案研究的分支文献学的诞生，而分支学科的成立，乃是该学科文献学高度成熟的标志。中国现代文学的史料已有近百年的积累，由于现代印刷出版条件的便捷，其数量巨大，文献类型完备，因而建立新文学文献学学科的条件已经成熟。而且大有展开对现代文学不同历史阶段的文学文献（如五四文学文献、三十年代文学文献、抗战文学文献）和不同地域文学文献（如延安文学文献、上海孤岛文学文献），社团流派文学文献、个别作家文献、个别文献类型（如总集中之《中国新文学大系》、别集中之《鲁迅全集》）研究的趋势。因而，徐先生认为，中国现代文学文献学学科以高度成熟的形态出现的条件业已成熟。他本人近年来陆续完成的《鲁迅学文献类型研究》《中国现代文学文献学研究》《〈中国新文学大系〉研究》，以及正在着手写作的《〈鲁迅全集〉研究》等，就正是这一学术背景的产物，也是这一学术发展趋势的一种标志。

徐先生在《鲁迅学文献类型研究》中从文献学角度对鲁迅学文献的积累和研究的历史过程进行系统梳理并从文献类型产生、发展的角度将其划分为三个阶段。新中国成立前，鲁迅作为新文学经典作家的历史地位得到确认，1938年《鲁迅全集》和《鲁迅三十年集》是这一时期鲁迅原典文献的标志性成果，是与他在思想文化史上的地位相称的文献形式。在全集编辑出版带动下对鲁迅作品辑佚、考证和注释的成果陆续产生，还积累了一定数量的对鲁迅及其作品的研究论文、专著等文献。而且围绕鲁迅逝世后的纪念活动，出现了一批回忆录、年谱、传记等生平史料文献。新中国成立后，又以国家之力高规格印行鲁迅学各类文献，大大促进了鲁迅文献的整理研究与出版；但另一方面，这一历史阶段思想文化政策上的封闭保守，又使鲁迅研究的阐释空间过于狭窄，只能对鲁迅著作做政治学诠解和史实性注释，因而十卷和十六卷注释本《鲁迅全集》是本时期鲁迅文献整理研究出版的成果标志。新时期是鲁迅文献整理研究的第三阶段。运用政治学以外的新方法对鲁迅作品的研究出现了一批高质量的论文专著，提高了此类文献的质量，但"新方法热"轻视史料对现代文学文献研究有负面影响，然而几部鲁迅研究史和鲁迅学概论的出版，成为鲁迅研究文献学学科成熟的标志，也使鲁迅学文献类型趋于完备。该书以文献成果为标志，对鲁迅研究进行分期和评价，是颇为独特的，也许是一种更准确全面的划分与评论。

此书以文献类型研究来构建鲁迅文献学的基本构架，是一种经过深思熟虑的实事求是的做法。徐先生指出，"鲁迅学文献学的体系，只能

《鲁迅学文献类型研究》评介

围绕着文献的存在形式和对文献的整理、研究与利用而构建。"中外文献的整理，总是分类进行，并以符合各类文献特点的原则、方法而加以整理的。文献成果也总是以类的形式而呈现。因而从文献的存在类型着眼而搭建的文献学研究构架，既符合文献工作的实际情况，符合文献生成发展的规律，也能够比较充分地把已有的文献网罗包容进来，并形成一个具有内在联系又层次分明的体系。只要文献类型无缺，则即使遗漏个别单个的文献，文献学的机体依然是健全的。此书按文献类型，把鲁迅学文献分为：一、鲁迅学原典文献，包括鲁迅著译的全部文字资料；二、鲁迅生平史料，包括有关鲁迅的表谱、传记、回忆录；三、因整理鲁迅学原典文献而派生的文献类型，包括版本、校勘、目录、辑佚、考证、辨伪、注释等方面的成果等，这既是治文献的基本方法，也是因整理原典文献而派生的再生文献的基本类型；四、因研究原典文献而派生的文献类型。如果说整理文献是为了利用，那么研究文献实际上就是在利用文献了。但研究所得，到一定阶段，其有价值者本身又会成为一种与研究对象相关的文献。这主要是指鲁迅研究的论文、专著、丛书、类书和专门研究鲁迅的期刊、辞书、手册等，还有对这些研究进行再研究的研究述评一类的论文、鲁迅研究史、鲁迅研究概论一类的专著。这样几个有着有机联系的层次，基本上囊括了鲁迅学文献的主要类型，应该说建构了一个比较科学合理的文献研究体系。

至于鲁迅学和现代文学文献学的理论方法，此书主张既要继承我国传统文献学的基本理论方法，又要积极努力地学习吸收西方现代文献学、图书馆学、情报学的理论和方法。特别在文献整理、研究、储存、检索手段上，要与世界接轨，要努力掌握高科技、新材料，提高效率，尽快达到世界先进水平。在文献学研究理论方法问题上，该书批评了学术界盲目排斥中国传统文献学理论方法的倾向，认为中外古今文献学的理论方法是相通的，可以互相融合。而且现有的鲁迅学和现代文学文献成果，有很大一部分是利用传统乾嘉学派文献学理论方法对文献进行整理研究的产物。因而传统文献学的理论方法在今后的新文学文献整理研究中，依然会发挥重要作用。

此外，此书还提出了通过文献学研究，以逐步实现中国现代文学史料"经典化"的问题。在中外学术史上，对无文献价值的文字资料进行删除淘汰，与对有价值的文献进行搜集积累，有着同等重要的意义，对提高本学科的学术水平，这也是一个不容忽视的问题。

多少年来，鲁迅研究界的前辈同人在鲁迅学文献的搜集、整理、研究方面，已经做了大量的工作，取得了重要成就。徐鹏绪教授在这方面也曾多所尽力，但从这部新著来看，他的精力，显然更多地用在对鲁迅学乃至中国现代文学文献研究体系的思考方面。

鲁迅研究已经成为中国学术领域的一门显学，而有无雄厚的文献基础则是一个研究领域是否已经成为显学的基本标志，也是一个研究领域能否穿越历史的时空而在各种不同的历史条件下都能获得持续发展的前提条件。假如说一个学术领域的开拓创新是这个学术舰船能够不断行驶的发动机，一个学术领域的文献学基础则是这个学术舰船的船体。只有船体是坚实、牢固的，这个舰船的行驶才是有实际意义的。

徐鹏绪先生是薛绥之先生的高足，薛绥之先生在"文革"后期极端困难的条件下，主持编写了《鲁迅生平史料汇编》《鲁迅杂文辞典》等文献资料类的图书，为鲁迅文献资料的建设做出了重要贡献。徐鹏绪先生继承和发扬了薛绥之先生重史料、重文献、扎实严谨的学风，一直重视文献资料以及有关理论方面的思考和研究。我认为，徐鹏绪先生这部专著是值得鲁迅研究同人高度重视的。

2005年3月22日于汕头大学文学院

原载《鲁迅研究月刊》2005年第9期

摸索鲁迅的灵魂
——读解洪祥《近代理性·现代孤独·科学理性》

鲁迅曾说,他写作的目的是要"竭力摸索人们的灵魂"。

但用以"摸索人们的灵魂"的必须是灵魂,正像只有理性才能认识人的理性,只有情感才能感受人的情感,只有意志才能感触人的意志。灵魂也是这样。假若一个人本身就是没有灵魂的木石之人,他怎能感觉到别人灵魂的有无以及灵魂的性质和状态呢?

在这个意义上,鲁迅作品既是他对别人灵魂的再现,也是他对自我灵魂的表现。

大概因为中国现当代的历史存在着太多的社会问题,大概因为我们中国现当代知识分子更容易感觉到中国现当代社会历史问题的严重性而较少重视我们自己灵魂的有无以及它的性质和状态,所以我们的鲁迅研究自从20世纪的20年代到"文化大革命"结束后的80年代,重视的都是鲁迅对各种具体社会问题和具体社会思想问题的解剖和批判,在其中也涉及鲁迅各个方面的精神问题,但却很少有人将自己关注的目光主要集中到对鲁迅精神结构即鲁迅"灵魂"的研究上。较早接触到这一主题的是汪晖的《反抗绝望》,但那时整个社会潮流是社会的、历史的、思想的,就我个人的感受,汪晖仍然主要是从社会历史问题的角度观察和了解鲁迅的主体精神结构,而不是从鲁迅主体精神结构感受和了解中国现当代的社会历史问题。但是,社会历史的研究却没有给中国的鲁迅研究带来持续的繁荣，而是在一度的繁荣之后迅速走向了低落。到了20世纪的90年代，80年代鲁迅研究中提出的问题几乎都成了老生常谈，甚至在这些老生常谈中被超度出来的也不是鲁迅，而是那些被鲁迅批评或嘲笑过的英美派学院知识分子。现在想来，这样的结果也是理所当然的，因为我们这些学院知识分子所关注的问题以及关注这些问题的方式，原本没有超越于当时英美派学院知识分子的范围，民主、科学、改革、开放、反传统、反封建、思想自由、个性解放、现代化、现代性等等，都不仅仅是鲁迅的思想，也是当时多数英美派学院知识分子的思想旗帜，我们对这些问题的关注方式与其说更接近鲁迅，不如说更接近以胡适为代表的英美派学院知识分子。正是因为如此，80年代鲁迅研究的繁荣并没有把鲁迅的思想推到中国历史的前台，而是逐渐将英美派学院知识分子推到了中国历史的前台。这在我们专门从事鲁迅研究的专家和学者的感觉里，首先表现为对鲁迅作品价值和意义的穷尽感觉和"过度阐释"的感觉。总感到是我们赋予了鲁迅作品以更新的意义和价值，而不是鲁迅作品赋予了我们更丰富的人生感受和更深刻的思想启迪。换句话来说，就是感到我们"圣化"了鲁迅，而不是鲁迅"圣化"了我们。为了表明我们并非把鲁迅当作"圣人"来崇拜，我们开始依照"反对个人迷信"的原则掺进一些对鲁迅的批评意见。但令中国的鲁迅研究者所无法预料的是，更广大的中国知识分子对我们正面阐释的鲁迅作品的意义和价值并不感到多么大的趣味，倒是我们这些一鳞半爪的批评意见，极大地满足着很多人的好奇心，连那些一向对鲁迅作品毫无兴趣的人们也关心起鲁迅研究来，历史上曾有的和未曾有的有关鲁迅"劣迹"的叙述，都在这些人们中间得到了眉飞色舞的传播，一个"心理变态的""心理阴暗的""恶毒的""多疑的""过激主义的""虐待狂或被虐待狂的""有窥淫癖的""具有主流话语霸权倾向的"鲁迅形象迅速代替了作为一个"伟大文学家""伟大思想家""伟大革命家"的鲁迅形象。这不是社会历史学派鲁迅研究者所自觉追求的结果，但却也暴露了这个学派鲁迅研究在中国这个特殊的社会背景和文化背景上的无力性和表面性。

摸索鲁迅的灵魂

民主、科学、改革、开放、反传统、反封建、思想自由、个性解放、现代化、现代性，所有这些有形的思想主张，都没有将鲁迅同英美派学院知识分子长期地凝聚在一起，而是在五四新文化运动落潮之后，五四新文化阵营内部就发生了严重的分化。他们都没有放弃这些有形的思想原则，彼此却走向了决然不同的文化道路。鲁迅既没有像陈独秀、李大钊那样成为新的政治革命的领袖人物，也没有像胡适等英美派学院知识分子一样成为纯粹的学者和教授，而是孤身前往，走了一条崎岖不平的文化道路。20年代，五四新文化阵营解体之后，他混迹于新起的青年作家之中，而又被很多青年作家所蔑视、所笑骂；30年代，他同当时的左翼作家联盟，而又被某些左翼作家所嫉视、所排挤。"弄文罹文网，抗世违世情。积毁可销骨，空留纸上声。"上述那些有形的社会命题和思想命题都无法阐释鲁迅一生选择的复杂性和独特性。能够说明这一切的是什么呢？是他的"灵魂"，是他自身精神结构的特殊性。一种公共的话语、一种共同的思想落入不同的灵魂里，就像同样一种食物进入不同的肌体里一样，所发生的作用和影响也是极为不同的。社会历史学派重点阐释的是鲁迅在此类或彼类的公共话语形式中、在此类或彼类的思想潮流中所发挥的实际影响和作用，但所有这些公共话语和思想潮流都不是鲁迅创造的，也不是以他为领袖的。他拥有的只是他的灵魂，他是用自己的灵魂拥抱这些话语形式和思想潮流的。所以，此前社会历史学派的所有研究成果，假若不同对鲁迅灵魂的探索结合起来，其意义就是不明确、不精确甚至是错误的。在过去，我们把他誉为共产主义战士；在后来，我们将他描绘为科学和民主的斗士。实际上，在这两个领域里，执其牛耳的都不是鲁迅。鲁迅转不动中国社会历史的车轮，恐怕他也没有野心一定要转动它。他所重视的，是我们用什么样的灵魂感受它们，体验它们，思考它们，接受或拒绝它们，使我们中国人生活得像个人的样子。

这样的灵魂不是用一个我们共同认可的概念就可以概括的，它需要摸索，并且是用自己的灵魂摸索。到哪里去摸索？到他的作品中去摸索，到他一生精神发展的历程中去摸索。只有当我们用灵魂感受到了鲁迅的灵魂的那一刹那，我们所感到的才是一个真实的鲁迅，一个活的鲁迅。我们才能真正走进鲁迅的文学世界和思想世界。在那时，我们不必圣化鲁迅，但也不必丑化鲁迅，正像我们不必圣化我们的一个知心朋友，也不想丑化我们的这个知心朋友一样。20世纪80年代以前的中国知识分子，关注的是中国社会历史的实际发展，我们总想通过一次有声有色的思想启蒙而实现中国社会历史的根本转变，似乎这个转变一旦实现，从此中国就是一个光明的中国，世界就是一个黄金的世界，世界上的每一个人就都成了正人君子。我们也就把鲁迅及其作品当成了启蒙的工具。但是，我们这种期待本身就是与鲁迅的思想背道而驰的。鲁迅不相信一个黄金时代的到来，不相信人类社会能够臻于至善，他把世界永远看作一个矛盾的世界，一个徘徊明暗之间的世界。在这样一个世界上，人永远要追求，要挣扎，要从自己生命的内部找到求生存、求发展的力量，不是为了将身外的世界改造成一个只有光明而没有黑暗的完美世界，而是使我们自己不致沉入黑暗中，使我们自己能够感觉到做人的尊严，感觉到自己生命的意义和价值，并用自己的生命之光穿透黑暗和虚无，为自己开辟出一条生命之路。20世纪90年代以后的中国，在我们面前展现的就是这样一个世界。在这样一个世界上，我们已经无蒙可启。我们鲁迅研究者所能够述说的那些社会历史和社会思想的名词和概念，连十几岁的小孩子都已经背得滚瓜烂熟，能够实现的都已经实现，不能实现的连我们自己也已经无力实现。鲁迅研究遭到了有史以来的最严重的挑战，鲁迅的声誉也跌落到了历史的最低点。正是在这个时候，鲁迅研究界的一些先行者，开始了对鲁迅精神结构的新的探索。用我的话来说，就是开始"摸索鲁迅的灵魂"。解洪祥先生这部《近代理性·现代孤独·科学理性》就是力图"摸索鲁迅的灵魂"的一部新的鲁迅研究著作。

　　正像大家所知道的，我是属于20世纪80年代出现的社会历史学派鲁迅研究者中间的一个，让我具体评价解洪祥先生这部新的鲁迅研究著作，有些勉为其难，但至少在下列一点上我是可以断言的，即解洪祥先生在鲁迅研究中蹚的是一条新的路子，他的很多分析和判断既具有自己的独立性，又可以给我们很大的启发，给后来的研究者开辟了

摸索鲁迅的灵魂

一个更加宽阔的阐释空间。当汪晖开始探索鲁迅的内在精神结构的时候，是以鲁迅的"历史的中间物意识"为核心具体地展开的。显而易见，正是通过鲁迅的"历史的中间物意识"，汪晖将自己对鲁迅内在精神结构的分析同当时社会历史学派对鲁迅及其作品社会历史价值的研究结合起来也区别开来。王乾坤、解志熙等先生的研究在汪晖研究的基础上具有新的开拓，但在总体上仍然围绕着鲁迅的"历史的中间物意识"，他们都没有将鲁迅的内在精神结构当作一个动态的历史系统，没有具体阐释这种意识生成、发展和演变的过程，甚至也没有把鲁迅的内在精神视为一个有着自己的自足性的精神结构，而认为鲁迅的内在精神中充满了很多无法解决的矛盾。而解洪祥先生则将鲁迅的内在精神结构当作一个有着生成、发展和演变过程的动态的结构，并且在纵向上有自身发展的逻辑性、在横向上有自身结构的完整性。他用"走过虚无"和"走出虚无"将鲁迅的内在精神划分为三个相连的阶段：自由个体、孤独个体和文化战士。而具体推动着鲁迅内在精神发展的则是各种不同的现实因素。在具体分析这三个时期的精神结构的时候，解洪祥先生将第一个阶段概括为近代理性的四维双重的精神结构（关于个人、少数的思想；关于精神、文化的思想；关于多数、众庶的思想；群体抗争、社会革命的思想），将第二个阶段概括为过渡性的双水分流的精神结构（具有超越性的现代孤独和具有抽象性的新理性的双水分流），将第三个阶段概括为现代科学理性的四维辩证的精神结构（个人、文化启蒙、群体、社会斗争）。尽管我们对他的这些概括方式还会提出这样或那样的不同意见，但它们给我们以诸多新的启发则是不容置疑的。

假若让我提点不同的意见，我则认为，解洪祥先生在理性地解剖鲁迅精神结构的时候，还应当更多地保留鲁迅及其作品的体验性特色。毫无疑义，鲁迅作为一个思想家是有高度理性认知能力的，但鲁迅作为一个文学家，又是将自己高度的理性认知能力建立在自己丰富人生体验的基础之上的。正是这些丰富而又深刻的人生体验，使他的理性认识更呈现出自己的整体性、多义性和朦胧性，这大概也是他与当时英美派学院知识分子走向不同文化道路的根本原因。精神结构的问题，归根到底是我们平时说的"灵魂"的问题。"灵魂"，需要认识，更需要感受。在这一方面，钱理群先生较之我们做得都更加出色——虽然他仍然属于80年代社会历史学派的一个鲁迅研究者。

2004年12月15日于汕头大学文学院

原载《鲁迅研究月刊》2005年第2期

国家主义与无政府主义
——《无政府主义与五四新文化：围绕〈新青年〉同人所作的考察》序

在中国，"国家主义"和"无政府主义"这两个词几乎只在20世纪20年代时兴过一阵儿，当时也有人用它们标榜自己，但后来就被所有的中国人抛弃了，变成了两个贬义词。名声不好，故而也少有人提起它们，更没有人将这两顶破帽子戴在自己的头上。思想界是如此，我们文学研究界就更是如此。我们的研究对象都是我们崇拜的对象，是写过一些为我们所爱读的文学作品的，谁也不愿将自己的研究对象同这两种思想联系在一起。只有巴金是个例外。他公开主张过无政府主义，我们否认不了，有些人因此而批判他，而多数人则为他辩护，说他只是误入歧途，无政府主义无法概括他的实际思想倾向。但不论怎么说，反正"无政府主义"不是一个好东西。只有鲁迅为巴金所做的辩护是特殊的："难道连西班牙的'安那其'的破坏革命，也要巴金负责？"[①]言下之意，就是说无政府主义本身并不一定是坏的，不同的无政府主义者可以有不同的人生选择，也可以有不同的历史作用，巴金"固然有'安那其主义者'之称"，但这并没有妨碍他成为"一个有热情的有进步思想的作家，

[①] 鲁迅：《且介亭杂文末编·答徐懋庸并关于抗日统一战线问题》，载《鲁迅全集》第6卷，人民文学出版社，1981。

在屈指可数的好作家之列的作家"。在中国，无政府主义的名声不好，国家主义的名声就更不好。时至今日，连那些忠心耿耿为国家效劳、死心塌地为国家服务、老老实实遵从国家的各项政策和法令、将国家领袖们的指示视为"最高指示"的人，都不会承认自己是一个国家主义者，更莫提我们这些知识分子了。但是，假若我们寻根究底地想一想，就会感到，这两个概念实际并不像我们想得那么简单、那么可怕。可以说，整个人类，整个人类文化，从产生之日起的全部知识分子，几乎都没有逃脱过与这两个概念的干系，几乎都是在这两个概念的夹缝里艰难地生存和发展的：有的更接近国家主义，有的更接近无政府主义，有的则在这两者之间跳来跳去，像契诃夫笔下那个"跳来跳去的女人"一样。与这两个概念毫无瓜葛的人，几乎没有。

这个问题，我们可以拿到人类和人类文化史上来考虑。在人类文化史上，我们至少能够找到两个转折点，一个是国家的产生，一个是知识分子阶层的产生。与此同时，知识分子阶层的产生，不论是在中国还是在外国，都是在国家产生之后很长时间才产生的。也就是说，当知识分子及其文化产生的时候，国家及其文化已经有了相当长的历史。在中国，国家的产生是在黄帝那个时代，到了尧舜禹那个时代，特别是在舜帝的时代，伴随着国家组织需要的一种文化就有了较为完整的形态。后代的儒家知识分子特别称道舜帝的人文教化措施，他用什么教化自己的民众？显而易见，是用国家所要求于民众的那些知识和思想教化他们。如果这些知识和思想是在民众原始状态的生活过程中自然就会产生的，还用帝王进行教化吗？虽然我们很难说出当时的帝王文化的具体内容，但所有这一切，都是与国家组织的需要紧密联系在一起的则是毫无疑义的，都是有利于巩固和加强国家的政治统治则是毫无疑义的。对于这种文化，国家的需要就是最根本的需要，国家的意志就是最高的意志，国家认定的是非就是唯一的是非，虽然当时没有人给这种文化形态做出基本性质的概括，但其实质却不能不是"国家主义"的。当然，国家的需要也并非与民众的需要完全对立的，因为有"国"必有"民"，无"民"也无"国"，但既然是从这种国家组织的需要中产生出来的，它就不能没有自己的独立性，不能没有与当时民众自身的文化相区别的本质。在二

国家主义与无政府主义

者发生矛盾的时候,国家当然就要坚持自己的独立意志,所以,自从国家产生之时起,就有了以国家的名义对"乱民"的军事镇压和法律制裁,并且这种镇压和制裁都是在合理性和合法性的旗帜下进行的。在原始社会里,也有不同部落和不同人之间的武力冲突,但那时却只有胜利和失败的区分,而没有合理与不合理、合法与不合法的分别。国家产生了,国家文化产生了,国家成了凌驾于整个社会的"上层建筑",成了可以裁判一切的仲裁机构。它不但有足够的力量镇压和制裁底层的民众,而且也有权力对自己的镇压措施和制裁行为做出合理性和合法性的价值评价。这一切,都是以国家的意志为最高意志的,所以也是"国家主义"的。

必须看到,国家文化是从国家这个社会组织的需要中产生的,而不是在人的自然本性中直接产生的。所以,直至现在,属于国家意识形态的东西,还要依靠自觉推行的社会教育、带有明确功利主义目的的思想宣传和具有某种强制性的自上而下的思想灌输,在自然的条件下,国家的意志是不可能直接转化为社会民众的个人意志的。我们常常说人的"自然本性",或曰"人性",实际上,人的"自然本性"或"人性"是不包括"国家性"的,因为在"国家"产生之前的上百万年,人类早已在地球上生活着了。在那时,没有国家,没有国家组织,自然也没有因国家组织的需要而产生的国家主义的文化。在那时,是没有政府的,所以任何一个人也不会存在关于政府的观念。那时的人既不是"有"政府主义者,也不是"无"政府主义者,因为连"政府"都没有,也就没有一个承认不承认的问题。但到了国家产生之后,有了国家,有了政府,国家要用国家的标准规范自己的民众,而这时的多数民众,自由了上百万年,是不太容易接受国家的统一意志的教化的,这些人并不把政府看在眼里,不承认或从根本上就感觉不到政府的作用,还是依照自己的直觉和直感说话与做事,依靠自己的力量实现自己的主观意志。像《水浒传》上的那些英雄,遇见老虎打老虎,遇见强人打强人,遇见官府打官府,打得赢就出了自己的一口鸟气,打不赢就自认倒霉,杀人不眨眼,被杀不叫屈。自己的事情自己管,与"政府"没有关系。假如用现代的语言说,他们就是一些"无政府主义者"。目无政府,目无王法,蔑视国家权威，甚至公开反抗政府。

　　从黄帝到孔子又过了二三千年，那是一个大致等于从孔子到我们这个时候的一个漫长的历史时期，才有了我们的远祖孔子、老子这些知识分子产生出来，才有了我们现在称之为"雅文化"的知识分子文化产生出来。只要我们通过孔子、老子那一代知识分子来感受我们的知识分子文化，就会看到，我们知识分子的文化几乎是先天地就处在国家主义文化和无政府主义文化之间的夹缝中。向上，它根本无法穿透国家主义文化的壁垒；向下，它也无法穿透无政府主义文化的底线。国家，虽然是在人类产生之后上百万年才产生的一种人造的组织，但直到现在，在我们的理性视野的所及之处，仍然不可能没有国家的存在。有国家，就有国家的意志；有国家的意志，就要通过一些个人而实现出来。这些个人不能将纯粹个人的意志置于国家的意志之上，而是以国家的意志为自己的意志的。不论他们承认不承认，但就其基本性质就不能不是国家主义的，就不能不将国家的意志作为一个社会的最高意志。他们之所以能够如此，是因为国家组织本身就是有力量的，它拥有较之任何一个独立的个人都无法与之抗衡的经济实力和军事实力，因而也能够保证那些忠心耿耿为之服务的人的经济和政治的权益，使之在国家主义的立场上发挥自己的智慧和才能。正像国家离不开这些人一样，这些人也离不开国家。他们要保卫自己的既得利益，也要首先保卫国家的政权。所以，国家主义文化作为一种文化形态即使在未来的人类社会中，也将永远是一种强势性的存在。国家的形式可以变化，但国家主义这种文化形态却是永存的；国家的具体意志可以变化，但将国家的意志当作最高意志的这种文化价值标准却不会在人类文化中消失。知识分子不可能发明出一种文化来，完全取代国家主义的文化，除非它自身就是国家主义的。与此同时，无政府主义文化也是无法穿透的，因为它就扎根在人的自然本性中。没有任何一个人先天就是一个国家主义者，就是一个"有"政府主义者。一个人总是在个人意志受到国家强力意志的压抑时才感觉到国家的存在的，才形成自己的国家观念的。在这种遭遇中，一个人也总是首先试图贯彻个人的独立意志，而与国家的意志发生各种形式的对立和冲撞，只有当他感到无力反抗国家意志的时候，他才不得不屈从国家的意志，并在屈从国家意志的前提下有限地获得个人的权益。正是因为如此，无政府主义倾向在青年人中表现得格外强烈。青年人正处于个人意志已经觉醒而国家观念还相当淡薄的时候，初生牛犊不怕虎，他们总要试一试自己的膂力。除青年人外，下层社会群众也是滋生无政府主义的土壤。国家，在社会上造成了各种等级，分出了高低贵贱，下层社会群众不但在物质生活上是匮乏的，在社会地位上也是卑贱的。他们在自己的生活境遇中感觉不到国家的重要性，国家对于他们只是一个难以背负的重担。无政府主义情绪极易在他们之中蔓延。总之，由于国家观念不是在人的自然本性中原来就有的，在人的自然本性中生长出来的是无政府主义，而不是国家主义，所以无政府主义也将永远留存在人类社会上，并成为任何人也无法穿透的社会文化底线。"野火烧不尽，春风吹又生"，它总是随着一代代人的进入社会而周期性地得到发作。在这时，国家的权威急遽下降，很多人不再接受国家法律的约束，甚至发生武装暴动。

无政府主义直接产生于人的自然本性，但当无政府主义作为一种文化形态和社会形态表现出来，也就同时不再仅仅是人的自然本性。无政府主义是以"政府"的存在为前提的，是以"国家"的产生为背景的。它是作为国家及国家意志的消解力量、瓦解力量而存在的。当政治统治者以国家集体的力量维护自己的独立利益而镇压以各种形式表现出来的无政府主义倾向的时候，无政府主义面对的就不是哪一个具体的人，而是作为整体的国家政权了，这使它不再完全是原始性质和素朴性质的自然本性，还渗入了某些整体的社会意识，使他们感到整个现实社会都是不公平的。即使《水浒传》上的那些英雄，因为同时受到官府的镇压，也在水泊梁山聚集成一伙，有了一个类似"国家"的组织。在这个组织里，也是有纪律、有山规的。在这个意义上，无政府主义与国家主义是对立的，也是统一的。在知识分子文化产生之前，它们实际是国家构成中的两个必不可少的文化元素：没有无政府主义，国家主义就没有存在的必要性；没有国家主义，无政府主义也构不成一种独立的文化形态。国家主义和无政府主义的统一性还表现在二者的相互转化上：无政府主义的最终胜利不是建构起更高形态的无政府主义，而是表现为向国家主义的转化。没有任何一个无政府主义集团是依靠无政府主义本身维持自己获得的国家政权的，再激进的无政府主义者在获得国家政权之后也将立即转化为国家主义者。与此同时，国家主义的失败也不是建构起更高级的国家主义文化形态，而是直接转化为无政府主义，成为挑战国家权威的主要力量。在整体上是这样，对于一个人也是这样：当一个人基于个人的自由意志反抗国家权威的时候，一旦成功，一旦个人的愿望获得满足，就会直接转化为国家主义者，成为国家权威的消极顺从者乃至主动维护者。当一个国家主义者在自己维护的国家政权中无法获得自己所意欲获得的政治地位和经济利益的时候，又往往转而破坏国家的集体利益，反抗国家的集体意志，成为一个实际上的无政府主义者。这里的原因是不难理解的，当社会的斗争仅仅围绕着政治权力进行而没有一种新的社会理想参与其中的时候，这种斗争必然是循环往复的。国家是依靠各种等级制度建构起来的，没有等级就没有国家；国家秩序永远是一种自上而下的等级秩序，并且是在军队、法律等各种强制性手段的基础上建立起来的，是依靠各种强制性的手段予以维持的，它在保障一部分人的自由意志得到更充分实现的同时，必然压抑着更多社会群众的自由意志的实现，并且越是下层的社会群众，越是处于无权的地位，其自由意志越是受到更严重的压抑。国家主义是建立在部分人的自由意志在现实的国家秩序中能够获得较为充分实现的基础之上的，无政府主义是建立在更多的社会群众的自由意志在现实社会中无法得到较为充分实现的基础之上的，但二者都建立在这样一个等级秩序的基础之上，地位的改变也改变着他们与国家的关系，但却无法改变这两种文化形态本身。在国家产生之前，也有人与人之间的矛盾和斗争，其形式也主要是武力的，但那时的这种矛盾和斗争主要发生在个人与个人之间，或小的群体之间，是随时发生随时停息的，没有整体的社会规模，也没有前后蝉联的历史连续性。但在国家产生之后，国家自身就是具有整体的社会规模的，也是具有历史的连续性的，这使它与无政府主义民众之间的矛盾和斗争也极其自然地带上了整体的社会规模和历史的连续性，并且随时可以上升到公开的、大规模的武力冲突的高度。不难看出，人与人的矛盾是随着国家的产生和发展，而正式升级为人类的战争的。国家，给人类

国家主义与无政府主义

的发展带来了新的可能性，但也给人类带来了更新、更大、更沉重的灾难。正是在这种情况下，知识分子产生了，人类文化再一次发生了转折性的变化。

在先秦，"士"这个阶层既不属于国家政治统治阶级，也不属于底层社会民众，而只是一些具有了更广泛、更丰富的社会历史知识因而也具有了整体思维能力的人。在当时，像齐桓公、晋文公这样的政治家，更属于真正意义上的国家主义者，他们是依照国家的需要而塑造自己的，伸张的也是一个国家的意志，而盗跖则是一个典型的无政府主义者，一个犯上作乱的英雄，是专门与政府捣乱的。我们的老祖宗老子和孔子，既不像齐桓公、晋文公那样为一个诸侯国披肝沥胆、南征北战，也不像盗跖那样无法无天、横行霸道，而是介于二者之间的人物。他们不是国家主义者，不是以当时某个国家的意志为最高意志的，不是当时政治权力的消极顺从者和积极维护者，但也不是无政府主义者，不是以一己的利益为利益、一己的意志为意志的，而是企图在当时政治家的国家主义和普通社会民众的无政府主义之外找到一种新的思想模式或社会模式，以消除当时日益激化的社会矛盾和日益恶化的社会状态。仅就孔子和老子的差别，我们可以说老子更接近无政府主义，而孔子则更接近国家主义，但我们却不能这样判断他们的思想性质。一个人的思想性质是在整个社会各种不同的思想倾向及其关系中表现出来的，也只有在这种关系中才能得到恰切的感受和评价，不能仅仅放在知识分子与知识分子之间的关系中来感受和把握。老子是主要反对国家主义的，他为人的自然本性的发展留下了更加广阔的空间，但他没有从根本上否认国家存在的必要性，他的全部学说实际讲的都是社会治理的方式的问题，讲的是以"无为"的方式实现"无不为"的治理目标的问题。但显而易见，老子并没有因为重视国家的管理而走向国家主义，因为他的"无为而无不为"的政治主张，反对的恰恰是用国家的集体意志取代社会群众的个人的自由意志的国家主义的统治方式。国家，就是一种权力，国家主义的本质就是一切以巩固和加强国家的权力职能为嚆矢，就是要社会民众无条件地服从国家的集体意志而不能蔑视、反抗国家。在这个意义上，孔子与老子实际上并没有本质的不同。孔子更强调国家治理的作用，但他同样反对国家赖以存在和发展的基本条件。国家之所以能够以少数人之力而控制整个国家、整个国家的多数民众，就是因为它控制了国家的法律、军队、经济："有权"，就是因为它可以用自己手中的权力剥夺社会上每一个人的自由意志，乃至其生命本身。而孔子是反对这些强制手段的。与此同时，孔子也反对无政府主义，反对用武力反抗国家的政治统治，反对"犯上作乱"。所以，不论是老子和孔子，都是既非国家主义也非无政府主义的：站在国家主义的立场上，他们好像是无政府主义的，而站在无政府主义立场上，他们又好像是国家主义的。但就他们自身而言，则是独立于国家主义和无政府主义之外的另外一种文化——知识分子文化。

　　知识分子文化与政治统治者的国家主义文化和一般社会民众的无政府主义文化有什么根本区别呢？如前所述，国家主义与无政府主义之间的斗争归根到底是围绕着现实政治权力而展开的，是国家集体意志与个人自由意志之间的直接较量，并且是以武力为最终的解决方式的，解决的是谁压制谁、谁服从谁的问题。而知识分子的文化则是一种话语，它的力量只是一种话语的力量，一种思想或情感的力量。这种力量通过转移人的思想或情感态度而实现人与人关系的改善，从而使人类社会朝着更加美好、更加合理的方向发展。知识分子的文化既不可能在国家还存在的历史条件下最终战胜国家主义，也无法最终战胜无政府主义，但也正是因为如此，知识分子的文化在人类历史上构成的是一个不断绵延和发展的文化链，而不像国家主义那样随时可以凝固成下级服从上级等一些干巴巴的行政原则，也不会像无政府主义那样随时可以凝固成"路见不平、拔刀相助"等一些固定的行为模式。就其发生根源，它同于无政府主义，是在自然本性的基础上生成的自然愿望和自然需求，但它所要改变的不是或不仅仅是个人以及与自己亲近的一些人的命运，还同时是整个社会的命运，整个人类的命运。它既不满于像赵太爷那样的上等人的作威作福，也不满于像阿Q一类下等人的盲目反抗。它追求的是一个想象中的世界，一个比现实世界更加美好的世界；它倾听的是未来的声音，是人类理想的召唤。它是在对理想的追求中意识到自己的价值和意义的，并由此获得在国家主义和无政府主义双重压力下存在和发展的精

国家主义与无政府主义

神力量。"富贵不能淫,贫贱不能移,威武不能屈",孟子这句话用自己的亲身体会概括了知识分子文化的生命力之所在。知识分子文化的产生,从根本上改变了整个社会文化的总体格局,改变了从国家产生以来国家主义与无政府主义两种力量直接对抗的局面。它既可以影响到国家机构中的一些人,使其对自身所跻身的国家组织有一种超越性的理解,不再仅仅充当维护现实政治统治秩序的工具,而将自身的政治实践与人类的美好理想结合起来,也可以影响到普通社会群众中的一些人,使之在实现自己的自由意志的时候,也能够尊重别人的自由意志。这些影响很可能是微弱的、缓慢的,并且常常得而复失,但只要看到,在知识分子文化产生之后,对于现实社会的不满、对于未来社会的憧憬从来没有在社会上消失过,人类历史就是在这样一些经常变换形式的知识分子文化的支撑下不致因国家主义的恶性膨胀而堕入铁板一块的专制主义黑暗之中,也不致因无政府主义的恶性发展而堕入没有任何约束的自相残杀之中。知识分子的文化作为一种独立的文化形态在人类历史上是发挥着为国家主义文化和无政府主义文化不可替代的重要作用的。

但是,不论是在中国,还是在外国,在知识分子刚刚产生的那个时候,国家主义文化与无政府主义文化之间的这个文化隙缝都是极其狭小的,而在这个狭小的隙缝里,却吸引了越来越多的人。如果说老子和孔子是通过自己的文化、自己的思想而在当时的社会上获得了更高一些的社会地位和经济地位的话,那么,后来的越来越多的知识分子却更是为了通过掌握文化而牟取更高的社会地位和经济地位,这就使知识分子的文化发生了一种畸形的变化:在当时的历史条件下,下层的社会群众是无法为这些知识分子提供更优越的政治地位和经济地位的,而国家则拥有这样的条件,这就使知识分子的文化逐渐向国家主义文化转化。在孔子那时,儒家文化还主要不是一种庙堂文化,到了孟子,儒家文化就发生了向国家主义文化转移的明显倾向,但他仍然不是作为政治帝王的一个臣僚而出现在中国社会的,他异常清醒地将儒家知识分子的国家观念同齐桓公、晋文公等人的国家主义区分开来,并始终坚守着对国家主义文化的批判。在先秦,法家文化已经是一种由知识分子创立的国家主义文化。它体现的不是法家知识分子个人的思想追求和社会追求,而是国家的意志、帝王的意志，他们在文化上所起的作用，也就是齐桓公、晋文公在政治实践上所起的作用。到了汉代，儒家文化也完成了向国家主义文化的转变，董仲舒"罢黜百家、独尊儒术"的思想主张将儒家文化上升到了国家主义的高度，并以国家主义的原则对儒家文化进行了根本的改造。到这时，中国儒家知识分子才冠冕堂皇地进入国家的各个政府部门，既成为国家的文化支柱，也成为国家的政治支柱，同法家文化携起手来，共同承担起维护国家政治统治政权的作用。

必须指出，中国知识分子文化向"国家主义"的转化，并不是没有特定的历史作用的。正是由于中国知识分子文化向"国家主义"的转化，才相对降低了国家政治的盲目性，给国家政治统治者提供了自我反思、自我调整、自我评价的某些客观标准，也为中国知识分子文化的传播开辟了更加广大的活动空间。不难看到，从汉代开始，中国才成了一个以中央集权制为其主要特征的东方大帝国，并且这个帝国是将发展教育、发展文化作为自己的主要职责之一的。但是，知识分子文化的国家主义化，也严重破坏了中国文化发展的均衡性。可以想象，一个国家的政治机构无论多么重视文化，都不能不以强化国家组织的等级结构为己任，都不能不以加强现实统治政权的稳固性为基本原则，都不能不将国家的意志当作社会的最高意志。这就为政治统治集团不断增长的权力欲望和物质欲望提供了滋生、繁衍的条件，而为坚持知识分子文化立场、遏止政治统治集团内部腐败的臣僚设置了不可逾越的障碍。中国知识分子至今还将"武死战、文死谏"当作中国文化的一个优良传统，实际上，"武死战"是死于国家的敌人之手，是"武人"在履行自己职责的过程中所难以避免的，他们的死也会获得国家所给予的崇高的荣誉并惠及于死者的亲属，而"文死谏"却是死于自己所忠于的国家皇帝之手，不但自己的谏诤没有发挥应有的作用，还白白丧失了自己的生命，殃及于自己的亲属。知识分子的自由意志在官僚政治结构中所受到的严重压抑可见一斑。与此同时，知识分子文化向国家主义文化的转化，使底层广大社会群众仍然停留在无文化的状态。毛泽东说："中国历来只是地主有文化，农民没有文化。"①如果从知识分子文化传播学的角度，不能不认为这个判断是符合历史事实的。一个没有知识分子文化的阶层，其自由意志是无法通过表达得到社会的理解和同情的，这种被压抑的个人自由意志，不能不停留在无政府主义的思想层面上，是孕育无政府主义反抗的思想土壤。一边是强势的国家组织的力量以及在其力量支持下的国家主义文化原则，一边是广大的无文化群众的自然欲求以及由这种欲求所不断滋生的无政府主义思想情绪，中国古代知识分子文化始终没有获得自己成长和发展的独立思想空间，甚至连春秋战国时期曾经有过的百花齐放、百家争鸣的局面也严重地丧失了。这种状况，在中国古代文化史上，一直没有得到根本上的改变。

五四新文化运动就是在这样一种文化格局中发生的。

五四新文化运动之前，也曾有过几次文化的变迁，但就其总体性质，并没有超越于传统国家主义和传统无政府主义的总体范畴。不论是清末国家官僚中的复古派，还是其中的洋务派，其实质都是国家主义的。复古派坚守的是早已被改造为国家主义文化的儒家文化传统，洋务派则希望通过国家政策的改变而实现国力的强盛。在这个时期，洪秀全的太平天国起义虽然粘贴了一个基督天国的名号，但在整体上仍然属于传统无政府主义，这种传统无政府主义的内部组织形式则是传统的国家主义原则。维新派就其口号是现代的科学与民主，但在西方，科学与民主都不是通过国家政治自身的变化而产生的，而是一种知识分子的文化，是启蒙主义知识分子创立的一种思想学说，它在社会上的广泛传播而影响到政治的革命，从而建构起一种现代的民主政治体制。在这样一个意义上，中国的维新派同中国的洋务派一样，都只是通过国家政策的改变而实现国家的改革，是一种国家行为，实现的是国家的意志，与这些知识分子个人的自由意志和普通社会群众的自然愿望与要求并没有直接的联系。洋务派的改革对于当时的"国家"发展不是没有一定的作用，但同时也加剧了社会的两极分化，一方面是上层社会的腐败，一方

---

① 毛泽东：《湖南农民运动考察报告》，载《毛泽东选集》第1卷，人民出版社，1964。

面是底层民众的无政府主义反抗，而这则是国家主义片面发展所导致的必然结果。孙中山领导的革命就其主观愿望是实现中国现代知识分子的社会理想，但它所赖以完成这个革命的基础力量和手段却不能不是无政府主义的。正是在这种情况下，西方的无政府主义也开始在中国得到更广泛的传播，西方的无政府主义者是作为革命英雄而被当时的进步青年所崇拜的。但是，辛亥革命的胜利阻断了西方无政府主义与这些革命者的思想联系，使这些革命者极早地同传统的国家主义结合起来，甚至连孙中山本人也开始追慕早已被国家主义化了的儒家文化传统，西方无政府主义的影响是通过"五四"这代知识分子而在中国继续发挥作用的。在这时，西方无政府主义思想已经主要不是政治领域的概念，而是一种文化领域的概念，它是同中国现代知识分子对文化改革的需求联系在一起的。

在这时，我们必须首先清理一下我们头脑中的关于无政府主义的观念。由于我们是中国知识分子，我们关于无政府主义的观念是在中国的社会及其社会运动中形成的。从总体说来，我们头脑中的无政府主义观念实际上有两种：一种是我们中国固有的传统的无政府主义，一种是在近现代中国从西方文化中输入并转化为中国现代知识分子的一种文化倾向的无政府主义。实际上，我们在谈论无政府主义的时候，是经常将二者混淆在一起的。带有国家主义倾向的中国知识分子，在将中国传统的无政府主义视为一种过激的非理性的社会倾向的同时，往往认为西方的无政府主义也是一种过激的非理性的社会倾向，而带有无政府主义倾向的中国知识分子，在反对现代国家主义的同时，则往往立即将自己的思想同传统的无政府主义倾向等同起来，并将中国古代的农民起义提高到推动中国古代历史发展的唯一动力的高度。实际上，这"两种"无政府主义是有严格区别的。假如用一句最简单的话说明这种区别，那就是，中国传统的无政府主义不是一种知识分子的社会思想或社会思潮，而西方无政府主义则是一种西方知识分子的社会思想或社会思潮。既然西方无政府主义是一种知识分子的社会思想或社会思潮，它就不是完全盲目的、非理性的、毫无思想价值的东西，而是西方现代的一种思想形式，是西方现代思想格局中的一个有机构成成分。当然，这并非说中国传统

国家主义与无政府主义

的无政府主义在现代中国已经没有存在的价值和意义,与此相反,它在20世纪的中国革命,特别是反侵略斗争中所发挥的实际作用,仍然较之任何一个派别的知识分子都要伟大,但他们不是用自己的思想、智慧和才能战斗的,而是用自己的生命和鲜血战斗的。他们的力量直接来自他们的物质生命本身,国家对他们物质本能的压抑和他们基于本能需要的反抗在人类历史的发展中仍将是一种不可忽视的重要力量。假若说体现现代国家力量的是知识分子为之研制成功的"原子弹",他们使用的则是自己天然就具备的"人体炸弹",是他们不怕死的精神。这"两弹"的战争仍然在当代世界范围中时断时续地进行着。但是,西方现代社会的无政府主义却不是这样一种形态的无政府主义。西方现代无政府主义是西方部分知识分子的自觉的思想选择和人生选择。这种选择在其更根本的意义上不是或主要不是出于本能的需要,而更是他们的一种理性的社会选择。如果说中国传统的无政府主义者选择的是"活着",即使他们的"不怕死",也是为了更痛快地"活着""活得有志气",西方的无政府主义者选择的则是"意义",即使他们的牺牲也是为了"活得更有意义";中国传统的无政府主义者的"志气"凝聚在具体的人与人的关系上,西方无政府主义者的"意义"则凝聚在一种社会理想上;中国传统的无政府主义者拼的是个人的一条出路,即使他们的联合也是在哥儿们义气基础上的联合,西方的无政府主义者既是为自己开辟一条有价值、有意义的人生道路,也是为社会开辟一条通往理想社会的社会道路,他们的联合是"同志"之间的联合,是有相同社会理想的人的联合。西方的民族国家产生于统一的基督教神学统治力衰退之后民族矛盾加深的历史时期,各个国家之间的军事竞争使"国家"更严重地从民众中独立出来,成为一个民族的"上层建筑"。这个"上层建筑"在政治上依靠官僚机构,经济上依靠资产阶级,文化上依靠精英知识分子,这就使社会中下层民众不论在政治地位、经济地位,还是在文化地位上,都发生了严重下沉的现象,与18世纪启蒙知识分子所宣示的"自由、平等、博爱"的原则是背道而驰的,甚至在现代民主、科学的旗帜下发展起来的众多学科,都无法纳入国家机关的直接管理之下,这就使大量社会知识分子不能不离开政府而独自寻找发展自己的文化并利用自己的文化实现社会改善的出路。他们所追求的社会目标与国家、政府所追求的实际目标是迥然不同的，有的则与国家、政府的法律制度相违背，这就使西方的无政府主义在总体上表现为两种形式：一种是较之政治手段更加温和的和平形式，一种是较之政治手段更加激烈的斗争形式，但不论是和平的形式，还是斗争的形式，都带有与国家的政治统治分庭抗礼的性质，所以这两种形式在同样一个派别的无政府主义者那里又可以同时得到运用，而"自由、平等、博爱"则是他们共同的思想基础。与此同时，西方国家主义与中国传统的国家主义也有所不同。中国传统的国家主义是通过人身依附关系构成的，依附于皇帝就是依附于国家，而西方近代国家主义则是通过国家政策、法令等措施实现国家的政治治理，并以国家的强盛为主要追求目标的，将国家的利益视为最高的利益，甚至不惜牺牲中下层民众的利益。他们依附于国家但不一定依附于个人，这就为精英知识分子的国家主义化提供了更加方便的条件。他们将自己的文化活动自觉地建立在国家的现实需要上，是为充分发挥国家的社会作用服务的。这样，西方的国家主义同无政府主义实际构成了现代社会的两种既对立又互补的文化力量，国家主义文化坚持政治的正义性原则，致力于国家政治职能的发挥和改进，而无政府主义文化则坚持个人自由的原则，将社会群众的意志和要求直接表现在社会上，迫使国家为了自身的稳定也不能不关注中下层社会的现实问题和知识分子个人的自由意志。如果说无政府主义者是向下看的，是发动底层社会民众反抗国家的政治统治，国家主义则是向上看的，是希望依靠国家的力量实现国家整体的发展；如果说西方无政府主义思潮的发展最终有可能导致社会革命，西方国家主义思潮的发展最终则有可能导致法西斯主义。但二者都只是失去对立面的制衡作用而表现出的极端形式，是从文化领域完全转入政治领域之后的事情，而不是知识分子文化自身的性质。而只要二者都主要停留在文化领域，并在文化领域形成一种相互制衡的机制，社会就会在相对稳定的条件下得到较为迅速的发展。

　　五四新文化运动是在从汉代就已经片面发展起来的国家主义文化的笼罩下解放出来的，这种中国传统的国家主义文化不但直接依附于政治权力，并且政治权力也主要表现为文化的权力，它在镇压异端思想上所

国家主义与无政府主义

花费的精力要远远大于它在国家各项事业上所花费的精力。所以,"五四"那一代人在重新开拓中国知识分子文化的自由空间的时候对西方带有无政府主义倾向的文化情有独钟就是不难理解的了。西方无政府主义思想或思潮在建构中国现代知识分子独立文化空间的过程中是起了不可忽视的引领作用的。它的直接后果是使中国现代知识分子在脱离开读书做官的科举道路之后找到了发挥自己的社会作用、获得自我生存的价值感觉的文化路径。但是,这只是五四新文化运动那个短暂的历史时期的事情,在稍后的历史时期,五四新文化自身也发生了分化。一般说来,精英知识分子发生的是向现代国家主义方向的转化,其他知识分子发生的是向现代无政府主义方向的转化。在五四新文化发展演变的同时,中国现代民族国家也进入了重建的过程,中国现代民族国家对现代精英知识分子的需求量也有了一定程度的增加,发展现代科学技术以增强现代国力的需要使国家越来越多地同现代精英知识分子携起手来,而得到国家重视的精英知识分子也自然而然地更关心现实政治的稳定,有时甚至以漠视乃至牺牲下层社会民众的生存权利和自由权利为代价。这种现代国家主义倾向的进一步发展,则使之与传统国家主义的界限越来越模糊,共同构成了支持现代民族国家大厦的文化基础。但是,对于一个中国现代文化的研究者,却不能模糊这种界限。必须看到,现代精英知识分子就其主要特征而言不是对少数政治统治者的依附,而是通过效力于现代国家的各项事业而稳固中国现代民族国家的基础,而传统国家主义者则是通过人身依附而实现个人的人身价值,传统的光宗耀祖的观念在这类知识分子中还大量存在着。而这种传统的国家主义总是将国家的专制主义政治推向一个现代国家根本无此必要的程度,同时又总是将政治的腐败推向一个现代国家所能够避免的高度。因为中国传统的国家主义者是一些没有现代专业知识的官僚,他们对下的专制就是表示自己忠于现实政治统治的主要形式,从而也必然将这种专制强化到国家根本不需要的程度。他们的人身依附的性质使他们不可能与危害国家利益的腐败现象进行艰苦卓绝的斗争,而他们自身的光宗耀祖的陈旧理想也使他们成为政治腐败的土壤。在现代国家主义者与传统国家主义者的联盟中,除在少数国家政治危机的时刻,现代国家主义者总是处于十分被动的局面，他们的非人身依附的性质使他们无法进入国家政治的核心地带，总是处于工具的地位上，而工具主义也常常是他们对人的基本理解形式。与此同时，现代教育的发展也使越来越多的社会成员具有了文化知识，具有了独立思考的能力，知识分子的队伍不断扩大，而国家能够直接利用和保护的知识分子则是这个越来越庞大的知识分子队伍中的极小部分，其中绝大多数必须依靠个人的努力以实现个人的追求目标，甚至像文学艺术、社会科学这样一些极难直接服务于国家现实的功利主义目标的文化领域，都不能不在国家整体发展目标之外开辟自己独立的文化空间，这就与以国家组织为基础形成的文化价值体系和价值标准有着内在的差异甚至矛盾。对于他们，"人"的观念比"国家"的观念更加重要，"立人"较之"立国"更加急迫，虽然底层广大社会群众仍然不是他们文化成果的接受者，他们也没有能力实际解决社会群众的具体的物质要求，但在"人"这个基点上，他们与社会群众有了更紧密的精神联系，至少在这些知识分子自身的感觉上是如此。这就使他们有了与传统无政府主义结合的可能，特别是当他们受到国家政治权力的排挤、压迫的时候，更有可能做出这种文化的选择。但二者又是有严格的区别的，即使现代无政府主义者表现出来的对现代人类的憎恨，也是根于对人类的关心和爱，而传统的无政府主义则主要建立在憎恨的感情基础上；即使现代无政府主义具体表现为对文化传统的破坏，也是出于建设新文化的需要，而传统无政府主义则主要致力于对人类社会和人类文化的破坏。也就是说，中国现代知识分子的文化继先秦文化之后又一次成了一种独立形态的文化，但仍然处在传统国家主义和传统无政府主义的夹缝中。中国知识分子总是希望找到一条万无一失的正确文化道路或人生道路，这样的道路是根本不存在的，现代每一个知识分子必须在这样一个夹缝中找到自己发挥社会作用的文化空间和生存空间，而不论在怎样一个空间位置上，都必须承担自己应当承担的困难甚至风险。没有困难和风险的文化空间和人生道路是根本不存在的，而研究过往文化的目的也正是为了看清自己文化道路上的困难和风险，并且提高战胜这些困难的能力，化险为夷，以更少的牺牲换取更大的胜利。实际上，不仅现在，就是在未来的世界上，国家主义和无政府主义都将是知识分子文化的两

国家主义与无政府主义

个无法超越的极限，每一代知识分子都必须在向传统的国家主义和传统的无政府主义的宣战中找到自我存在的价值和意义，并在自己的时代环境中找到自己的自由也找到自己的生存的意义和价值。这是一个普罗米修斯式的事业，最终的胜利是没有的，万无一失的文化选择也是没有的。中国当代知识分子文化在经历了漫长的国家主义化之后，于"文化大革命"结束之后又一次找回了自己的独立性，有了自己独立活动的空间，但这个空间仍然只是一个社会的文化夹缝，而不是中国文化的全部，并且仍然存在着不均衡状态，向国家主义和无政府主义两个方向转化的趋势则是从20世纪80年代到现在的文化发展的主要趋势。就是在世界范围，上面所说的"两弹"的政治战争和文化战争都有不断加剧之势。在这种情况下，中国知识分子必须提高自己文化选择的自觉性，仅仅按照传统国家主义的原则放弃自己自由选择的权利固然不是一个现代知识分子所应有的品格，仅仅依照个人一时的痛快而意识不到自己对这种文化选择所应当负有的责任、不想为自己的文化选择做出艰苦卓绝的努力，在传统无政府主义思潮面前失去自己的自觉性和独立性，也不是中国现代知识分子所理应具有的思想高度。五四新文化向中国知识分子提出了更高的思想要求。

原载《无政府主义与五四新文化：围绕〈新青年〉同人所作的考察》，
孟庆澍著，河南大学出版社2006年版

个人的自觉与文学的自觉
——高俊林《现代文人与"魏晋风度"》序

"魏晋风度"与现代文人的关系，不是一个新问题，老一代的学者早已注意到了它，但还少有人将其作为一个专门的问题，进行系统而又细致的探讨和研究。高俊林的这部专著在这方面做了新的开拓。

高俊林的这部专著是"务实"的，在这里，我说点"务虚"的话。

在中国古代，思想上最繁荣的是春秋战国时期，即使春秋战国时期的思想成果也是在汉代得到整理和推广，成为一个规模宏大的中华文化的体系的。在文学上，最繁荣的是唐宋，我们现在异常重视的戏剧与小说则是在唐宋之后的元、明、清三代，不过那时它们还不被视为高雅的、严肃的文学。就学术论学术，汉代之后，当数清代，宋明理学虽然在中国历史上影响甚大，但在我看来，其创造性不如春秋战国，其魄力不如汉，其精细严密不如清。但不论怎么说，宋明理学对于中国社会思想影响的深远，却是任何一个时代的任何思想也无法比拟的。但当我们谈到"五四"前后的思想革命和文学革命，特别是谈到章太炎和鲁迅的时候，还是更经常地想到魏晋文人。这是为什么呢？

我认为，最重要的原因在于，只有这两个时期，在中国文化史上，是文学自觉的时代，当时思想的自觉，也是建立在文学自觉的基础之上的。而所有这一切，又都有一个纽结，那就是中国知识分子的个人的自觉。

个人的自觉与文学的自觉

中国文化与西方文化有一个不同的特点,即西方文化是文学的自觉在前,思想的自觉在后,而中国文化则是思想的自觉在前,文学的自觉在后。在西方产生有系统的思想成果之前,早就有了古希腊的神话,此后则是西方戏剧的繁荣,再后才有苏格拉底、柏拉图、亚里士多德这样一些杰出的哲学家和柏拉图学园这样的学校教育。它们是在此前的古希腊神话和古希腊戏剧的审美感受的基础上建构和发展起来的,他们的美学思想更是在这些文学作品的基础上形成和发展起来的。也就是说,不是苏格拉底、柏拉图和亚里士多德这些思想家为文学艺术制定了标准,而是文学艺术作品本身为他们的文艺思想提供了蓝本,文学艺术的标准是从文学艺术作品中被他们发现出来的,而不是在他们一般的社会要求的基础上形成的。其实,当柏拉图主张在未来的哲学王国里要把诗人驱逐出境的时候,说明他已经意识到诗人与哲学家的不同了,已经意识到真正的文学绝不是某种哲学思想的宣传品了。而在中国,则是先有孔子、老子、墨子、孟子等思想家的著作,然后才有文学的发展。《诗经》里的诗虽然产生在孔子之前,但没有像孔子这样的思想家的搜集和整理,它是不可能成为"经"的,是不可能在中国知识分子文化中占有如此重要的地位的;中国古代神话直至现在仍然带有非正统的俗文化的性质。在中国古代史上,绝大多数的文学家都将孔子当作至高无上的圣人来崇拜,但却没有一个思想家认为屈原与孔子有着同等崇高的文化地位,甚至文学家自己也不这样认为。这在西方是不同的,古希腊三大悲剧家与苏格拉底、柏拉图、亚里士多德谁更伟大,是没有一个确定无疑的普通观念的。这种文学家与思想家不具有对等地位的文化观念,甚至一直影响到我们的当代社会。一个当代青年学生在没有欣赏鲁迅作品的能力之前,会直截了当地说"鲁迅作品不好"、"没有意思",但在他没有感受到《老子》、《周易》、海德格尔哲学著作的思想意义之前,则会很谦虚地说"没有读懂"、"看不懂"。这种"前倨而后恭"的态度是怎样产生的呢?因为我们中国知识分子在自觉与不自觉中就会认为:评论文学作品的标准在"我"这里,而评论一部思想著作的标准则在这部思想著作的本身:我的"思想标准"高于文学家及其作品,思想家的思想则高于我的思想;文学作品要符合我的思想要求,我的思想则要符合思想家的要求。不能不说，这是由中国古代文化发展的特点及其在中国社会有形与无形的影响造成的。孔子开创了中国社会思想的传统，也开创了中国文学的传统，但他对文学的重视是建立在对尧、舜、禹、汤、文、武、周公的政治文化传统的理解之上的。这种文化态势直到汉代仍然没有得到根本的改变，汉代的文学即使在汉代文学家的观念中，都是服从于思想家的思想的，也是服从于国家政治的需要的。中国文学的自觉意识到了魏晋时期才在部分知识分子的观念中产生出来。

通过文化的国家化和国家的文化化，汉代贵族官僚及其子弟大都成了读书人。到了汉代末年，中国社会又一次发生了激烈的动荡，这些贵族官僚知识分子及其子弟，被从社会上层翻落了下来。在过去，他们在社会上是享有一种特殊的政治权力和经济权力的。只要有了足够的书面文化知识并能够坚守儒家的"忠孝节义"的思想道德信条，他们就有比较稳固的社会地位，就有自己做人的尊严，别人是无法将自己的意志强加在他们头上的。但到了这时，他们丧失了自己的特权地位，也丧失了个人意志的自由。面对那些出身微贱、平时他们不怎样看得起的政治新贵们，他们陷入了一种人生选择的两难处境之中：他们或者放弃个人的尊严和道义标准而屈从于这些政治新贵，或者为了维护个人的尊严和道义标准而对这些政治新贵采取不合作主义，而这样，不但意味着必须放弃个人世俗生活中的荣华和富贵，而且还意味着与那些政治新贵的对抗，这则会给自己招来包括杀身之祸在内的各种祸患。在这时，社会让你回答的已经不是：什么是道德？怎样才能成为一个有道德的人？什么是人的尊严？怎样才能维护个人的尊严？而是：你是要道德，还是要荣华富贵？你是要尊严，还是要性命？在这个问题上，你得自己拿主意，谁都无法代替你，替你做选择。用现在的话来说，就是你要自己选择、自己负责，一切冠冕堂皇的大话、空话，都是没有用处的。不难看出，在这时，每一个知识分子都成了地地道道的"个人"，连亲娘老子都无法在你的起码的道德荣誉和生存幸福、生存权利之间替你做出选择。即使在官场上，你也得像走钢丝一样，自己设定自己，自己承担自己，将全部心思放在当下的选择上，一切远大的抱负、空洞的理想，一切理论的教条、道德的规范，都无法帮助你克服当前的危机。"理论""思想"

个人的自觉与文学的自觉

都是说给社会听的，说给别人听的，是自助又助人的，是带点普遍合理性、普通可接受性的，现在你连自己的小命都保不住，更莫提教导别人应该怎样与不应该怎样了。那些大道理还说给谁听？与此同时，既然所有的思想理论和伦理道德信条都能成为那些琐屑小人的遮羞布，而所有具有真正道德感觉和道德尊严的知识分子，则不能不对这些思想理论和道德标准提出根本的质疑。那么，再发明一种新的思想、再提出一些新的道德标准又有什么用呢？旧的货币已经贬值了，再印一种新货币能不贬值吗？

在一个自己无法把握自己命运的时代，思想就会退席，理论就要枯萎。

但由此而升起的是——"人格"。

思想是说出来的，是让人相信的；人格则是表现出来的，是让人感觉到的。

没有思想的人可以说出很多"思想"，没有道德的人可以满口"仁义道德"，但没有人格的人却绝对表现不出人格的力量，也不可能让人从他身上感觉到这种力量。

而能够表现出一个人的人格力量的文体形式则是广义的文学，因为只有文学是诉诸人的心灵感受的。——通过对文本的心灵感受，感受到创造了这个文本的人的"人格"。

依照我的理解，文学作品所表现出来的作者的"人格"魅力，我们过去就称之为"风度"，更形象的说法就是"风骨"。——思想的腴肉消瘦了，根根筋骨就绽露了出来。

广义的文学揭开了层层的"思想"面纱，以独立的姿态出现在当时的社会上。文学自觉的时代到来了。文学不再是某种思想和伦理道德的附庸。如果说春秋战国时期的中国文化精神是由孔子、老子、墨子、孟子、庄子、韩非子这些思想家体现出来的，这个时期的中国文化精神则是由文学家体现出来的。广义的文学屹立在各种文体形式之上，体现着那个时期中国知识分子的精神风貌。

个人的自觉带来了文学的自觉。

但是，在这"王纲解纽"的时代所产生的个人的自觉是并不稳固的，而在思想衰落、道德解体的时代产生的文学的自觉也是很容易丧失的。魏晋时期带来的文学的自觉使中国文学得到了持续的繁荣和发展，使中国始终作为一个文学大国存在下来、发展起来，唐、宋、元、明、清各个历史时期的政治面貌各异，元、清两代甚至沦于异族的统治之下，但文学的创作却不绝如缕，也不能认为是不繁荣的。但是，当"王纲"之"纽"重新建立起来，文学的独立性就受到了更严重的压抑。在这里，我说的不是政治家对文学家的政治迫害，而是文学家自身的文化思想和文学思想的蜕变。我认为，韩愈的"古文运动"实际上已经标志着从汉末、魏晋开始的文学自觉的时代告了一个段落，此后则是一个新的文学国家化的时代。韩愈的"文以载道"的口号实际上是将作为国家意识形态的儒家思想重新置于文学创作之上，成为衡量文学作品思想艺术价值的至高无上的标准，孔子和孟子这两个思想家也成为包括文学家在内的所有中国知识分子的至高无上的"圣人"，这种思想到了宋明理学家那里得到了更加广泛的普及和更加有效的贯彻。中国文学仍然存在着和发展着，甚至也不能说不是"繁荣"的，但却少了魏晋文人所拥有的一点东西——那就是：风度。说得更明确一点，就是：风骨。那种让文学独立行走的东西，那种让文学家挺起腰杆来做人的东西。中国文学是繁荣了起来，全国上下从皇帝到私塾先生都成了知识分子，全国上下的知识分子也都成了诗人和文学家，但所有这些人的腰杆却挺不直了。东风来了他们是东风派，西风来了他们是西风派，汉族人当了皇帝他们忠于汉族人，异族人当了皇帝他们忠于异族人。谁都"识时务"，但是少"俊杰"。即使出上一两个有骨气的人，不用政治家或异族侵略者亲自下手，就是这些像汪洋大海般的中国知识分子自己，也能够将他们撕成碎片，葬入海底。我认为，只要意识到这一点，我们就会感到，章太炎为什么格外崇尚魏晋文章了。

  要想理解章太炎为什么喜欢魏晋文章，首先要理解他为什么成了一个革命家。他不是在任何一个思想学说的指引下成为一个革命家的，而是依靠一种人格力量走上革命的道路的。他的那个时代，是西方帝国主义咄咄逼近的时代，而清代的知识分子，特别是清代官僚知识分子，作为一个整体，就是向异族入侵者屈服投降的产物，就是顺从强权统治的

个人的自觉与文学的自觉

结果。在这个茬口上，章太炎意识到了一种危机，这种危机不是我们平常说的政治的危机、经济的危机和文化的危机，而更精确地说，是："人"的危机。假若中国知识分子还是像大多数的清代知识分子那样，当帝国主义真的要用军事的力量入侵中国，结果将如何呢？假若帝国主义真的用武装侵略的手段占领了中国，结果又将如何呢？会不会再来一个几百年的西方帝国主义的殖民统治呢？对于当时的中国，什么是当务之急呢？是政治制度的缓慢改革？是生产力的按部就班地发展？是中国固有文化传统的继续"繁荣"？至少在章太炎看来，都不是！而是中国人主体精神的觉醒，是中国人"举世誉之而不加劝，举世毁之而不加沮"的追求意志的建立，是中国人不屈不挠的奋斗精神的发扬。这都具体表现为一种人格的力量。章太炎之所以毅然离开诂经精舍而参加维新运动和革命运动，完全是这种人格力量的推动。中国知识分子总喜欢将人的所有表现都纳入"性格"中来评说，实际上，章太炎所表现出来的是"人格"而不是"性格"。"性格"有各式各样的。但人格却只有一种表现形式：具有独立的追求精神，不屈服于强权的压迫，坚决维护自我的人格尊严。不难看出，正是章太炎，体现了中国近代知识分子的精神自觉——他开始意识到中国"人"的危机，中国人的"人格"的危机，开始作为一个独立的人意识自我，设计自我，发展自我。也正是因为章太炎有了这种人的自觉意识，所以才在历朝历代浩如烟海的文章中重新发现了魏晋文章；在历朝历代无以数计的中国知识分子中重新发现了魏晋文人的价值。

　　章太炎体现了中国近代知识分子"人"的自觉，精神的"自觉"，但我认为，他还没有将这种自觉转化为一种文体的自觉，亦即文学的自觉。直至现在，中国知识分子更重视的还是章太炎的"学术"，还是他的"国学"。毫无疑义，章太炎在这方面的贡献也是巨大的，但作为体现他的人的自觉的文体形式却是鲁迅格外重视的他与改良派等的论战文章。他的哪些文章在精神上更接近魏晋文章呢？不就是这些论战文章吗？如前所述，人格靠的不是陈述，不是提倡，而是表现。读者是从对文本的感觉中感受到作者的人格力量的。我们从章太炎的国学论著中感觉到的主要是他的学问，他的知识的渊博，最主要还不是他的人格。继他而推崇魏晋文章的还大有人在，例如刘师培，但说到"人格"，说到"风度"或"风骨"，就未必更像魏晋文人和魏晋文章了。章太炎的古奥难懂的语言风格，也影响了他的作品的精神感召力（人格的力量其实就是一种精神的力量）。从近代中国知识分子的人的自觉走向现代中国知识分子的文体自觉、文学自觉的是鲁迅。

不论就其文体，还是就其精神，在近现代更像魏晋文人的是谁呢？是鲁迅！在这里，我们只要注意到一点就够了。那就是，鲁迅和魏晋文人都是激烈地反对传统道德的。在中国文化史上，第一次举起激烈反传统道德旗帜的恐怕就是魏晋文人了。前期的章太炎也是激烈反传统的，他自称是"疯子"，魏晋文人"非汤武薄周孔"的精神在他这一时期的思想中得到了实际的传承，但当他成了一个国学家，他的思想就开始有了某些方面的转变，不那么"疯"了，或者说想"疯"也"疯"不起来了。为什么呢？抛开所有其他的因素，可以说，仅仅"学术"这种文体，就不允许它的作者"疯"起来。学术是摆事实、讲道理的，这个"道理"，得是普遍信奉的道理。像嵇康、阮籍这类的魏晋文人，对当时的社会是没有多少道理可讲的，他们讲的道理在当时的社会看起来，也是一些"歪道理"，是一些"疯话"。这样的"疯话"只能当"文章"看，而不能当"道理"看。这就使他们的文章不再是原来意义上的文章，而成了文学作品。并且这些文学作品与学术道德文章是有明显区别的。一般的学术道德文章能够表现的，文学不表现了；文学能够表现的，一般的学术道德文章不能表现了。章太炎有了个人的自觉，但却没有发展到文学的自觉，他使用的还是清代学术的旧文体，他的个人的自觉被这种文体束缚住了。鲁迅则不同。当章太炎重新向传统回归的时候，鲁迅却从传统中突围了出来。他的《狂人日记》既体现着他的个人的自觉，也体现着他的新文学的自觉。《狂人日记》中讲的那些"道理"，不是当时任何人都能够讲出来的"道理"，它是建立在一个像"疯子"一样的极其个别的人的内心感觉的基础之上的。假如这也可以称为"思想"，这样复杂的思想是不可能用一篇论文表现出来的，也是无法用章太炎的那种国学著作的文体表现出来的。只有"文学"，才有这样的表意功能，并且只有像《狂人日记》这样的新的文学文体才有这样的功

个人的自觉与文学的自觉

能。这就使他的个人的自觉同新文学的自觉结合在了一起，并且以新文学的文体形式不断强化着他的思想个性和艺术个性。直至现在，很多人还是不承认鲁迅的思想，说得客气一点的，说他的思想没有系统性，内部充满了矛盾；说得不客气的，说他心理变态，精神不正常。实际上，只要我们不承认文学的独立性，不承认文学所表现的人类思想是任何其他文体也无法表现的，我们就无法感受和了解鲁迅。这里不是鲁迅有没有思想的问题，而是我们有没有文学感受的问题；不是鲁迅的心理有没有变态的问题，而是我们的心理有没有变态的问题。

具体到鲁迅这里，我们又可以发现，中国现代知识分子的个人自觉与文学自觉与魏晋文人实际是有显著不同的。这既是由于个体人之间的不同，也是由于历史条件的不同。在魏晋时期，这些文人所依赖的文化资源只有传统的老庄哲学和从印度传来的佛学，章太炎的思想也是在这些文化资源中找到自己的精神支柱的，所以，他们的自觉主要表现为对传统儒学伦理道德的自觉，这种自觉使他们重新回到更原始的自然状态之中去，就其个人，则是回到童年的文化空白的心灵状态。直至现在，恐怕仍然有很多中国知识分子将这种心灵状态当作人类最高的精神境界。实际上，这种有类于鲁迅在《故乡》中描绘的少年闰土和少年鲁迅的心灵状态，是十分单薄也十分脆弱的，它没有在复杂的现实关系中支撑自己的精神支点。鲁迅的个人自觉是在社会内部关系中对个人独立性的自觉，他的文学自觉也是在强化自己社会意识的基础上对文学独立功能的大胆开掘和充分发挥。这就与中国古代的老庄哲学和从印度传来的佛学保持了应有的思想距离，也与魏晋文人有了显著的差别。在这里，也就看出了鲁迅与西方文学的联系。

如上所述，西方文化发展的一个特点是先有文学的自觉而后有理性的自觉。这样，在古希腊罗马和在文艺复兴之后的西方文化中，文学从来都是作为一种独立的文体而存在的，它从来没有被作为一种非文学文体的附庸，人们也不会将文学作品完全纳入一种单一的思想价值体系中来裁判，像用儒家思想体系可以裁决任何一部中国古代文学作品一样。列夫·托尔斯泰既不属于沙皇贵族统治，也不属于列宁领导的俄国革命；既不属于东正教教会机关，也不属于基督教教会机关，人们可以用各种不同的尺度评论他和他的作品，但人们仍然承认列夫·托尔斯泰的思想就是列夫·托尔斯泰的思想，列夫·托尔斯泰的伟大是作为一个文学家的伟大。对于但丁、莎士比亚、歌德、拜伦、雨果、巴尔扎克、陀思妥耶夫斯基、卡夫卡等诸多作家，情况莫不如此。鲁迅的文学自觉，无疑是在西方文学的发展中受到更多的鼓舞和启发的。鲁迅是怎样从章太炎的"个人的自觉"开始而走向中国现代知识分子的"文学的自觉"的，在他留日时期的三篇文章中表现得异常清晰。在《科学史教篇》中，他首先区分了构成西方文化的两个主要的传统：科学的传统与精神的传统，并在二者的消长起伏中缕述了西方文化发展的历史脉络和轮廓。这既表现了鲁迅对章太炎思想的继承（重视精神文化），也表现出了二者的不同（鲁迅更重视西方文化中的精神文化传统）；《文化偏至论》则从精神文化的角度提出了个人的自觉的问题，认为个人的自觉是民族自觉的前提和基础。在这时，我们还可以看到鲁迅与章太炎整个思想观念的大面积重合，他们都把个人的自觉提高到了整个民族自觉的前提的高度。到了《摩罗诗力说》中，鲁迅与章太炎的差别就更加明显了，鲁迅直接将"个人的自觉"同近代西方文学精神联系起来。在此之后，章太炎是沿着国学的路退回到了中国古代的文化传统，不但没有成为五四新文学运动的先驱，而且成了五四白话文革新的"反对派"。鲁迅则带着新文学的自觉参加到五四新文化运动之中，成为中国现代文学的奠基者和中国新文化的旗手。

"五四"之后，绝大多数中国现当代作家都不再拒绝西方文学，甚至大都以西方某个流派的文学作为自己创作的样板。但是，西方文学在鲁迅身上所表现出来的那种"神力"却并没有出现在每一个中国现当代作家身上。在这里，我们仍然必须返回到从章太炎开始的中国近代知识分子的"个人的自觉"那里去。一个作家，先得有对世界、对人生的独异的心灵感受和体验，才能在自己这种独异的心灵感受和体验中发现"自我"，"个人的自觉"就是要意识到仅仅属于自我的这种独异的心灵感受和体验是有其普遍的价值和意义的，虽然它与任何其他人的感受和体验都不完全相同，虽然在流行的社会价值标准中无法找到它存在的有力根据。所以，"个人的自觉"永远是"文学的自觉"的前提和基础。职业

个人的自觉与文学的自觉

化了的中国现当代作家,如果仅仅从西方文学的表现形式出发,而不想开掘自我内心深处的独异的心灵感受和体验,不想创造仅仅适于自己独异的心灵感受和体验的文学艺术形式,不想用自己这种独异的心灵感受和体验触及甚至刺激公众的传统文化心理和世俗文化心理,促使它发生新的变化,而只想迎合它、讨好它、顺从它、抚慰它,火上加油,推波助澜,使多了的东西越来越多,少了的东西越来越少,文学这种文体就没有任何独立的社会价值和功能了,文学的独立性就消失了。总之,没有"个人的自觉",就没有"文学的自觉";没有"文学的自觉",所有的文学都成了空架子、花架子,这种架子用古代的形式扎与用西方的形式扎,又有什么根本区别呢?由此看来,章太炎虽然自身没有成为五四新文学革新的闯将,但他的文化传统在从近代向现代的过渡过程中所起到的关键作用仍然是无法抹杀的。他将魏晋文人的传统接过来,传到鲁迅的手里,而在鲁迅的手里,正式完成了中国文学史上再一次的个人的自觉和文学的自觉。

关于周作人,情况可能更加复杂,我在这里就不谈了。

上面说的都是一些虚话、空话,更具体、有力的论证还得看高俊林的这部专著。

2006年8月2日于汕头大学文学院
原载《鲁迅研究月刊》2006年第10期

林纾现象与"文化保守主义"

——张俊才教授《林纾评传》序

鲁迅在《趋时和复古》一文中,曾说章太炎、康有为、严复、刘半农等中国近现代知识分子"原是拉车前进的好身手",后来则成了"拉车屁股向后"的人物。[①]实际上,林纾也是这样一个中国知识分子的典型。

鲁迅的这篇文章,是在刘半农逝世之后所作,其意不在批评,倒有为他们鸣不平的意思。在平时,我们总认为鲁迅的评人,过于苛刻,实际上,一旦涉及一个人一生的功过,鲁迅总是突出一个人的历史贡献,而将其不足放在极其次要的地位的。这种评人的态度,是不难理解的。人类的历史,是一个过于沉重的负担,特别是中国近现代的文化史,就更不是哪一个知识分子或哪一类知识分子所能够独立承担的。一个有着几千年文化传统的国家,突然遇到了另外一种强势文化的狙击,必须应对,必须有新的变化。但是,如何应对,如何变化,谁都是拿不准的。在这时,有极少数知识分子,不顾自己的面子,甚至不顾自己的利害,在坚硬的中国固有文化传统的壳上,啄了一个小洞,让后代的人能够通过这个小洞看到外面一个更广大的世界,那就是功不可没的了。四亿人的一个民族呵!能够做出这样贡献的能有几个人呢?这样的人,我们能

[①] 鲁迅:《趋时和复古》,载《鲁迅全集》第5卷,人民文学出版社,1981,第535—536页。

林纾现象与"文化保守主义"

不珍惜吗？但是，这样的人，一定还有这样一个特点，即：即使在固有传统文化的知识上，他们也是不亚于当时那些平庸的儒者的。章太炎是俞樾的高足，康有为是今文学的传人，林纾则是桐城派古文的高手，没有这样的资本，即使他们较之现在更趋时、更求新，国人也是不会买他们的账的。但是，文化向来又有这样一个规律，即：因袭容易求新难。少数知识分子在某些方面突破了固有传统文化的束缚，对中国文化的发展做出了自己的贡献，但到了一定的时候，就碰在钉子上了，就不可能再往前走了。实际上，人生在世，就是这几十年，青壮年时期活力大些，突破自己容易些，也有跟着时代走的力量和勇气。一旦到了"功成名就"，自己也有了一个固定的社会圈子，再变或再从这个圈子里跳出来就难了，有时甚至也没有了这种必要。此时，这些知识分子再回到固有的传统中去，或者停留在自己已经达到的文化平面上，不再变，不再趋时和求新，也是很容易理解的。例如章太炎，由书斋文人到改良，再到革命，"七被追捕，三入牢狱，而革命之志，终不屈挠"①，革命胜利了，在革命阵营中又受到排挤，再想向前，实在拱不动了，便又回过头来，重操旧业，读古书，讲国学，反成了一个国学大师。在这时，对胡适这类喝过洋墨水的人提倡的白话文革新，就看不太惯了。从提倡五四新文化运动的那些后辈青年们看来，章太炎当然有些保守，但在章太炎本人，似乎也只能如此。人都不是圣人，谁能事事占先、时时正确呢？

但是，历史的事情总是不那么单纯、不那么轻松的，假若社会上只存在着原来是"拉车前进的好身手"而后来成了"拉车屁股向后"的和新的"拉车前进的好身手"这两类知识分子，事情就简单得多了：无非是有个先来后到，后代人不听前代人的劝告，自己走自己的路就行了，反正你前代人也是这样走过来的。然而，社会上还存在着大量不拉车、也不想拉车而只想坐车的知识分子。这类的知识分子，在中国实在太多了。宋代以后，宋明理学有了统治地位，受到官府的保护，成了金科玉

---

① 鲁迅：《关于太炎先生二三事》，载《鲁迅全集》第6卷，人民文学出版社，1981，第547页。

律，别人冒犯不得的，读书人只好亦步亦趋地跟着走，照本宣科地跟着说。没有自己的思想的，才是好官僚、好文人，万一冒出点自己的想法，轻则受人斥责，重则人头落地，满门抄斩。久而久之，中国的知识分子就不敢说、不敢动了，不但自己不敢说不敢动，别人说了、别人动了，也感到害怕，唯恐连累了自己。再后来，自己不做事、不说话，而专门挑别人的毛病的人就多了起来，甚至成了中国知识分子的一种不成文的传统。他们也有知识，有文化，但所有这些知识和文化，都是古代圣贤说过的，绝对挑不出毛病来，这就使自己立在了不败之地。别人不冒头便罢，别人一冒头，他就拿出那些撒手锏来，怎样狠他怎样说，不但压制了别人，还能讨得官府的好感。在有清一代，这叫"以人血染红顶子"……这样，在中国知识分子中，自愿拉车的人就越来越少，而不拉车、也不想拉车而只想坐车的人就多了起来。到了清代末年，国难临头，生计日蹙，那些还没有修行到"大泽焚而不能热，河汉冱而不能寒，疾雷破山、飘风振海而不能惊"（《庄子·齐物论》）的少数知识分子，开始有所动作，而绝大多数知识分子却仍然是"两耳不闻窗外事，一心只读圣贤书"。在中国近现代历史上，这些人物是大多数，他们的参与就把中国近现代的文化史掺和得复杂起来了。在那些"拉车前进的好身手"拉车的时候，这些人是不屑的，讽刺、挖苦、造谣、诬蔑，甚至罗织罪名、陷人囹圄，但当这些拉车的人又转而"拉车屁股向后"的时候，他们就兴奋起来：看，那些新玩意儿没有什么用吧，我早知道那是没有好结果的！这样，他们反对改革、排斥异己的热情就更加高涨了，更加肆无忌惮了，改革者身上的压力就更大了，危险性也更大了。此时，他们将原来那些"拉车前进的好身手"而现在"拉车屁股向后"的知识分子推在最前面，而他们这一大帮人则簇拥在后，就有了一个更强大的阵容。现在那些拉车的人要想拉着车子往前走，首先就要与原来那些拉车的人为敌，这样的敌人可就比那些陋儒、腐儒强大得多了，并且又是后辈青年十分尊敬的人。——中国近现代的文化历史，就是这三部分人的一团混战，这也为中国近现代文化史的研究添了很多的麻烦。

林纾的情况又有些特殊性。

中国的近现代历史，是在1949年以后建构起来的。其中有中国现代

林纾现象与"文化保守主义"

文学史，这个历史是从五四新文化运动开始说起的，林纾在这个叙事中就只有他反对五四新文化运动的那点不光彩的历史。而中国近代史、中国现代史，讲的是政治史、革命史，作为文学翻译家的林纾，在这个历史中是没有自己的地位的。这样，林纾就仅仅以反对五四新文化运动的卫道士的身份留在了中国的历史书上。但必须指出，虽然在文学史上只写了林纾反对五四新文化运动的不光彩的历史，但像李何林、王瑶、唐弢这样一些前辈的中国现代文学史家，对林纾还是有一个较为全面的了解的，他们也清楚地知道鲁迅、胡适等新文学的创始人并不将林纾视为多么不可容忍的怨敌。吵了一架而已！谁在年轻的时候都是读着林纾的翻译小说进入西方文学的世界的，老头子看不惯年轻一代人的新举措，在中国并不是多么稀罕的事儿，他来叫阵，还是要还嘴的；公开叫阵的如此之少，回骂还是要痛痛快快地回骂的，但即使像鲁迅那么不留情面的杂文家，也没有揪住他不放，到了30年代就极少提到他了。对于五四新文化运动的先驱们，林纾实际是一个没有后账可算的人。阿英是一个晚清文学专家，在他的《晚清小说史》中，就有对林纾翻译小说的正面评价。所以，我们这些在五六十年代开始接触中国现代文学史的人，也没有对林纾怀有多么大的恶感。中国的五六十年代，是个帽子满天飞的时代，林纾当然也不会得到一顶多么好的帽子，但比起林纾给五四新文化运动的倡导者戴的帽子来，中国现代文学史家给他戴的帽子也并不算重。那时，反对五四新文化运动早已不是多么了不起的罪名，倒是后来一些新文学作家，成了"右派"，成了"反党反社会主义分子"，那才是要人命的罪名哩！那时的中国现代文学史家冤枉过好多人。林纾实在算不上多么冤枉。要说缺憾，那是有的，就是没有人再去专门研究这样一个曾经给中国近现代文学做出过卓越贡献的历史名人，仅仅依靠现代文学史知道林纾的，自然对他有了过于片面的认识。

在中国真正为林纾研究奠了基的，是张俊才教授。1979年，张俊才教授考取了聊城大学薛绥之教授的硕士研究生，其研究方向就是林纾研究。在此期间，他和薛绥之教授合作编辑了《林纾研究资料》，1983年作为"中国现代文学史资料汇编"之一种由福建人民出版社出版，大概薛绥之教授起的是指导作用，主要工作都是由张俊才教授做的吧！他的毕业论文做的就是林纾,后来又独立完成了《林纾评传》的写作,1992年由南开大学出版社出版。这个事实,可以说明很多问题。薛绥之教授是我们的学术前辈,是一个著名的鲁迅研究专家,他之支持并指导张俊才教授研究林纾,说明他对林纾是没有多大的成见,是将林纾作为一个不可忽视的近代文化名人而尊重的,而张俊才教授之能接受薛绥之教授的指导而专门研究林纾,也说明他对林纾没有太大的成见,也是尊重这个曾经反对过五四新文化运动的前清遗老的。正是在这样一个基础上,张俊才教授才开始了自己的林纾研究,成了中国、大概也是世界上第一个专心致力于林纾研究的专家。他的研究是建立在充分掌握研究资料的基础之上的,是建立在充分感受、体验、认识林纾这个人和他的人生道路、文化道路的基础之上的。这就为林纾研究奠定了一个坚实的基础。我认为,只要在这个基础上,林纾研究中现存的一些问题是很容易得到解决的:任何一个知识分子都不是一生只做了一件事,对一个知识分子的整体评价必须建立在他一生的劳作上,而不能仅仅以这个人在一个历史时期的一个历史事件中的表现为依据。即使对这个人在一个历史时期的一个历史事件中的表现,也要有一个具体的分析和感受,不能非敌即友,非友即敌,动不动就扣上一个政治大帽子。但那时,中国知识分子的眼是向外看的,像薛绥之、张俊才这类人微言轻的土包子教授的研究工作,并不为人所看重。直到20世纪90年代末期,中国学者才从西方汉学家那里接过了"文化保守主义"这个概念,林纾也随之在他们的眼里改变了颜色。最近几年,颇有一些文章为林纾喊冤叫屈。按理说,张俊才教授的林纾研究该得到这时人们的青睐了吧?该被这些学者尊为林纾研究的拓荒者了吧?但也不是。因为这时的林纾研究仍然不是从对林纾的具体人生道路和文化道路的直接感受和体验中建构起来的,而是在对"文化保守主义"的好感中转化而来的,而对"文化保守主义"的好感则又是在对"文化激进主义"的反感中转化而来的。中国有句成语,叫作"翻手为云,覆手为雨",中国学者向来是有这种本领的,手一翻整个世界就变了颜色。——在当代文化史上,这叫"观念的变化"。

但是,这种脱离开对具体历史过程和历史事实的考察和研究的单纯的"观念的变化",有时是靠不住的。

林纾现象与"文化保守主义"

中国学者对"文化激进主义"的反感、对"文化保守主义"的好感不是没有道理的。从1949年到"文化大革命"的历次政治运动，都带有文化激进主义的色彩；"文化大革命"结束之后的中国文化又是在"改革开放"的旗帜之下发展的，西方文化的大量涌进成了这个时代文化的主要特征，西方话语霸权、科学技术主义、物质享乐主义也成了不可忽视的文化倾向，而中国古代文化的研究在整个20世纪的下半叶都受到程度不同的压抑。此时，中国学者中滋生出一种"文化保守主义"的倾向原本是无可厚非的。但是，科学研究的一个最起码的要求是：要从对特定对象的研究中得到对特定对象的更全面、更细致、更深入的认识，而不能将从此一对象的感受和认识中获得的印象简单地位移到表面相同或相近的对象之上去，更不能上升到全部文化、整个世界的普遍真理、绝对真理的高度。但是，20世纪下半叶的中国文化牵涉过多的现实问题，也牵涉过多的活着的人，中国学者在现实文化中产生的对"文化激进主义"的反感和对"文化保守主义"的好感无法通过对现实文化的分析和研究直接表现出来，而是通过向近现代文化，特别是向五四新文化运动的位移而曲折地表现出来的。这样，问题就出来了。在西方，"文化保守主义"是在社会普遍承认了思想自由的原则的基础上产生的，在政治权力并不直接干预知识分子的思想的情况下，知识分子文化仍然会有各种不同的发展方向，而在其发展形态上，就有了"文化激进主义"与"文化保守主义"的分别。"文化激进主义"是在人类文化发展的某种需要的推动下产生的，当某种发展的欲望压倒了其他一切的欲望，也就是说，当为了某种发展欲望的满足可以牺牲其他一些现实的权益的时候，这种文化就具体表现为"文化激进主义"。这种文化是一种强力型文化，但其力量并不来自政治、经济、军事的权力，而直接来自它的提倡者的主观意志力量和情感力量。这种文化在整个人类文化的发展过程中，起到的是破冰船的作用，它有将所有的阻力全部推开而直指自己既定的追求目标的作用，但人类文化是一个整体，一个结构，当"文化激进主义"只是少数知识分子的思想主张时，起到的是将人类发展的某种需要强化起来并转化为部分社会成员的社会行动的作用，但当这种文化在社会上有了广泛的影响，并有大量社会成员自觉或不自觉地离开了这种文化固有发展目标的追求，仅仅作为文化旗帜而实现自己狭隘自私的实利目的，它就成了一种异化的力量，从而导致社会行动的盲目性和狂热性，导致人类社会和人类文化的无政府主义混乱，在这时，"文化保守主义"就作为一种文化镇静剂而出现了。它更加强调文化传统的作用，更加注重发展的现实可能性和为实现既定的社会目标所不能不注意到的战略和策略，更加注意避免因某个领域的发展而对其他领域的破坏性影响，从而从理想主义的高度重新回归到现实主义地面。但这种"文化保守主义"绝对不是反对任何改革，绝对不是将固有传统凝固化，主张一切都率由旧章。所以，在西方，"文化保守主义"绝对不等同于"文化专制主义"，它不是依靠政治、经济、军事的权力强行推行的，也不是以社会多数成员的名义对个人思想自由权利的剥夺。但当中国学者将对"文化保守主义"的好感转移到中国近现代历史，特别是五四新文化运动的时候，我们看到，"文化保守主义"就与"文化专制主义"混淆在一起了。严格说来，中国那时只有"文化专制主义"，而没有"文化保守主义"。那时所谓的"文化保守主义"是在中国固有的文化专制主义的基础上产生的，是为维护固有的儒家伦理道德的思想统治地位而存在的，是不承认思想自由这个概念的，甚至也没有文化需要变化、需要发展的意识。他们既不像胡适一样主张渐变，主张进化，也不像陈独秀那样主张突变，主张革命。不变、不能变才是那时所谓"文化保守主义"的文化主张。所以，评论那时的"文化保守主义"，首先要回答一个问题：你认为当时的中国文化需要不需要变化？需要不需要发展？需要不需要开放？需要不需要科学和民主？需要不需要思想自由和个性解放？假若需要，你会不会受到当时那些所谓"文化保守主义"者的冷落、歧视、讽刺、挖苦甚至攻击和诬蔑；当你也遇到这些之后将会怎样感受当时中国的文化斗争和思想斗争？我认为，只有首先想到这一切，我们才会感到，中国近现代史上的文化斗争，特别是五四时期的文化斗争，实质上并不是"文化激进主义"同"文化保守主义"的斗争，而是中国知识分子反对文化专制主义、争取思想自由的斗争。那时的所谓"文化保守主义"不论在其文化的选位上，还是在其文体特征上，不是更像中国当代文化史上的"文化保守主义"，不像梁漱溟、金岳霖、熊十力、陈寅恪、

林纾现象与"文化保守主义"

冯友兰等学院派知识分子的学术主张,而更像那些历次政治斗争中的"革命批判家"(在当时,也有像康有为的《新学伪经考》《孔子改制考》,谭嗣同的《仁学》,章太炎的《齐物论释》《诸子学略说》,王国维的《人间词话》《宋元戏曲考》等学术著作,但它们与五四新文化构成的不是直接对立的关系)。他们使用的是当时主流意识形态的话语,所以他们不需要科学论证,不需要摆事实、讲道理,不需要思考现实社会的需要和当下的具体情况,更不必顾忌被批判对象的人格尊严和人身安全,不论表面看来多么彬彬有礼,但给人安上的却是能够引起国民公愤或政治制裁的罪名,上纲上线,或者凶相毕露,或者绵里藏针,但都有可能给对方造成实际的人身伤害。实际上,这种文体本身就带有文化专制主义的性质,并且与政治专制、经济压迫纠缠在一起的。记得20世纪八九十年代,乐黛云教授曾有一篇文章,专门分析林纾在五四新文化运动期间的文化心理。乐黛云教授曾经亲历这种"文化"的批判,笔者认为,她对这类文章的感受和体验应当更加真切和深刻,她的意见也更值得我们重视。总之,对林纾整个一生功过是非的评价是一回事,对他在五四新文化运动中的表现的评价又是另外一回事。只要意识到在我们的社会生活中还有文化专制主义的影响的存在,只要意识到文化专制主义随时都有可能卷土重来,只要意识到像林纾这样的知识分子在自觉与不自觉中就会依傍当时主流意识形态的权力话语,而反对那些背绳墨、离规矩、在权威话语的词典里找不到依据的出格言论,我们就不能以任何的理由原谅林纾在五四新文化运动过程中的表现,也不能以任何的理由减轻他的过失。这些人,失败了也不会有多大实际的损失,胜利了则会给对方造成难以忍受的痛苦,甚至会毁掉人的一生。原谅了林纾,也就原谅了这类知识分子的这类行径,中国知识分子就永远没有思想言论的自由(文艺的争鸣,学术的争鸣,必须保障失败者的合法政治权利和人身安全)。总之,用"文化保守主义"和"文化激进主义"无法正确描述中国近现代历史,特别是五四新文化运动的历史。林纾在五四新文化运动过程中的表现不属于"文化保守主义"的范畴,而更带有文化专制主义的色彩。

我们不能原谅林纾在五四新文化运动中的表现,并不意味着不能原谅这个人。这类的中国知识分子，用中国人的话来说，就是"糊涂"；用西方人的话来说，就是"异化"。就其身份，林纾也是一个知识分子。对于一个知识分子，最宝贵的是什么呢？不就是思想言论自由和文化发展吗？有思想言论自由、文化发展，就有知识分子存在的价值和意义；没有思想言论自由、文化发展，知识分子还有什么存在的价值和意义呢？时至今日，我们已经能够看到，林纾为什么仍然受到我们的重视？为什么仍然能够在中国文化史上占有一席重要的地位呢？不是因为五四新文化运动之后外国文学受到了中国知识分子更加高度的重视吗？不是因为中国现代的翻译文化得到了更长足的发展吗？没有这些，他作为一个最早的文学翻译家对于我们又有什么价值呢？他不就成了破坏中国文化统一性的罪魁祸首了吗？我认为，五四新文化运动拯救了中国文化，拯救了中国知识分子，同时也拯救了林纾。

所有这一切，我认为，都能够从张俊才教授的这部《林纾评传》中读得出来。因为它是建立在扎实的资料基础之上的。"评"有各种评法，"传"则是永恒的。

2007年2月8日于汕头大学文学院
原载《中国现代文学研究丛刊》2007年第3期

无政府主义与中国现代文学漫论

一

  我所看到的以无政府主义与20世纪中国文学关系为主要议题写成的博士学位论文,白浩《无政府主义精神与20世纪中国文学》是第二部,第一部是孟庆澍的《无政府主义与五四新文化:围绕〈新青年〉同人所作的考察》。正像著作的题目所标示的一样,孟著主要集中于《新青年》同人与无政府主义思潮的关系的研究,是横断面的文学现象研究,而白著则集中于无政府主义思潮与整个20世纪中国文学的研究,属于纵切面的文学过程的研究。但他们都对无政府主义与20世纪中国文学关系的问题给予了相当的重视,首先将这个论题提交到中国现当代文学研究领域,对于中国现当代文学研究是有开拓意义和创新价值的。从学术研究的角度,可以说他们是"春江水暖鸭先知",而从社会感受的角度,可以说他们是"一叶落而知天下秋"。无政府主义的问题不但是我们中国现当代文学研究者必须面对的文学问题,同时也是当代世界、当代中国已经不能回避的社会问题。二者的交叉,决定了它的研究价值的重要性和深入开掘的可能性。

  在给孟庆澍《无政府主义与五四新文化:围绕〈新青年〉同人所作的考察》写的序言中,我主要从社会以及社会思想根源上探讨了无政府主义之所以能够发生的基础，在这里，我想从西方无政府主义与中国无政府主义的联系与区别的角度谈一谈我自己的一些想法，实际也是我读白浩这部论著的一点感想。

在我给孟著所写的序言中提到，自从国家产生以来的整个人类历史，实际上都是由两种基本的社会以及社会思想倾向构成的，那就是国家主义和无政府主义。国家主义是从强化国家管理职能的角度提出问题和解决问题的，无政府主义是从人反对禁锢和束缚的自由本性的角度提出问题和解决问题的。但在那里，说的是人类的两种基本的社会以及社会思想倾向，但这种倾向并不一定能够提高到"主义"的高度而进入人类的文化历史。无政府主义作为一种思想学说而正式进入到人类文化的历史，是一个极短暂的历史时期，白浩用无政府主义精神代替无政府主义思想学说是有其重要性的。我们完全可以这样说：作为无政府主义精神，在整个人类历史发展过程中的作用是极其重要的，它与国家主义精神构成了人类社会历史发展的两大主脉，也是20世纪中国文学贯穿的基本精神之一，但就其无政府主义思想学说而言，它在人类文化史上的地位并没有那些创始者期望的那么高，并且很快就被其他一些思想学说所代替，在20世纪中国文学中的影响也不像我们想象的那么大。

严格说来，无政府主义只是人的一种自然本能的欲望和要求，并不能构成一个严整系统的思想学说。作为一种思想学说的"无政府主义"，显然是以国家、政府的存在为前提的。没有国家、政府的存在，就不可能产生"无政府主义"。在这个意义上，它是一种政治思想，一种国家学说，但这种政治思想，这种国家学说却是以毁灭政治、毁灭国家为目标的。毁灭了政治，毁灭了国家，它也就毁灭了自己；不能毁灭政治，不能毁灭国家，它自身的存在就是没有价值的，没有意义的。这就构成了一种二律背反，将自己绞入了一个虚无主义的怪圈。大概正是这样一个原因，在19世纪以前的人类历史上，在政治领域，知识分子关注的始终主要是如何完善国家的政治制度和国家的管理体制，而那些零星的具有无政府主义色彩的思想则大都在非政治学的领域中（如西方的宗教思想和中国的道家学说）中朦朦胧胧地表现着，主要关注的不是政治的问题、国家的问题，也不属于政治学的范畴，所以没有一种名为"无政府主义"的思想学说存在。西方是这样，中国也是这样。

这种以无政府主义命名的思想学说正式产生于19世纪，特别是19世纪下叶的西方社会。按照我的理解，它实际是在社会教育得到迅速普及、社会文化得到迅速发展、独立知识分子阶层得到迅速扩大而近代西方国家的政治军事统治力量也在空前加强的时候，在广大社会知识分子的强烈的自由要求与少数政治统治者残酷的暴力统治之间的尖锐的矛盾和对立中产生的，在其背后则是"文"（思想学说）、"文人"（知识分子）与"武"（军队、警察、法律等政治强制性手段）、"武人"（运用军队、警察、法律等强制性手段对社会进行统治的国家政治统治者）的矛盾和对立。这为西方无政府主义的迅速勃生与繁荣发展提供了社会历史的条件，同时也为它的迅速萎缩和消亡奠定了社会的和思想的基础。说它是在人类文化史上昙花一现的思想现象，我认为并不为过。

二

西方的文艺复兴是西方近代文化的苏醒期，但它对整个西方社会的影响力量还是零碎的、不集中的，既没有力量颠覆中世纪宗教神学在意识形态领域的绝对统治地位，也没有力量反抗封建贵族阶级在政治领域的绝对统治地位。直到启蒙运动时期，西方近代文化的力量才出人意料地猛烈喷发出来，在西方社会才真正表现为一种具有强大社会影响力的文化。它是以"人类理性"的形式表现出来的。一方面，它以"理性"的力量颠覆了西方社会对中世纪宗教神学的信仰；另一方面，它也以"理性"的力量颠覆了封建贵族阶级专政的政治体制。"人类理性"像一个威力无比的炸药包，几乎同时轰毁了神权和王权这两个在过往的历史时代被普遍认为不可战胜的神圣权威。只要我们设身处地地想一想在那样一个时代所发生的一切，我们就会感受到，"人类理性"在那样一个时代是以何等尊贵而又神圣的面貌出现在西方社会的啊！在那时，欧洲的领袖不是罗马教皇，不是路易国王，而是作为一个知识分子的伏尔泰。在法国大革命中，激进主义的罗伯斯庇尔几乎主张毁灭人类历史上一切尊贵的东西，但他独独不许毁灭卢梭和他的思想学说。在这个意义上，法国大革命的胜利不是任何一个人的胜利，也不是任何一个阶级的胜利，而是"人类理性"的胜利，是为人类建立起自由、平等、博爱的思想原则的那些启蒙知识分子的胜利。一个个资产阶级的王国建立起来了，一个资本主义的欧洲出现了。什么是资产阶级的王国？什么是资产阶级的社会？在当时欧洲人的心目中，资产阶级的王国就是理性的王国，资本主义社会就是按照人类的理性建造起来的社会。在这个社会里，什么最尊贵？思想最尊贵，理性最尊贵，有思想的知识分子最尊贵。教育不再是培养极少数牧师的手段，它成了全社会都不能不重视的事业，是任何一个人都希望得到的权利。越来越多的知识分子从学校教育中被培养出来，与知识分子相联系的各种社会事业也以空前的速度发展起来。而所有这些知识分子，特别是社会科学领域的知识分子，都是以那些启蒙思想家为榜样的，都想建立起自己独立的思想学说，并以这种思想学说的力量整个地改变世界的面貌，将人类社会建设成一个黄金的世界，一个完美无缺的世界。这是一个知识分子的时代，一个"主义"的时代，也是一个充满理想的时代。

但是，这是一个多么美丽的错误啊！

实际上，18世纪启蒙主义的胜利，并不主要是这些启蒙主义者的胜利，甚至也主要不是他们的思想学说的胜利。与其说封建主义的灭亡、资本主义的胜利是启蒙主义者的胜利，倒不如说是西方中世纪宗教教会的失败和西方封建贵族阶级的失败。西方中世纪宗教教会的统治时间太长了，在开始，这些教会的首领们在整个西方世界几乎是一些道德最高尚、知识最渊博，同时也是最受广大教民信赖和拥戴的人物，正是通过他们，广大教民不但在理智上相信上帝的真实存在，而且在直感、直觉中也能看到上帝的影子，感觉到上帝的存在，因为这些神职人员本身就像是上帝的化身，他们的言语和行为就是对《圣经》的具体注释。在他们的保护下，广大教民感到自己是安全的；在他们的引领下，广大教民感到自己的前途是光明的，死后是可以进入天堂的。所有那些零星离经叛道者的行为，都不足以动摇广大教民的这种信仰，因为正是这种信仰支撑起他们的生命，给他们以生存和发展的力量。但久而久之，所有这一切都成了一种习惯，成了一种固定的价值观念，即使那些教职人员本人并不像他们想象的那么崇高和光明，也已经无法动摇广大教民的基督信仰。在这时，教职人员也就不必再像最初那些传播基督福音的人们一样，时时处处用上帝的旨意约束自己，也不必为了用宗教教义解释世界上的一切物质的或精神的现象而不断扩大自己的知识范围了。但也正是在这样一个过程中，在普通的教民中越来越多地出现了不但在精神上更加崇高，而且在知识上也越来越丰富的一些人。这些人就是后来的知识分子。这个知识分子阶层到了文艺复兴时期，因为中国印刷术的传入而迅速发展起来，此后又经过了几百年的时间，才以一个相对独立的阶层呈现在社会的面前，这就是启蒙运动时期的知识分子。与此同时，封建贵族阶级也在迅速衰落下去，这种衰落也并非因为受到了启蒙知识分子的打击，而是他们自行衰落的。在封建社会的初期，贵族阶级不但是一个在经济上拥有特权、在政治上拥有权力的阶级，而且是在经济上善于管理，在政治上善于治理，在社交上懂得礼貌，在军事上勇于战斗的阶级。他们是战士，保卫着自己的国家，同时也保卫着自己的国民。它的特权即使不受社会公众的爱戴，至少也是被他们所默认的。但这个阶级在自己的特权地位上待得时间太长了。他们被胶着在自己的政治、经济地位上，逐渐丧失了自己的进取心和创造力，而在这时，在底层社会群众中却冒出了另外一个阶级——资产阶级，它以更加自由的精神、更加灵活的生活态度、更加开放的胸襟同近代文化——特别是科学技术的发展紧密结合起来，首先掌握了国家的经济命脉，并进而瓦解着封建贵族阶级的专制统治。所以，当启蒙主义知识分子似乎用自己一个"理性的指头"便推倒了中世纪宗教统治和封建贵族阶级的专制统治的两座大厦的时候，并不是他们的"理性"自身便具有如此大的能量，更不是这些启蒙主义知识分子自身便拥有如此大的膂力。——那是两堵已经颓败的墙。

与此同时，启蒙主义知识分子的形象并不是由他们自身塑造起来的，而是被19世纪迅速壮大起来的知识分子阶层集体塑造起来的。仅就18世纪那些启蒙主义知识分子自己，实际都是一些命运极其坎坷的人，他们所拥有的几乎仅仅是自己的那点思维能力。这种思维能力使他们在中世纪宗教神学和封建贵族阶级专政日渐没落、早已丧失了在社会民众中的崇高地位的时候重新思考了人类社会,并按照自己的理想重新设计了这个社会的整体构架。恐怕连他们自己也未曾想到,他们这些想法竟然从根本上改变了人类的历史。正是因为他们并不认为他们的思想会得到如此大的成功,所以他们彼此也并不死命地抢夺这些旗帜,另立山头,突出自己。西方的18世纪不是一个"主义"的世纪。"主义"是在19世纪成为一个极其显豁的概念的。——19世纪是一个"主义"林立的时代,同时也是一个知识分子阶层分裂的时代。

18世纪的知识分子只用一根桩,撞倒了两堵历史的墙;19世纪的知识分子,用了无数根桩,却没有撞倒任何一堵历史的墙。——他们太相信自己的"理性",太相信自己思维的力量了。

三

至少在我看来,西方的19世纪是一个文学的世纪,而不是一个思想的世纪。

我们都是学院派知识分子,我们中国的文化传统又是以"理学"传统为主脉的,所以从19世纪末年开始,到西方留学的知识分子重视的就是西方的这种"思潮"或那种"思潮",好像跟上了西方的某种"思潮",就跟上了西方文化。这在我们的文学研究中也是如此。只要我们将一个作家与西方某种"先进的"创作方法拉上了关系,这个作家的地位就高了,而一旦当我们将这个作家与西方我们认为不好的思想潮流或文学潮流拉上了关系,这个作家及其作品就没有多大价值和意义了。这个作家的作品到底怎么样,我们倒很少涉及。实际上,文学对文学的影响才是最根本的影响,理论的影响不是一点作用也没有,但那到底是文学之外的影响,到了文学创作中不知已经拐了多少个弯,绕了多少个圈,掺杂进了多少杂合面,已经不是原来的味道了。

我们为什么说西方19世纪是一个文学的世纪呢?显而易见,西方资产阶级的革命,在本质上就是一个思想的革命,而所谓资产阶级王国,在本质上就是一个理性的王国,在封建时代末期就发展起来的自然科学、社会科学与哲学传统,构成了资本主义社会大学教育的主要内容,将一代代青年培养成具有健全理性的人则是资本主义教育的主要目标。大量的思想体系被创造了出来,大量的"主义"通过学术著作和高等学校的讲堂广泛地被传播开来。但所有这一切,归根到底仍然是适应着资本主义社会本身的要求被创造出来的,是起到进一步完善和加强新的资产阶级的社会统治秩序的作用的。必须承认,在迄今为止的人类社会历史中,资本主义社会是一个最"聪明"的社会,是"聪明人"统治的社会。培根的"知识就是力量"可以认为是人类资本主义时代的座右铭。人类的原始时代,是人类的本能的时代,本能的力量就是那个社会的主要力量;人类的奴隶制时代,是人类的武力的时代,拳头大的就是老大哥,社会矛盾主要是依靠武力来解决的。谁拥有武装的力量,谁就拥有了统治世界的力量;人类的封建时代,是人类的道德时代,道德的力量就是那个社会的主要力量。即使阶级对阶级的压迫和剥削,也是在道德的名义下进行的。只有到了资本主义时代,人类的智慧和才能才拥有了发挥自己作用的最大的空间,知识精英用自己的智慧和才能站到了历史的前台,但他们却不是作为一个整体站出来的。他们的"主义"与其说是面对社会的,不如说是面对其他知识分子的。"主义"像切豆腐一样将19世纪的西方知识分子切成了无数个小方块,分别地被当时的资本主义社会咽到自己肚子里去,将这个社会喂养得无比强大,而这些知识分子却永远联合不在一起。不只物理学家与植物学家构不成一个有机的整体,即使同是哲学家,也有这种"主义"与那种"主义",是分着卖的,而不是合着卖的。对于他们,知识永远是零碎的知识,国家则是组装这些知识的总工厂。国家购买了他们的知识,加强了对整个社会的控制,而剩给知识分子自己的,则只是在这个新的政治统治秩序中有一个安定的个人生活。——他们殚精竭虑地设计了一个适于自己生存的世界,但他们却把自己的自由意志也埋葬在这个世界中:他们设计了一个在人类历史上具有最高效率的政府,他们也必须将自己置于这个政府的统治之下;他们设计了一套在人类历史上具有最高效率的经济制度,他们也必须将自己置于这个经济制度的左右之下;他们设计了一套在人类历史上具有最高效率的法律制度和理性规范,他们也必须将自己置于这些制度和规范的控制之下。一切都是这些知识精英创造的,但一切都是在一个国家整体中发挥作用的，任何个人都受到自己的创造物的控制和统治。

关键在于，人，并不仅仅是理性的人。甚至可以说，人，首要的并不是理性的人。

18世纪的启蒙主义者建构了自己的思想学说，表现出了他们是一些具有健全理性的人，但他们的理性却不是仅仅依靠自己的理性建立起来的，不仅仅是在前人的书本的基础上建立起来的，而是在他们的自由意志的基础上，在他们对自我、对人类、对人类社会的整体关怀中建立起来的，所以在他们的思想学说中包含着他们的本能欲望、他们的情感和情绪的感受、他们的自由意志，甚至还有他们为了传播自己的思想而与现实社会所做的一切斗争，一句话，包含着他们的全部生命。而在资本主义教育中培养出来的这些学者和思想家，则更是为了满足现实社会的需要：社会需要一个筐，他们就能编出一个筐；社会需要一张席，他们就能编出一张席。他们丰富了这个世界，满足了这个社会的诸多要求，但却不能像18世界启蒙主义者那样改造这个世界，将人类社会提高到一个新的层次、新的境界。他们是构成资本主义现实世界的一切，而面对这个资本主义的社会，他们没有自己的自由性。

我认为，只要认识到资本主义化了的19世纪，丧失的主要不是人类的理性，而是人的自由，我们就能意识到，欧洲的19世纪实际不是一个思想的世纪，而是一个文学的世纪。必须指出，对于文学，特别是对于欧洲19世纪上叶的文学，并不存在一个国家主义或无政府主义的问题。在那时，并不存在一个无政府主义的思想旗帜，当然也不存在一个国家主义的思想旗帜。他们回答的并不是一个政治制度的问题，而是一个对现实社会的感受问题。他们不是一些理论家，他们没有自己独立的社会制度的设计，即使他们不满于当时的资本主义社会，即使他们憧憬着一个更美好的未来，他们也没有以自己的力量改造社会、建构一个新的社会制度的能力和奢望。他们是以"个人"的姿态面对现实社会的，他们表达的是"个人"对人类、对现实人类社会的各种不同的感受和了解，但也正是因为如此，他们在自己的文化创造中，体现的完全是自己的自由精神。自由的抒情与自由的想象归根到底都是人的自由精神的游弋，读者在文学作品的阅读中首先体验到的也是这种人的自由性。如果说一个读者面对康德的哲学必须像一个大学生面对讲堂上的教授那样虚心接受康德的教导，即使在自己不理解的时候也要努力理解对方的意图和思想，将自己改换到对方的立场上去，那么，一个读者面对巴尔扎克的小说却像一个人面对自己的朋友一样，以自由、平等、轻松的心情听取对方的讲述。自由，是文学创作和文学欣赏的前提。对于19世纪那些欧洲的文学家和他们的读者，这几乎是不言而喻的。不难看到，正是19世纪欧洲文学，首先实现了对当时资本主义现实社会的超越：当一个人以自由的精神面对现实世界的时候，他是不受现实世界的现实规则的束缚的。实际上，直至现在，当我们依照现实的理性原则对待资本主义世界的时候，我们仍然无法真正实现对当代资本主义制度的超越，因为在现实世界依然没有任何一个社会，在我们所遵循的理性原则的基础上，能够取得较之发达资本主义社会更加优异的成绩。我们对它的超越，在很大程度上依赖的仍然是像拜伦、雪莱、雨果、巴尔扎克、狄更斯、马克·吐温、易卜生、列夫·托尔斯泰、陀思妥耶夫斯基、普鲁斯特、卡夫卡、萨特、卡缪这样一些西方文学作家的文学作品。他们，几乎只有他们，才异常清晰地向我们揭示了西方资本主义社会并不是一个我们理想中的黄金世界，它是应该被超越的，虽然我们还不知道应该怎样超越它。

四

19世纪的欧洲文学几乎跨越了三个不同的历史时期：上叶的浪漫主义，下叶的现实主义和世纪末的现代主义。在西方历史上，几乎没有任何一个世纪的文学，不论在其独创性还是在整个社会文化中的地位和作用上，包括20世纪文学，能够超越19世纪文学。实际上，在19世纪的欧洲，正是文学首先超越了当时资本主义的现实社会，才带来了欧洲思想对资本主义意识形态的超越。因为欧洲思想对资本主义意识形态的超越，正是建立在19世纪欧洲文学所自然传承的个人自由性的基点之上的。在我们学院知识分子之中，往往有一种错觉，好像西方19世纪文学的繁荣是建立在黑格尔、康德等学院派美学家的美学思想基础之上的。我认为，恰恰相反，倒是黑格尔、康德这些学院派美学家的美学思想是建立在欧洲19世纪文学发展的基础之上的，而一旦这些学院派美学家在已有文学的基础上建立起了自己的美学大厦，这种文学潮流就被它们的沉重压垮了，文学就开始在反叛这种美学潮流的基础上寻找自己的新的路径，而这个路径就是重新回到个人自由性的基点上对这些学院派美学家的理性原则进行反叛，并且是通过非学院派知识分子的个人自由思想的表达而实现的。在这时，也只有在这时，才有了一个我们现在所说的"无政府主义"的问题。在西方，最早的无政府主义者葛德文本人就是一个文学作家，他的无政府主义思想不是首先产生在他的理性思考和逻辑推理中，而是产生在他对现实社会关系的感受中；他的思想也不是首先在哲学家、理论家中得到传播的，而是在拜伦、雪莱这些浪漫主义诗人们中间得到呼应的。鲁迅在《文化偏至论》中介绍过的施蒂纳、尼采、易卜生、霍普特曼等人，在西方都被纳入无政府个人主义范畴，但他们与后来的普鲁东、巴枯宁、克鲁泡特金等人的无政府主义是有不同的，他们都是一些文学家。他们的追求更是一个真正的文学艺术家的精神自由的追求。这种精神追求不承认任何束缚和禁锢人的精神自由的思想原则和理性教条，其中也包括国家、政府为了维护自己的政治统治所制定的法律和法规，但它还不是、或主要不是一种现实的社会追求，不是、或主要不是一种政治主张或政治实践。尼采的超人生活在他的精神世界里，而不是生活在一个现实的世界上；这个世界更是一个文学世界，而不是一个现实世界。实际上，尼采的思想本身对抗的就是学院派的理性传统，他的最早的理论著作《悲剧的诞生》就是以文学的非理性特征为基点的，他开创了一条与当时学院派哲学完全不同的哲学路线。这条路线到了20世纪，具体演变为存在主义哲学，而存在主义哲学与存在主义文学是同体的。萨特既是存在主义哲学家，也是存在主义美学家、存在主义文学家。从存在主义角度来理解尼采，我们就会感到，他与我们现在通常所说的"无政府主义"，是有不同的含义的。

我们现在所说的"无政府主义"，更是一种社会学说和政治学说，是一种从根本上否定国家存在的合理性与合法性的思想学说。这种学说同样是建立在对人的自由性的尊重之上的，是反对社会禁锢与社会压迫的，但它与施蒂纳、尼采等人主要追求个人的精神自由不同，同时还要

无政府主义与中国现代文学漫论

将这种精神自由的原则转换为现实社会以及现实社会关系的原则。这就决定了它的实践性特征。尼采终其一生坚守着个人精神自由的原则，反抗任何形式的精神束缚和精神压迫，但直至发疯，也未曾进行社会改造的具体的实践活动，而普鲁东、巴枯宁、克鲁泡特金等人的思想学说关注的则是社会政治制度和经济制度的实际改造。在这里，它又分作两途：一、互助论的提倡和实验；二、针对国家政权进行的包括暗杀在内的各种恐怖活动。假若我们更加全面地概括这类无政府主义思想学说的本质特征，那么，它的特征就不仅仅是个人精神自由的追求了，而是以个人的自由意志实现社会关系上的普遍平等。正是在这里，蕴含着这类无政府主义者的根本矛盾。严格说来，人的精神绝对自由的原则与人类社会普遍平等的原则的统一，只有在文学艺术的形式中才是可能的，而在现实世界的关系中，特别是在其理性的平面上，则是根本不可能的。在19世纪的欧洲文学中，特别是在19世纪欧洲现实主义文学中，作家（知识分子个人）的自由性是通过对资本主义现实社会人与人不平等关系的揭露和批判而实现的。在这里，精神层面的自由与其对现实层面的不自由的否定，构成的是一个统一的整体，但这是一个艺术的整体，在单一的社会实践的层面上，二者是不可能构成一个和谐完美的整体的。自由永远是个人体验中的自由，是在个人对群体的束缚和禁锢的反抗中具体实现的，从空间的意义上来说，自由的空间就是完全个人化的空间，而平等则永远是社会性的、群体性的，它无法满足个人的全部自由要求，社会的空间、群体的空间永远不属于任何一个单独的人。所以，这种个体性与群体性的矛盾，自由原则与平等原则的矛盾，始终是这类无政府主义者所无法克服的内部矛盾。这表现在他们的理论上和实践上就是：不建立在任何组织原则的基础上，仅仅依靠平等互助而进行的新村实验是不可能成功的，不建立在任何有组织的反抗原则的基础上，仅仅依靠个人的破坏活动是无法从根本上消灭国家的政治统治的。在这个意义上，我认为，不论产生于马克思主义之前还是之后的这类无政府主义思想学说，在其思想逻辑和社会逻辑上，都只是西方马克思主义产生的基础和前奏。它是过渡性的，而没有像从克尔凯郭尔、尼采到海德格尔、萨特的存在主义思想传统那样的完全的独立性。

其实，我们很少注意到，马克思主义与19世纪欧洲文学的联系实际是远远超过它与像黑格尔、康德这类学院派哲学的联系的。马克思本人在青年时期就是一个浪漫主义诗人，他的思想与其说是产生于对以往思想传统的继承中，不如说是产生于他对资本主义现实社会的感受中。在这一点上，他与19世纪那些伟大的欧洲文学家几乎是相同的。也正是因为如此，他像19世纪那些伟大的文学家一样，实现了对资本主义现实社会的真正超越。这个超越他是通过引进无产阶级这样一个阶级实体而实现的。我们看到，正是通过这个阶级的实体，他将无政府主义者的互助论和革命论结合在了一起，将对资本主义社会的超越变成了一种可能性。在无政府主义者那里，互助只是在一种虚幻的主观愿望的基础上建立起来的，而无产阶级的联合则是反抗资本家阶级压迫、争取自身合法权益的需要；无产阶级的集体反抗较之无政府主义的个人恐怖活动不仅具有合法性的基础，而且对国家的专制统治也是一个实际的威胁。所以，马克思主义的产生，实际也就意味着这样一种无政府主义思想学说的消亡。

综上所述，我认为，在19世纪欧洲思想界，只有两种思想学说在真正的意义上实现了对资本主义现实社会的超越：其一是建立在对个人精神的绝对自由追求基础上、后来被称之为存在主义的思想学说；其二是建立在无产阶级社会解放基础上的马克思主义的共产主义学说。这两种思想学说，都与欧洲19世纪文学有着直接的联系，其超越的形式也与欧洲19世纪文学的超越形式有着基本相同的特征。这种超越都是建立在知识分子具体的现实人生感受基础之上的，都与知识分子自我精神自由的追求紧密联系在一起。它首先是一种精神超越、思想超越的形式，而后才表现为对现实社会的革命性改造，因而它们也将成为资本主义社会历史的伴随物。只要资本主义依然存在，依然是社会存在的基本形式，这两种思想传统就将持续存在，并通过对资本主义现实社会的批判和否定发挥自己的作用。如果说精英文化总是从其内部推动着它按照资本主义现实社会的固有规律向前发展，它们则从外部制约着资本主义社会的恶性膨胀。在过去，我们总是从资本主义消亡、社会主义胜利的大转折形式中判断马克思主义学说的价值和意义，实际上，任何一种人类的理想，都是在其过程中发挥作用的。儒家的大同理想至今没有实现，但这并不能说明它在中国历史的发展中没有发挥过任何作用。马克思主义的共产主义学说也是如此。

五

西方无政府主义学说传入中国之后，它遇到了在西方世界上所没有遇到的一个关键问题，所以它在中国思想界和文学界的影响与其本来的形态是有巨大的本质性差别的。

在西方，无政府主义首先面临的是个人的自由性与资本主义国家政治统治形式之间的不可调和的矛盾关系，而在中国，它首先面临的却不是这个矛盾，而是在西方帝国主义政治、军事侵略威胁下产生的中华民族生死存亡的民族命运问题。显而易见，这是一个先于中国近现代文化，其中也包括中国近现代文学而存在的元问题，所有其他问题都是在这个元问题存在的基础上发生的。我认为，只要意识到这个问题的先在性，只要意识到所有其他问题归根到底都是在这个问题的基础上产生的，我们就必须意识到，在中国，几乎没有任何一个知识分子在其根本意义上就是否定国家存在的合法性与合理性的。也就是说，几乎没有任何一个中国近现代知识分子是西方意义上的无政府主义者。在这样一个政治层面上，一个知识分子只有三种不同的思想选择：一、维护现行的国家政权；二、推翻旧政权，建立新政权；三、在帝国主义军事侵略的情况下，投靠外国侵略者扶持的伪政权，背弃乃至反对本民族的国家政权。所有这三种选择，都不是对国家、政府存在的合法性与合理性的根本否定，因而也都不能认为是无政府主义的思想表现。

我认为，西方无政府主义在中国的影响大致可以分为三种形态：一、在革命行动层面的革命英雄主义精神；二、在精神追求层面的个性主义精神；三、在社会改造层面的各种新的社会组织形式的实验。但所有这三种形态的影响，都不是在根本否定国家、政府存在的合法性与合理性基础上影响，因而也不是严格的无政府主义性质的影响，而是汇入了中国近现代历史发展的大潮之后发生的曲折的影响，并且无不具有革命的性质。

西方无政府主义的影响，几乎是贯穿于中国近现代革新、革命运动的全过程的。西方无政府主义的激进主义的革命态度与革命行动，与中国先进知识分子严重的民族危机感几乎有着一拍即合的直接联系，使中国知识分子极其自然地跨过了西方无政府主义者理性层面的国家观念，而直接从精神上拥抱了那些为了反抗政治专制而不惜牺牲生命的西方无政府主义者的大无畏的英雄主义精神。不论是像谭嗣同那样的19世纪末年的维新志士，还是像秋瑾那样的民主战士，甚至像陈独秀这样的早期的中国共产党人，都曾经程度不同地受到那些为反抗暴政而牺牲的西方无政府主义者的直接影响。在孙中山领导的民主革命运动中，甚至大量运用了包括暗杀在内的西方无政府主义者的恐怖手段，那时的革命者是把俄国的民粹党人作为革命英雄而敬仰、而崇奉的。直到三四十年代中国共产党领导的政治革命运动中，毛泽东发动的各种形式的农民运动，在表现形态上还留有西方无政府主义斗争形式的遗迹。但所有这一切，都已经直接汇入中国革新、革命运动的洪流之中，成为整个中国革新、革命过程的一部分，是为了革新或推翻旧政权、建立新政权，其性质是革命的，而不是无政府主义的。在这里，西方无政府主义精神与中国的革命精神是合流的，是中国知识分子革命精神的基本表现形式。

在个人精神自由层面上的西方无政府主义，对中国的影响是深远的，而这种影响则更是对中国知识分子的影响，对中国现代文学的影响。这种影响之所以可能，恰恰在于它与国家的现实存在及其政治职能的正常发挥构不成直接对立的关系。不论是欧洲19世纪的文学，还是以尼采为代表的个人主义思想学说，回答的都不是要不要国家的问题，而是一个人在精神上、思想上受不受国家政治、法律等规章制度、思想规范的束缚和禁锢的问题，是一个精神独立、思想自由、个性解放的问题。在留日时期，鲁迅就在精神层面将"立人"与"立国"有机地统一起来，并使他在现实的国家政权、政治革命、个人精神自由这三者的关系上找到了自己的结合点。从留日时期的《文化偏至论》、《摩罗诗力说》开始，我们就能看到鲁迅对西方精神自由传统的重视，这贯穿于他一生的思想和创作。在任何一个国家政治形式中，他都没有放弃自己精

无政府主义与中国现代文学漫论

神自由的追求，但这种追求是对政治专制和文化专制的反抗，而不是对国家政治职能的反抗。在这个层面上，他既区别于精英知识分子的国家主义倾向，也区别于西方无政府主义者的恐怖主义倾向，同时也区别于各种形式的政治决定论。归根到底，所有这一切，都与鲁迅的基本的超越形式有关；他的超越形式是一种艺术的超越形式，是建立在他的基本的人生感受和社会感受基础之上的。他迷恋的不是任何一种固定的理性教条，一种哲学，一种"主义"，一种精英知识分子的思想主张。正是在这一点上，他与19世纪欧洲那些伟大的文学家和非精英知识分子的思想家找到了契合之点。这在其他一些现代作家身上也能看到一些端倪，但大都是分散的，不集中的，包括像巴金这样曾经自称无政府主义者的作家身上，也是这样。

至于在社会组织形式上，从20年代的新村实验、工团主义到50年代的人民公社，与西方无政府主义的各种社会组织的实验都有蛛丝马迹的联系，但由于中国社会及其思想的特殊性，这些实验失败者居多，而成功者居少。但我认为，绝对否定这样一些实验也未必是合适的。

人类历史还远远没有结束，中华民族的历史也远远没有结束，我们现在所说的一切，都不能不受到我们历史时代和我们自己思想视野的局限，但无政府主义作为一个问题的重要性，却是不可抹杀的。我希望中国现当代文学的研究者将它当个课题来研究。

2008年3月27日于汕头大学文学院
原载《中国现代文学研究丛刊》2008年第5期

河南文化与河南文学
——梁鸿《在边缘与中心之间——20世纪河南文学》序

一

我原属山东聊城地区茌平县人（1958年后我所在的琉寺区才划归高唐县），在1949年以前的解放区的区域划分中，属于晋（山西）冀（河北）鲁（山东）豫（河南）边区，中华人民共和国成立后初设省、市建制的时候，我们属于平原省，是由现在的山东、河北、河南的一部分共同构成的，省会就是现在河南的新乡市，殷都的所在地安阳地区也在平原省境内。我父亲当时是一个县级的干部，曾经到新乡开会，那时我还在小学读书，没有学过中国地理，所以新乡就成了我知道的除了山东省省会济南之外的第二个省会级大城市。但是，到我上高小的时候，平原省就撤销了，聊城就又成了山东省的一个地区，当时我所属的茌平县也成了山东省的一个县。

从现在想来，河南应该是我的半拉子故乡，就是从语言上说，我听不懂齐地的胶东方言，却能听懂河南话，但在后来，河南却没有给我留下多么深刻的印象，对于那些与我没有多少关系的省份，倒有更加鲜明的记忆：北京、上海、天津这三个直辖市自不必说，像西藏、新疆、内蒙古自治区，一是因其大，二是因其远，三是因其为少数民族地区，有着与我们不同的宗教信仰和文化风俗,你就无法将它们从我的脑海里挖出去。别人不知道,对于我,一想起"我们的祖国",首先想起的不是我们的首都北京,也不是我的故乡山东,倒是这三个边疆的大省(自治区)。大概这也有它的道理:"要不是有这三个大省(自治区),我们的祖国哪能有这么大呀!"东北,更是我们山东人熟悉的一片荒凉但却肥沃的土地,是我们山东人在灾荒年外出逃荒的地方,我舅舅家的两个哥哥因为家里贫穷,在20世纪50年代初就"下了关东",在那里安了家,落了户。大概也是因为他们的关系,在我儿时的印象里,哈尔滨就像一个神话里的城市,与当代青年心目中的纽约差不多。它牵动的不是我的神经,而是我的想象。一到了20世纪50年代,东北的地图就愈加鲜活起来,鞍山的铁、抚顺的煤、第一汽车制造厂的解放牌汽车、东北电影制片厂的电影、劳动模范王崇伦、《把一切献给党》的作者吴运铎……在我们小小的脑海里摆得满满当当。到了20世纪60年代,大庆的石油以及王铁人的名字,更像一场地震一样震动过我们的脑海。对于我们研究现代文学的,更忘不了20世纪30年代的东北作家群,萧军即使不是一个多么杰出的作家,也是作家队伍中的一个真正的男子汉,而萧红则是中国现代最杰出的女性作家之一。在我们那里,人们一说到很远很远的地方,总是说"到了云南、贵州嘎嘎二县"。"嘎嘎二县"到底是什么意思,我至今也不知道,但云南、贵州作为两个省份,却也因此而在我的脑海里扎下了根。我对于广西的印象,并不深刻,但一旦将广东、广西连在一起,也就令我难以忘怀了。不知为什么,对中国文人赞赏的自然美景,我都没有多么深刻的感动,倒是敦煌的鸣沙山,有着令我感动的荒凉。"桂林山水甲天下",在小学地理课本中就读到过,像杭州的西湖一样,并没有惹起我的梦魂缭绕的向往。广东,那可是在中国近现代历史上,无时无刻都会碰到的一个省份。从林则徐的虎门销烟,到太平天国的洪秀全,维新变法的康有为、梁启超,领导辛亥革命的孙中山,黄花岗七十二烈士,到了20世纪20年代,广州又成了第一次国内革命战争的"革命策源地",鲁迅、郭沫若、郁达夫、成仿吾这些文学大家也曾群集广州,广州一时成为中国革命政治、文化的中心。鸦片战争之后的一百年之间,中国历史上几乎所有大事,都与广东人有关。到了新时期,中国的经济改革又是在广东开始的。像深圳这样在几年间便拔地而起的现代城市，在世界历史上大概也是少有的。与广东、广西有些相像的，则是湖北和湖南。武汉三镇在中国历史上曾经演出过几出大戏，闻一多、胡风也是中国现代历史上很烫手的两个著名作家，但湖南在我的脑海里则更加鲜艳夺目。舜帝在这里长眠，屈原在这里投江，而到了当代中国，毛泽东的名字几乎比"中国"这个名字更加响亮，更加辉煌壮丽，更莫提中国近现代史上那些琳琅满目的湖南籍的元帅、将军、党政要员、作家、文人了。江西的井冈山、贵州的遵义、陕西的延安、1949年之后的北京，这是中国共产党革命历史上几颗最耀眼的明星，在《〈废都〉漫议》中，我曾说过陕西文化的一些坏话，说尽管说，但陕西省却不是容易被人忘却的省份，仅就1949年之后的文学，恐怕就没有任何一个省份能与陕西媲美。在河南作家群兴起的前夕，还有陕西的三部长篇小说进京，轰动了当时的文坛。"十七年"的柳青，新时期的路遥、贾平凹，都不是那种可以一笑了之的文学作家。我作为一个山东人，同样是不会忘记山西的，在改革开放的前后，我们那个地区的主要对"外"贸易恐怕就是与山西的贸易了。一辆或几辆卡车，装着我们家乡的粮食，到山西，再换回那里的煤来。吃的是山东粮，烧的是山西煤，我能忘掉山西这个省份吗？"生的伟大，死的光荣"的刘胡兰，昔阳县的大寨、大寨的陈永贵，中国现代文学史上的"山药蛋派"和"山药蛋派"的赵树理，也是时时提醒我不能忘记山西这个省份的诸多因素。山东和四川，是两个相距甚远的省份，但在历史上和现实中，它们又很奇怪地常常联系在一起。中国的道教文化，有两个发源地，一个是山东，一个就是四川。到了当代，据说军队里最好的兵，一是山东兵，一是四川兵，山东兵憨直，四川兵机智，但打起仗来都是很勇敢的。"天府之国"的名称更是使我对四川有格外好感的原因。在抗日战争期间，西南联大在昆明，重庆作为陪都，则聚集了大量的文学作家。在中国现代文学史上，鲁（鲁迅）、郭（郭沫若）、茅（茅盾）、巴（巴金）、老（老舍）、曹（曹禺），两个是浙江人（鲁迅、茅盾），两个是四川人（郭沫若、巴金），也是令人无法小觑四川的原因。至于邓小平，更是我们改革开放的"总设计师"，在当下的中国，恐怕没有任何一个人的名字比他的名字更加响亮。安徽作为一个地方,在我的脑海里没有多深的印象,但它出了一个陈独秀,一个胡适,就把这个省份整个地照亮了。五四新文化运动,几乎可以说是由两个省的文人搞起来的,一个是安徽,另一个就是浙江。在我这一生里,改变了我居住的这个外部世界的,是毛泽东、邓小平,但改变了我感受外部世界的方式的,则是鲁迅。所以,浙江,对于我有特殊的意义。"上有天堂,下有苏杭",我总觉着,有两个浙江:一个是秋瑾、徐锡麟、章太炎、蔡元培、鲁迅的浙江,周作人则是这个浙江的一个不争气的败家子;而另一个浙江则是与江苏在文化上融为一体的不带贬义的才子佳人们的故乡。气候太好了,风景太宜人了,出产太富有了,生活太优裕了,因而与我们这些穷的省份过的生活就不一样了。吃穿不愁了,恋爱就变得重要起来,像苏州园林一样,曲曲折折,缠缠绵绵,抓也抓不牢,放又放不下,在身边的时候是人,不在身边的时候就成了梦、成了诗了。所以在江苏,诗和生活是分不太清楚的,诗也是生活,生活也是诗。1945年抗日战争胜利之后,傅斯年力劝国民党政府将首都迁往北京,不要再定都南京。他大概是从风水的意义或从政治形势上来讲的,但从我看来,苏杭是适于生活,特别是适于中国文人生活的地方,而不是适于战斗的地方。政治家得战斗,不能光生活。光生活,就离腐败不远了。国民党没有听傅斯年的劝告,结果失了大陆。倒是毛泽东,看准了北京这个地方。虽然他也做了很多错事,但忙忙活活地奋斗了一生,没敢消消停停地安下心来享受生活,所以他的政权也始终固若金汤,不可动摇。国民党政府失了大陆之后,去了台湾,这使台湾在全国所有省、直辖市、自治区中格外引人注目。用"文化大革命"的语言来说,就是"颜色不同"。我们这一代人,对于台湾的印象,经历了三种不同形式的变化:在"文化大革命"前,台湾是我们的敌人,是反动派,那里的劳动人民仍然生活在水深火热之中,需要我们去拯救。在新时期,台湾是亚洲四小龙之一,而我们当时还穷得要命,所以颇有自惭形秽的感觉。1990年,我作为访问学者到香港中文大学,我同屋的一个大陆青年学者就对我说:"到外面,不要说是大陆来的,就说是台湾人。"到了现在,大陆也富了许多,对台湾政治、经济、文化的状况也有了更多的了解,能以较为理性、较为平等的态度看待台湾了。但是，正因为对台湾的印象变了几变，所以对它的印象也是很深的。与台湾隔海相望的是福建省。对台湾印象深，对福建省的印象也不会浅。炮轰金门、马祖，在那时是一件大事，那个时候以福建为背景的反特影片也颇受青年的欢迎。在初中时，引导我爱上文学的一个高中的大朋友，考上了厦门大学的政治经济系，他还给我寄了一张厦门大学的全景照片。所以，我对厦门大学有极深的印象。一是知道它很美，二是知道它的政治经济系很有名。鲁迅又是在厦门大学任过教的，那就更使我难以忘怀了。至于许地山、林语堂都是福建人，尚在其次要的地位。按理说，河北与河南也是两个相连带的省份，但在我们那个时代，当把北京和天津两个市从河北省抽了出去，河北省的魅力也受到了很大影响。河北在军事上当然十分重要，但我们那时关心的是像抗美援朝、中印反击战这样的"战事"，而不是部署在河北省这样的军事要地的"防线"。在"十七年"的文学中，河北省颇出了一批革命历史题材的长篇小说，我看过不少，但当时正是心高气傲的年龄，喜欢的是外国文学名著，在现代独重鲁迅，在当代"看得起"的几乎只有柳青，所以也没有将对河北省的印象激发到广东、湖南那样鲜活的程度。对河北的印象并不强烈，对河南的印象就更其淡漠了。

二

要说，河南的事情也是知道一些的，但所有这些事情又都与河南这个省份联系不到一起。譬如说焦裕禄，在我们那个时代是激动了全国的人心的。那时我正在山东文登县泽库公社搞"四清"，是作为经受锻炼和考验的大学生参加"四清"工作队的。"四清"已经到了"四不清"干部检查交代问题的阶段，"四不清"干部、贫下中农代表和"四清"工作队的队员集中在公社所在地开会，勒令"四不清"干部交代问题。中间突然插入学习焦裕禄的事迹。我这个大学生自然得充当诵读者，读的则是穆青的长篇报告文学《县委书记的好榜样——焦裕禄》。平时读文件的时候，下面总是叽叽喳喳的，而这次，下面却是鸦雀无声，我以为大家睡着了，但抬头一看，却发现所有的人都在低头流泪，我一停，下面的哭声就愈加大了起来。这些人的哭，可能有各种复杂的心情，但焦裕禄的事迹也确实能够感动当时的中国老百姓。到了"文化大革命"，在一次检阅红卫兵的时候，还把焦裕禄的女儿安排在毛泽东的身边，说明毛泽东希望全国的党政干部，都要像焦裕禄一样，全心全意为人民服务，鞠躬尽瘁，死而后已。但在我，提起陈永贵，就想到山西省，而提到焦裕禄，想到的却只是兰考县，而不是河南省。"典型"是要有人"树"的：雷锋，是解放军"树"起来的；大寨，是当地（山西）的党政领导部门"树"起来的；焦裕禄，则是当时的知识分子发现并宣传出去的，是他们"树"起来的。所以，直到后来，直到现在，我看不出河南省较之别省更加重视焦裕禄的迹象。殷墟发掘也是中国近现代文化史上的大事，但好像与河南省本身也没有多大的关系。在开始，甲骨文研究原本是那些像罗振玉一类玩古董的中国文人搞起来的，到了王国维才真正成了中国学术中的一个重大的领域，民国时期傅斯年领导了中央研究院历史语言研究所的有计划的殷墟发掘，郭沫若则是马克思主义文化阵营的甲骨文研究的奠基者。但所有这些，都是从外边搞进去，而不是从里面搞出来的。在傅斯年领导中央研究院开始有计划地殷墟发掘的时候，还与当地政府和民众发生了许多矛盾。郑州是中国现代铁路交通的枢纽，洛阳和开封是中国古代一些朝代的都城，我在读硕士研究生的时候，从河北的邯郸上车，一路经过河南的安阳、新乡、郑州、洛阳、开封等多个大城市。我想，要是经过的是北京、上海，或者韶山、延安、绍兴（鲁迅的故乡）、乐山（郭沫若的故乡），我肯定是要下车去看一看的，但研究生三年，往来五六次，却从来没有半途下过车。总之，长期以来，对于我，河南只是一个省的名字，好像与我没有什么关系一样。

　　河南之引起我的关注，是在20世纪90年代后期。当时在北京召开了李佩甫的《城市白皮书》、张宇的《疼痛与抚摸》两部长篇小说的座谈会，不知为什么，我也在被邀请之列。正是这两部小说，使我突然想到了河南，想到了我还与河南有些瓜葛。我的"文艺思想"有些简单，鲁迅有一篇《无声的中国》，是感慨中国没有声音的，所以我读文学作品，只要有点"怪味"就可以。因为"怪"，才是一种声音，与别人的声音不同的一种声音。这样的声音多了，"无声的中国"就成了"有声的中国",活着,就不那么寂寞了。万一从这种"怪"中悟出一点道理来,就又可以使自己想想平时不会想到的"思想"。至于哪些文学作品可以得诺贝尔奖,哪些文学作品可以入史传世,我认为,并不是我需要考虑的问题。恰巧,这两部长篇小说都是怪怪的那种。在20世纪80年代,我们精英知识分子(我得过一个博士学位,虽然是在中国得的,但要向精英知识分子堆里挤,还是勉强挤得进去的)忙着思考中国社会思想的启蒙问题,到了20世纪90年代,我们思考的就是中国经济发展的问题了。我们精英知识分子文化,总有个"纲":"纲举目张"。那时的"纲"就是"现代性",在都市文学中,更"现代"的就是"后现代性",而李佩甫的《城市白皮书》则既不像现代的,也不像后现代的,但要说古典的,那就更离谱了。它选取的是一个小女孩的视角,母亲嫁给了一个有钱的人,她在这个日益繁华的世界上就变得愈加无依无靠了。不难看出,它这个视角本身,就有点"妈妈的"。它没有否定我们的"现代化",但这个"现代化"却有点咸咸的、苦苦的味道。要说它是"后现代",也不太像,都市文化中的"后现代"都有些牛气,它却带着一种女性的细腻,像安徒生笔下的《卖火柴的小女孩》一样写出了一个小女孩的梦幻世界。小说还写了一个"当代英雄"的形象,但这个"当代英雄"既不像莱蒙托夫《当代英雄》中的皮却林,也不像司汤达《红与黑》中的于连,而有些像巴尔扎克《高老头》中的伏脱冷,愤世嫉俗,冷气逼人。但伏脱冷是个强盗,他却不是,他是我们当代企业家的思想先驱。他有一整套新的人生哲学,这套人生哲学的宗旨就是金钱至上,其道德基础则是冷酷无情,但在整部小说里,对那个孤单的小女孩流露着一丝真诚的同情的,似乎又只有这个唯利是图哲学的倡导者。我当时的感觉是,李佩甫有点"弯弯绕",七绕八绕就把你绕进去了,绕进了一个你不愿承认但又必须承认的别别扭扭的世界。张宇则比李佩甫豪爽得多,他是一个德国足球队的铁杆的球迷,但他的豪爽也有些让人受不了的地方。在当时,女权主义文学正是风行一时的时候,我们这些男人有些受不了。他则更激进,他认为即使人类过往的历史,也都是女人创造的,男人只是在历史前台表演的一些木偶,而支撑着男人在前台表演的则是他背后的女人。女权主义者认为,女性向来受男性霸权主义的压迫,而张宇则认为，对女人最残酷的是女人，而不是男人。它写了很多女人折磨女人的极其残酷的场面。

但不论怎么说，李佩甫、张宇这两部小说却开始使我有了与河南生活在一起的感觉。在此后的一两年间，我又出席过在河南召开的一个小型的文学座谈会和一个大型的当代河南文学研讨会，除李佩甫、张宇之外，田中禾、刘震云、阎连科、周大新、二月河等当代河南籍作家的名字也相继进入我的文学感觉之中，"中原突破""文学豫军"的概念也变得越来越明确和鲜活。当时有一个《方法》杂志，与我的关系相当密切，其中有一篇文章的题目就是《刘震云是个大作家》，这篇文章也给我留下了鲜明的记忆。张宇的《疼痛与抚摸》出版之后，著名电影导演吴天明曾经试图将张宇的《疼痛与抚摸》搬上银幕，罗雪莹女士具体策划，因为我曾评论过吴天明导演的由路遥小说改编的《人生》，也曾多次参加过罗雪莹女士举办的电影座谈会，他们约我参与剧本改编的讨论，虽然由于各种原因这个工作没有继续进行下去，但我们四个人却多次相聚在北京，讨论电影剧本的改编，颇有一些鲜活的镜头，在谈到得意时而浮上脑海，吴天明导演更常常手舞足蹈地表演一些电影的场面。李佩甫则出版了他的又一部长篇小说《羊的门》，在北京举办了一个更大型的学术研讨会。对于这篇小说，我的感触颇深，曾想写一篇系统的评论，但在心里存了多年，总因一些无法解开的思想的"结"而没有写出来。恰在这时，梁鸿考取了我的博士研究生，她是河南人，对河南籍作家的作品也相当熟悉。她既写散文，也写评论，后来又有小说出版，所以我极力怂恿她以现当代河南文学作为博士学位论文的选题。她欣然答应了，我似乎也完成了自己的一个心愿，主要回到我自己的研究方向上来。

对河南文学有了一个交代，并且是自己完全可以放心的交代，但继之而来的却又有了一个河南人的问题。不知从什么时候开始，河南人的名声在别省人的心目中开始臭了起来。我向来对社会的舆论不太在意，也不太相信，但久而久之，这些话也传到我的耳边来。他们所述的各种关于河南人的"劣迹"，虽然不都是"可信的"，但似乎也不全是"不可信的"。及至到了南方，还听说有公安部门吁请市民谨防河南小偷的布告。与此同时，却又有河南艾滋病灾情的令人惊心动魄的报道，而河南的民工充斥于南方各大城市以及他们在城市居民中制造的不安情绪则是我也亲身感受到的。前几年，颇出了几本河南人为自己辩护的书，而这种有关社会舆论的事，向来是越抹越黑的，外省人对于河南人的印象，似乎至今没有发生根本的变化。我常想，在马丁·路德·金领导的黑人运动胜利之前，美国黑人在白人社会中的印象，大概与现在河南人在中国民众中的印象，也相差无几吧！我儿子的一个朋友，是一个巡警，他只知道我是一个山东人，却不知道我还是一个半拉子河南人。有一次，喝得醉醺醺的，对我说："最坏的是河南人。抓住非法民工，问'哪里人？''山东人'。没事，走你的！'河南人'。河南人？你小子，别想跑，南郊拉沙子去！'"

在过去，我们习惯于从现实政治上谈问题，似乎所有不能令人满意的事情都是由于上层社会的剥削和压迫造成的，但这个关于河南人的问题，分明是不能完全归到现实政治原因上去的。我想，在马丁·路德·金领导的黑人运动取得胜利之前，歧视黑人的倒大都是白人中的普通老百姓，而不是上层社会的白种人。那么，这种文化现象应该称为什么呢？我给它起了一个名字，叫作"民众的歧视和压迫"。这种"民众的歧视和压迫"的对象，一定是在民众中不太合群的少数人，在多数民众的心目中，这少数人是有明显的错误和缺点的，是"不顺眼"的，因而对他们的歧视和迫害也是有"充足的理由"的，但这些缺点和错误又一定是由于他们较之一般民众更加贫困和弱小，没有维护自己权益的足够强大的力量，否则，多数民众那种居高临下的傲视态度也就失去了产生的基础。实际上，我们文化界也有这样的现象。譬如中国当代的很多"国学家"，是歧视西方文化的，但他们不会歧视马克思和爱因斯坦；中国当代的很多"洋务派"，是歧视中国文化的，但他们不会歧视孔子和朱熹。而不论是这样的"国学家"，还是这样的"洋务派"，则都看不起五四新文化，因为五四新文化至今仍是一种"不合群"的文化，并且不论在中国，还是在外国，都没有强大的政治基础和经济基础（这与中国"文化大革命"前的情况又有不同）。

梁鸿于2003年完成了她的博士学位论文，并通过了博士学位论文答辩，但由于各种原因，该书到现在才正式出版。作为一部博士学位论文，至少在我认为，是相当完满地实现了其预先设定的研究目的的。它相当系统、完整地缕述了河南现当代文学的发展脉络，并尽其可能地从中国现当代文化发展的意义上论述了河南文学生成和发展的原因及其价值和意义。一部博士学位论文，首先必须重科学、重证据，不能将捕风捉影的东西都写到论文之中去，但这也决定了它不可能解决所有有关的问题。而在她毕业以后的这些年里，一直困惑我的则是另外一个问题：河南人的问题。河南文学虽然没有像"中原突破"所预示的那样给中国当代文学的发展带来一派新的气象，但它确确实实仍然存在着、发展着，自从中国新文学产生以来，从来没有一个时期的河南文学拥有这么多在全国范围内产生了自己的影响的作家和作品，从来没有一个时期作为整体的河南文学在整个中国文学中具有如此显著的地位，但与此同时，当代河南文学的发展并没有从根本上改变河南人在其他省、市民众心目中的印象，河南文学作品在普通读者的阅读感受中仍然不像路遥、莫言、陈忠实、王安忆的作品那么"顺"，那么乐于被人接受，也是一个不争的事实。

梁鸿在该书中指出："直到现在，黄河中下游地区仍然可以说是完整的一体，从整个中国文化的角度看，北方诸省始终处于同一文化场域中。在古代中国，这几个省份的许多城市都长时间做过帝国的都城，西安、开封、洛阳等，随着北宋政权的南迁，中原大家族、士族的南迁，北方的政治、经济地位一落千丈，再加上自然地理环境的恶劣，它们逐渐成了内陆贫穷、落后和愚昧的代表，文化上更是萧条、保守。但这并不是说河南文化和其他北方省份的文化、河南文学和其他北方文学之间可以完全等同。中国幅员辽阔，各省之间的地理形势、气候条件都有或大或小的差异，即使在一省之中，也有许多差别。以农耕文明为主要形式的北方诸省之间，地形、地貌有很大差异，也导致风俗习惯、民众性格乃至文化表现形式的差异。陕西、山西的自然环境更酷烈一些，黄土高原上的漫漫风沙培养了关中汉子和高亢的信天游，而河南整体气候和自然环境则相对温和一些，人也更圆滑一些，血性少些而世俗多些，因此也多了许多小打小闹的聪明……河南人似乎更关注权力，走在村庄小道上，坐在公共汽车上，到处都可以听到对时事的高谈阔论，一个农民心中对村支书职位的追求并不轻于宏伟的时代大目标……山东有齐鲁文化，河北有燕赵文化等等，历史文化积淀不同会使各省文化之间产生细微的差别。同样处于偏僻的内陆位置，同样在中原文化的背景下，但是由于地理行政区域的不同，教育政策、政策实施的不同，甚至可能由于政府官员的差异，对新文化运动、五四学生运动必然会有自己的独特反应，这都会影响到文化发展的趋向，影响到作家的生成、发展，形成不同的文化和文学。辛亥革命以来的河南局势更为突出地表现了这一点。"（根据2003年4月北京师范大学博士论文稿引用）由此可见，梁鸿是充分运用了各种查有实据的文化因素来分析和研究现当代河南文学生成和发展的原因的，但所有这些具有确定性的因素，又都不能回答现实存在的这样一个问题，即：为什么在全国范围内，并没有形成一个歧视和孤立例如山东人、河北人、陕西人这样一些北方各省人的社会潮流，而独独将河南人推到了"墙倒众人推"的地步呢？这是不是一个纯粹偶然的现象呢？

对于这个问题，恐怕是不能依靠严谨的论证所能够解决问题的，梁鸿避开了这个问题也是理所当然的，但在这里，也给了我一个可以胡说八道的空间。为了给梁鸿这部严谨的学术论文洒点盐，我将在写这篇文章的过程中把突如其来地产生的一点不着边际的想法说一说，目的不在求其"信"，而在求其"不可信"，但又在"不可信"中求一点"捕风捉影"的效果。

三

我的这点想法是从河南省的殷商文物发掘开始的。河南，不就是古代殷商的故地吗？我们现在讲中国人文文化，讲中国人文文化的"根"，几乎全是从孔子讲起的，而孔子思想则主要是在周礼的基础上建立起来的："周监于二代，郁郁乎文哉！吾从周。"（《论语·八佾》）那么，周之前在中国存在和延续了六百年左右的殷商文化，是不是就只剩下那些出土文物、那些有形的器物类的东西？是不是它的人文文化就从根本上被消灭了呢？而假若它没有被西周以来的文化完全抹干净，假若它还在多元的、复杂的中国文化版图内保留着自己相对完整的变化了的形态，那么，这种文化形态在哪里存在的可能性最大呢？还不是在河南文化之中吗？当然，这种推理性的结论并不是完全科学的结论，也是无法在学术上站得住脚的，但如果我们追求的就不是完全可信的结论，而是一种"捕风捉影"的效果，那么，这不也是值得我们胡思乱想一番的问题吗？

我们现在作为中国正统文化的周文化并不是中国最早的正统文化，而是当时的"西方"文化入侵的结果。周民族与殷民族在当时是两个同时发展起来的民族，它拥有与殷民族并不完全相同的政治制度、礼仪形式和风俗习惯，大概在语言上也是有相当大的差异的，所以"牧野之战"结束的不仅仅是殷纣王朝在政治上的国家统治地位，同时还有殷商文化在整个社会生活中的绝对合法性的地位。要说"文化断裂"，那时发生的才是一种断裂性的文化变化，是一种形态的文化替代另外一种形态的文化成为整个社会的统治文化的过程。鲁迅说："至于周的武王，则以征伐之名入中国，加以和殷似乎连民族也不同，用现代的话来说，那可是侵略者。"[1]这种文化断裂不仅表现在周文化与殷文化的外部关系中，同时也表现在周民族入主中原之后统一的周王朝内部的不同政治势力、文化势力之间。在这时，周的新贵与已经失去国家政治统治权力的殷的贵族集团之间，仍然是相互独立、无法融合为统一整体的两种文化形态，这酿成了后来的"武庚（商纣之子）之乱"："周武王崩，武庚与管叔、蔡叔作乱，成王命周公诛之。"（司马迁：《史记·殷本纪》）儒家文化的亚圣孟子谈到周公的历史功绩时则说："周公相武王，诛纣伐奄，三年讨其君，驱飞廉于海隅而戮之，灭国者五十，驱虎、豹、犀、象而远之。"（《孟子·滕文公下》）也就是说，周的文化是在将殷商贵族彻底镇压下去以后，在自己固有传统基础之上为了进一步巩固自己的政治统治地位而重新建构起来的，这里有两个相互联系的过程。其一是剥夺殷商旧贵族的世袭权力，在将其平民化的过程中将其恶魔化："成周（今洛阳——引者注）既成，迁殷顽民"（《尚书·多士》）。其二则是为自己东侵灭

---

[1] 鲁迅：《且介亭杂文·关于中国的两三件事》，载《鲁迅全集》第6卷，人民文学出版社，1981，第10页。

殷寻找思想道德上的根据，这也必然是将自己神圣化、将殷商恶魔化的过程。"顽民"就成了这些人的总称（在这里，我提醒人们注意的是，我上文所说的"民众的歧视和压迫"，也正是在平民化、恶魔化这两个特征的相互交织的作用下产生的。这种"民众的歧视和压迫"的对象并不是按照国家法律的标准理应受到惩处的对象，而是与自己具有同等政治地位的普通老百姓，但他们却是在道德上被妖魔化了的少数人，这使一般的民众可以在不平等的基础上对待他们，以挫伤对方的自尊心的方式满足自己的自尊心）。

孔子是殷的遗民，祖籍河南，实际上他是知道周朝统治者对殷商贵族的这种妖魔化的倾向的。他的弟子子贡就曾说："纣之不善，不如是之甚也。是以君子恶居下流，天下之恶皆归焉。"（《论语·子张》）这同时也可理解为，文、武、周公之善，亦不如是之甚也。是以君子喜居上流，天下之善皆归焉。但在孔子建构自己的文化思想的时候，周入主中原已经四百余年，鲁又是周公之子伯禽的封地，他是在周公进一步完善了的周礼的基础上重建自己的文化思想的。所以，孔子多有对周"隐恶扬善"、对殷"隐善扬恶"的。"哀公问社于宰我。宰我对曰：'夏后氏以松，殷人以柏，周人以栗，曰使民战栗。'子闻之曰：'成事不说，遂事不谏，既往不咎。'"（《论语·八佾》）宰我的答语，显然是不利于周的，各个朝代都在祭社神的地方植树，并且所植之树是有象征意义的，夏植松树，殷植柏树，周植栗树。周植栗树的象征意义则是"使民战栗"，让人民在国家政治统治之前感到恐惧，不敢反抗。孔子认为宰我虽然说的是事实，但却不应当说出来。所以他说已经办成的事，无可挽回，就不要说了；君王已经做成的事，无法改正，就不要再提意见了；事情已经过去了，就不要再追究了。儒家文化掩盖了周的国家政治统治思想是建立在军事镇压、"使民战栗"的基础之上的，也就掩盖了殷商国家政治统治思想基础较之周的非军事、非专制的一面了。实际上，周以大规模的军事征伐进驻中原，其建国思想更建立在军事镇压、"使民战栗"的基础上，此前的殷商虽然也以军事征伐为主，但在主观上更重视政治统治者个人的素质和统治力量，以柏树象征之，则是顺理成章的事情。总之，孔子虽然也有条件地吸收了殷商的文化遗产，但在其文化思想的整体上则是与殷人的文化传统不同的。颜渊问为邦，孔子回答说："行夏之时，乘殷之辂，服周之冕，乐则《韶》舞。放郑声，远佞人。郑声淫，佞人殆。"（《论语·卫灵公》）由此可见，在殷商时代，中国的科学技术，是有很大发展的，较之周人主中原之初的器物制造，有着明显的先进性，"乘殷之辂"，反映的就是这种现实状况，但在与人的精神面貌更有直接关系的领域，孔子排斥殷商传统的倾向就非常明显了。郑国是殷商故地，现属河南，作为文学艺术的"郑声"则是郑国国民思想精神面貌的集中体现。孔子对"郑声"所表现出的绝对排斥态度，体现的实际就是他对郑国人的极端厌恶态度，所以他把"放郑声"与"远佞人"紧密结合起来。"恶紫之夺朱也，恶郑声之乱雅乐也，恶利口之覆邦家者。"（《论语·阳货》）这句话，我们甚至可以用这样一句更加具有概括意义的话翻译出来：我最厌恶那些用郑人的低级下流的文学艺术干扰了周王朝宫廷贵族文学艺术的高雅趣味，用郑人那样的花言巧语瓦解周王朝现实政治统治秩序的那些人。联系到当时对殷纣王沉酣于酒，作新淫声、北里之舞、靡靡之乐的传说，孔子对"郑声"的厌恶和排斥，同时也是对殷商人文文化的厌恶和排斥。

必须看到，孔子思想不是在殷商文化的基础上，由于受周文化的统治和压迫而产生的，因而它也不是殷商文化的一种发展演变的形式。在那时，作为殷商文化传统演变形式的文化仍然存在着，那就是殷商后裔聚居的殷商故地的文化，粗略说来，就是现在的河南文化。"夏礼吾能言之，杞不足征也；殷礼吾能言之，宋不足征也。文献不足故也，足则吾能征之矣。"（《论语·八佾》）也就是说，在当时，宋是保留了殷商文化传统最多的国家，虽然它自身也有了变化，但较之齐、鲁、晋、燕、秦、楚、吴、越这些诸侯国，宋所体现的更是殷商文化传统。傅斯年在《战国子家叙论》一书中对宋文化有这样的论述："宋也是一个文化极高的国家，且历史的绵延没有一个同他比；前边有几百年的殷代，后来又和八百年之周差不多同长久。当桓襄之盛，大有殷商中兴之势，直到亡国还要称霸一回。齐人之夸，鲁人之拘，宋人之愚，在战国都极著名。诸子谈到愚人每每是宋人，如庄子'宋人资章甫而适诸越，越人断发文身，无所用之'；孟子'宋人有悯其苗之不长而揠之者'；韩非子宋人守株待兔。此等例不胜其举，而韩非子尤其谈到愚人便说是宋人。大约宋人富于宗教性，心术质直，文化既古且高，民俗却还淳朴，所以学者备出，思想疏通致远、而不流于浮滑。墨家以宋为重镇，自是很自然的事情。"①傅斯年这里所说的宋人之"愚"，所说的"富于宗教性，心术质直，文化既古且高，民俗却还淳朴"，大概就是殷商文化与周文化的基本区别。在殷商时代，国家还处在早期的发展阶段，文字语言刚刚产生，还没有成为较为普遍的社会交流的手段，包括上层政治统治者在内的所有的国民，基本还处在直感、直觉与直接实践的过程中，一切"跟着感觉走"，想做什么就做什么，想怎么做就怎么做，既较少考虑到最终的结果，也较少考虑到这样做的合理性，其行为与其欲望是直接结合在一起的。即使损人利己之事，也像鲁迅在《夏三虫》中所描写的跳蚤那样"一声不响地就是一口，何等直截爽快"②，不像蚊子那样，"哼哼地发一篇大议论"③，用现在的话来说就是没有多少"心眼"，"不会说话"，"心术质直"。而到了周朝，一个方面是文字的运用更普遍了，而更重要的是，周以异族的身份入侵中原，不但要用军事镇压"压服"殷商贵族的军事抵抗和军事反叛，也要"说服"更多的人接受自己的政治统治。这就需要在"做"之外还要"讲"，还要说出自己的统治比殷商的统治好的理由。"今本《尚书》二十八篇，《周书》占有一半，大多记载开国大事，其中十篇记有周公有关开国大业的长篇大论，宣扬的是儒家所推崇的'文、武、周公之道'。"④这也就是孔子所说的"郁郁乎文哉"了，孔子发展的就是周的这种"文"的传统。孔子认为，因为周朝有了这种"文"的传统，所以周文化就比殷商文化更加完善了。"周之德，其可谓至德也已矣。"（《论语·泰伯》）与此同时，正因为殷人质直，怎么想就怎么做，预先没有更多的成败得失的考虑，不太关注现实的"因""果"之间的联系，鬼神崇拜的成分就是主要的了，所以殷文化常常被概括为

---

①傅斯年：《战国子家叙论》，载《傅斯年全集》第2册，台湾联经出版事业公司，1970，第118页。

②③《鲁迅全集》第3卷，人民文学出版社，1981，第40页。

④杨宽：《西周史·前言》，上海人民出版社，2003，第1页。

宗教文化，幻想性的成分很大。而到了周朝，首先关心的是自己的政治统治能不能巩固下来，维持下去，不论是殷的失败还是自己的胜利，都极力在其现实性上寻找原因，这就决定了周文化更是一种现实性的文化，幻想性的成分少而现实性的成分大，因果律被广泛地运用于解释社会现象和人的命运。相形之下，殷人就显得有些"愚"了，所说之话，所做之事，往往与自己所要达到的最终目的背道而驰，像鲁迅《聪明人和傻子和奴才》（《野草》）中的那个傻子一样，在重视现实效果的周人看来，不但可笑，而且可鄙。孔子说："质胜文则野，文胜质则史。文质彬彬，然后君子。"（《论语·雍也》）殷商文化的特征就是"质胜文"，这个"野"字大概就带有一点蔑视的意思，与现在说一个人"没有文化""没有修养""愚昧无知""粗鲁野蛮"有点相近。"质胜文"就是将对事物的直感印象或感受直接表达出来，这类的话常常流于粗鲁野蛮，所以用"野"概括。"文胜质"则是更注重语言本身的效果，与作者对事物本身的直感印象或感受未必相同。掌文书之"史"是当时知识分子的主要职业，而"文胜质"则是知识分子最容易犯的毛病，所以孔子以"史"概括。孔子本人的主张是语言与思想的统一，是使二者相辅相成而不相害。正像我们现在也批评那些华而不实的文章，但那到底是有文化、有身份的知识分子写的，其中也不乏我们常常说的运用语言的"技巧"和"才能"，不是引车卖浆者之流的粗鄙的话。这个"史"虽是批评意见，但并无轻蔑意味。

总之，到了周朝，伴随着殷商国家政治统治地位的丧失，殷商人文文化的地位也一落千丈，殷商后裔或被视为"顽民""佞人"，或被视为"愚人""野人"，无不带有轻蔑的意思。

四

在殷商时代，殷商文化的影响是极其广泛的，"其势力所及之地，已东起山东半岛，西至陕西西部，南及江汉流域，北达河北北部。至于其文化对各地的影响，则大大超越了这一范围"[1]。但到了殷商时代结束之后，随着殷商贵族统治集团国家政治权力的丧失，殷商文化，特别是其人文文化就陷入十分孤立的地位，其影响范围也逐渐缩小到殷商后裔聚居的中原地区。主体性的丧失则是发生这种变化的主要原因。在殷商时期，殷人作为国家政治统治权力的象征，不论其内在的感受方式、思维方式，还是外在的礼仪形式、风俗习惯，都是不必接受他种文化的检验和评价的，在本民族内部行得通的就是对的，行不通的就是错的，即使变化，也是自己的变化，只有内部的分歧，没有这个民族或这个民族的文化在整体上的优与劣的问题。但当这种主体性的地位丧失之后，殷商民族及其文化直接由审判者沦为被审判者，殷商民族及其文化的优劣已经不是由这个民族或这个民族的文化习俗本身判定的，而是由其他民族及其文化的标准来衡量的，正像现在的河南人，到了北京，他是北京人眼中的河南人；到了广东，他是广东人眼中的河南人；到了山东，他是山东人眼中的河南人。人人都以自己的眼光看待河南人，但河南人却没有权力以自己的眼光看待北京人、广东人和山东人。这个文化处境可就悲惨了。我们知道，在武王克商之前，周已经与虞、芮等国结成联盟，而在武王克商之时，又联合了庸、蜀、羌、髳、微、卢、彭、濮等八个国家，带领的是"九国联军"，这八个国家遍及湖北、四川、陕西、山西等地，与此同时，殷商自身又有征伐"东夷"诸部落的历史，再加上内部的反叛，这时可以说是"众叛亲离""墙倒众人推"。及至周王朝统一了当时的中国，基本稳定了自己的政治统治秩序，不是殷商的后裔，谁还会以殷商的文化作为自己文化的标准呢？在这里，还有一个谁是殷商的后裔的问题。殷商文化是带有浓厚的宗教色彩的文化，但这种宗教仍然不是西方中世纪的政教分离的一神教的文化，而是具有泛神论性质、与政治权力紧密结合在一起的，所以所谓的殷商后裔，既不是以人种区分的，也不是以教宗或教派区分的，而是以其政治处境区分的。牧野之战以后，武王遂派太师吕望逐杀恶来、飞廉等殷商将领，此后又分兵四路，讨伐越戏方、陈、卫、磨、宣方、蜀等殷商的南国诸侯。根

---

[1] 胡厚宣、胡振宇：《殷商史》，上海人民出版社，2003，第52页。

据历史记载，四路征兵，共征伐九十九国，得馘首（割取的被杀死的敌人的左耳）十七万七千余，俘虏三十一万多人。在回师后举行的献俘礼上，武王亲自主持杀死殷纣及其臣僚一百人，由太师吕望主持杀死殷朝贵族，由军队将领主持杀死诸侯十个，最后又由司徒、司马杀死次等的战俘。所有这些地区，都在现在的河南境内。我认为，它们这种被军事征服、军事镇压的历史，将它们与周王朝的国家政治统治集团区别开来，也与其他地区的民众区别开来。严格说来，这些地区的民众才是我们观念中的殷商的后裔。在漫长的历史上，他们都是在殷商政治统治之下形成自己的生活习俗及其感受方式和思维方式的，是与殷商政治统治秩序取得了一定程度的适应性的。对殷商贵族统治集团的残酷镇压，也意味着剥夺了这些地区广大民众的生活习俗及其感受方式、思维方式在人类整体时空结构意义上的绝对合法性与合理性，永久性地产生了一个自我与整体的关系的问题。

在镇压了殷商贵族政治统治者之后，周王朝委派了自己的或者已经归顺了周王朝的旧的殷商贵族担任新的政治统治者。在这时，这些地区的文化开始呈现出明显的层级结构。这些新的政治统治者只是浮在这些地区的文化最上面的一层薄薄的文化浮沤。从政治结构而言，它体现了周王朝国家政治统治的意志，是更广泛意义上的周王朝国家文化的构成成分，同时也是与周遭地区的文化联系为一个整体的文化纽带。但必须看到，不论这个阶层在政治上多么强大有力，而在更宽泛的文化的意义上，他们都是在殷商后裔文化传统的汪洋大海包围中的少数人，在他们要将周王朝政治统治意志贯彻到这个地区的同时，也必须更广泛地接触乃至接受殷商后裔的文化传统，并与这个地区的民众构成一个统一的整体。这就决定了他们在文化上的二重性：在国家文化的层面上，他们属于周文化，但在更广泛的文化的意义上，他们又与更广大的殷商后裔的文化传统处在一个统一体之中，属于这个文化整体的一部分。这正像当代一些方言区的地方干部，既会说普通话，也会说地方话。在与外地人或更高一级政治领导交流的时候，他们说的是普通话，而在本地民众或干部之间，则说地方话。并且越到后来，他们越是将自己定格为这种地方文化，将本地的文化作为自己的文化，将本地的民众视为自己的民众，而将凌驾于自己之上的周文化视为他者的、国家的文化。作为周王朝最高政治统治者的近亲的管叔、蔡叔之所以联合殷纣之子禄父发动了针对周王朝国家统治的叛乱，就是因为在这时，这些殷商后裔才是与他们直接联系成一个整体的社会力量，这些殷商后裔的愿望和要求、感情和情绪，也直接感染到他们。为了防止殷商贵族的叛乱，周王朝对殷商贵族进行了多次强制性的迁徙，这在政治上无疑是有重要作用的，但在文化上，其作用则是微乎其微的，因为这种文化习俗不仅仅体现在少数具有政治反叛思想和政治反抗能力的贵族成员身上，同时也体现在全体殷商民众的日常生活和文化习俗上。我认为，这就是为什么周的文化传统没有在周王朝的政治统治中心得到更加有力的传承和发展，却在远离其中心的齐鲁诸国首先得到有力的传承和发展的原因。"齐一变，至于鲁；鲁一变，至于道。"（《论语·雍也》）孔子显然认为，鲁国的文化传统本身就是在周的治理下逐渐形成的，与周王朝的新文化传统更加接近，周的京畿地区的文化反而不如齐、鲁文化更加纯粹、更加清正。

齐、鲁古属"东夷"，虽然也是周王朝用军事征伐的手段占领的地区，但在此之前，它们尚处于由游牧文化向农耕文化转变的阶段，没有殷商后裔那样相对稳定的统一的文化习俗和生活方式，与殷商王朝的联系不是固定的。在武王克商之际，它们取的是观望的态度，但它们参与了武庚叛乱，周公在镇压了武庚叛乱之后举兵东征，征服了这些地区。吕尚治齐，周公之子伯禽治鲁，齐、鲁文化才有了自己较为稳定的文化形态，这就使它们的文化更以周的正统文化自居。我们看到，在先秦诸子的知识分子文化中，几乎只有孔子以及由他开创的儒家文化传统，才是以周王朝文化传统的继承者和发扬者的面目出现的，才是将周公作为此前全部文化的集大成者而宣扬、而崇拜的。孔子在匡（今河南境内）被人拘禁，他说："文王既没，文不在兹乎？天之将丧斯文也，后死者不得与于斯文也；天之未丧斯文也，匡人其如予何？"（《论语·子罕》）也就是说，周文王、周公这类周文化的代表人物去世之后，代表周文化的就是我孔丘了。只要这个世界上还需要周的文化传统，匡人对我就没有什么办法。"如有用我者，吾其为东周乎！"（《论语·阳货》）说明他的政治理想体现的就是周的国家的观念。他所说的"吾从周"，用现在的话翻译出来，就是"我"的文化就是我们这个时代——"周"——的主流意识形态、主流文化。孟子说孔子是"圣之时者也"（《孟子·万章下》），也就是说孔子的思想就是"周"这个时代的最先进的思想。

在全国范围内的知识分子文化（"士"文化）的历史上，殷商故地的知识分子文化是尾随齐、鲁文化之后而兴起的（按照我的看法，老子的宇宙观和人生观应该形成于孔子之前，但作为一种知识分子的文化学说，则是孔子思想在全国范围内发生了广泛影响之后才得到传播的，现有的《老子》文本也当形成于《论语》之后），这形成了这些地区文化结构中的第二个层面——知识分子文化层面。知识分子文化，就其本身就是参与更广泛的社会交流的文化形式，是带有更多的抽象性、普遍性、本质性和理想性的成分的，是对现实世俗生活的超越。但在孔子及其开创的儒家文化传统中，即使这种超越也带有更显著的现实性，并非依照个体生命的原则实现的个体自我的超越，这与他紧紧抓住了作为周王朝立国之本的周礼的本质特征有关。现实失落的是各种礼仪形式的本质意义，而不是这些礼仪的本身。这形成了儒家文化传统的柔韧性，一个知识分子的消失并不意味着他的思想的消失，任何时代的知识分子都可以重新捡起他的思想而继续他所追求的具有普适性价值的社会目标。"礼之用，和为贵"（《论语·学而》），人类社会的所有礼仪形式，都是为了缓和或消除社会矛盾的，所以只要人类社会存在着社会矛盾，就需要"礼"，而"礼"的目的就是为了缓和或消除社会矛盾。直到现在，直到未来，它都是社会所需要的一种思想形式，是无法从根本上予以颠覆的。但在当时的殷商故地形成的老子哲学和庄子哲学，则更是一种个体生命的超越形式，而不可能转化为当时社会绝大多数社会成员的世界观念和人生观念。我认为，在这里，我们应当意识到的是这些知识分子既不满于当地多数民众所传承的殷商人文文化传统（在这时是决定底层社会群众世俗生活面貌的因素），也不满于凌驾于自己之上的周王朝现实政治统治原则的纯粹个人的愿望和要求。不论是老子哲学，还是庄子哲学，既排斥底层社会群众根本无法超越的实利性原则，也排斥政治统治集团内部无法超越的权力原则，而只能是极个别既无衣食之忧，也不在政治权力关系之内的知识分子的世界观念和人生观念。像这样的世界观念和人生观念，是直接依存于这些知识分子自己的。有这类知识分子的存在，就会有这类知识分子的特定影响和特定社会作用，一旦这类知识分子在社会上消失，其社会影响和社会作用也就随之消失。与此同时，老子哲学和庄子哲学总是以首先存在着底层社会群众的实利愿望和政治统治集团内部的权力愿望的前提下才具有自身的特定意义的，离开了这个人类社会的大背景，它们的"超越"也就成为无所"超越"，它们的"虚无"也就成为真正的"虚无"。也就是说，在殷商故地的文化结构中，先秦知识分子文化也只是一层薄薄的文化浮沤，无法起到从根本上改变殷商文化习俗的作用。它远不像齐鲁文化那样，能够逐渐向上、下两层的社会浸润，而成为社会的主流文化，成为整个社会的文化规范。

这些地区文化结构中的第三个文化层面就是在六百年漫长的历史过程中逐渐形成的文化习俗了。只要我们注意到像闽语方言区、潮汕方言区、粤语方言区的方言至今存在的历史事实，我们就会感觉到一个地方的文化习俗的超稳固的性质了。这种文化习俗一旦形成，就成为这个文化共同体约定俗成、不需思考、也不能改变的固定文化形式了。它是与这个文化共同体的存在相始终的，只要这个文化共同体没有破裂的迹象，这种文化习俗就不会发生根本的变化。直至孟子，还慨叹道："天下归殷久矣，久则难变也。"（《孟子·公孙丑上》）而最难变的则莫过于以文化共同体的形式传承的殷商文化习俗了。在这个意义上，它不仅包括原住民，而且会将从上两个层面上不断坠落下来的社会成员鲸吞到自己的肚腹中，同化为这个文化共同体的有机组成成分，其中也包括出身于周王朝贵族家庭的成员。如上所述，当上两个层面的社会成员在本地区内部进行各种形式的交往活动时，其实也是这个文化共同体中的构成成分之一。在文化习俗上，多数的力量就是统治的力量。

五

我们的书面文化，是从春秋战国时期逐渐发达起来的；我们的历史，也是由这个时期以及此后的知识分子具体书写的。殷商时期仅仅有极其简略的甲骨、金文的记事，并且多是卜筮结果。这就决定了我们的殷文化的观念更多地受到周文化的影响，是在对它的直接否定的意义上建构起来的。直到一些现代的历史学家，才对儒家文化对它的描述提出了质疑，甚至认为殷纣也不像儒家知识分子所宣扬的那么荒唐堕落，不失为一个英武的勇于改革的君王。但是，殷商文化与周文化到底是两种不同形态的文化，仅仅用一种文化价值标准是很难得出一个令人信服的结论的。我们只能说，不同的文化形态有不同的文化功能，一种文化形态的消失也就意味着一种文化功能的削弱，后起的文化代替先在的文化不是在一切方面都表现为一种进步性的变化，而是在它所重视的方向上有了某种程度的进步，而这种进步又常常是以固有文化功能的削弱为前提的。

如果我们从最单纯的意义上比较殷文化与周文化的不同，就是殷文化是一种更加单纯的、直接的权力文化，这种文化是以武力为杠杆的，并且是一种高度统一的文化，它的所有人文文化的要素都是被有机地组织进这种高度统一的权力文化结构之中的，没有任何一种人文文化能够独立于这种权力文化结构之外，并且能够起到从根本上瓦解这种权力文化结构的作用。要说专制，殷文化才是一种纯粹的专制文化，帝王的权力除了通过卜筮受到更高、更大的权力（"天""天命"）的限制之外，没有任何一个人能够限制他，正像没有任何一种力量能够限制国家一样。帝王就是国家，国家就是帝王。全部的国家权力都是属于帝王的。我认为，儒家文化对殷纣各种残暴行为的揭露在事实的层面上大体应该是真实的，但在其文化的层面上则是不真实的，因为在当时的文化的意义上它是强化政治帝王统治权力的需要，而整个社会的统一和国家的强盛也正建立在这种在后人看来极其残暴的专制基础上，它是获得国人信仰的唯一形式，因为当时的国民不是在其"善良"的意义上接受政治帝王的统治的，而是在其拥有不可抗拒的政治权力和充分运用这种权力的勇武精神的意义上接受他的统治的。这是一个"武化"的社会，脱离"武化"的"文化"不仅在政治帝王那里不受重视，即使在被专制的底层社会群众中也不受重视。"天"通过惩罚的手段统治世界同"帝王"通过惩罚的手段统治老百姓同样是天经地义的。到了周王朝，文化才开始以独立的形态进入到中国社会，周在用武力征服殷商的同时不能不另外建立起一套文化的价值标准，这一套价值标准是以政治统治对于被统治的人民的意义为基点的。不论在事实上是怎样的，但至少在观念上武力镇压的手段不再是唯一合理的因素，它还必须符合某种文化标准，这决定了孔子等知识分子阶层的产生，而这个知识分子阶层就是以文化思想的建构为其主要的职责的，它在观念上可以不受"天"和"帝王"的统治，"天""帝王""圣人"的三极结构开始形成。毫无疑义，知识分子文化的产生是人类文化史上的一件大事，是人类历史进步的重要标志，从其长远的观点来看，它是降低政治统治的残暴性，提高人对自然世界、人对现实社会的主体性地位的巨大杠杆。但这是从知识分子文化的独立作用及其发展的总趋势所做出的分析，并不意味着作为整体的周文化以及体现周文化基本特征的儒家文化，就是在全面的意义上较之殷文化更加合理、更加优越的文化。

作为体现周文化基本特征的儒家文化归根到底还是一种政治文化，它是从周公的政治实践中抽象出来的一种政治统治手段。实际上，周公在周王朝建立和巩固的过程中所发挥的历史作用，是建立在他的军事征伐和军事镇压的基础之上的，如果没有他的大规模的军事征伐和军事镇压的政治实践，他的所有的国家理论和礼仪建制，都是不可能得到社会的承认的，也是毫无意义的。在周公那里，"武化"与"文化"只是他的政治思想的两翼，并且是以"武化"为本，以"文化"为辅的。孔子在本质上只是将周公政治思想中起辅助作用的"文化"的一翼从整体中独立出来，并将其具体化、系统化，作为自己文化思想的整体，也作为整个社会文化思想的整体。这使他的思想从根本上不是一个完整的政治思想体系，而只是一个将"武化"淹没在半虚空的话语形式之中的政治思想学说，这不但决定了它在此后的发展中必然与国家政治统治以及体现其本质特征的法家文化相结合，而且即使在这种结合中也起到掩盖国家政治本质职能的作用。儒家文化的普及，降低了政治帝王个人的残暴程度，但却将政治的权力普及到社会生活的各个侧面，其中也包括人的思想意识的内部，将思想的专制与政治的专制有机结合起来，更提高了社会专制的程度及其规模。在这个方面，我们看到，殷商文化又是有自己相对的优越性的。即使从殷纣残暴行为的儒家描述中，我们也可以发现，他的残暴行为几乎仅仅局限在政治统治集团的内部，是对那些直接威胁到他的政治统治权威的贵族成员的残酷镇压，而对那些进入不到他的直感、直觉范围之内，远离他的政治统治的中下层社会民众，他的专制的神经远不如后代帝王那么敏感，因而也触不到他的逆鳞。像后代文字狱那样的大规模的文化灾难，在殷商时代更是不可能发生的。也就是说，当周王朝建立之后，殷商文化作为一种完整的文化形态还是有其独立存在的可能性及其价值和意义的，正像斯巴达文化相对于雅典文化在当时仍然有其独立存在的价值和意义一样。这是两种不同的文化形态，各有其存在的可能性及其价值和意义。雅典的民主精神与斯巴达的勇武精神在古希腊时代同样是人类社会不可缺少的两种精神类型。它们在各自不同的方向上表现出自己的生命活力，但也在各自不同的方向上表现着人类社会的不够完善和完美。但在中国当时的历史条件下，殷商文化却不是作为一种独立的文化形态存在和发展下来的，而是在逐渐发展起来的周文化的挤压下以残缺不全的形态被压抑在殷商故地的底层文化中默默地存在并延续下来。

　　首先，我们必须意识到，进入周王朝之后的殷商人文文化，已经是一个群龙无首的文化，因而也不再具有一种统一的整体的力量。像殷商文化这样单纯的权力文化，是以有一个最勇武有力、以执掌最高权力为其要务、因而也较少被个人感情所左右的统治者以及围绕他形成的这样一个统治集团为前提的。有了这样一个统治者和这样一个统治集团，就能像它在殷商时代一样，将整个文化共同体联系成一个统一的意志，统一的力量，并在抵御外敌、压制内部叛乱的基础上维持自己独立的存在，但周的军事征伐彻底摧毁了能够将殷商文化共同体的力量凝聚在一起的最高政治统治者以及忠于这个最高政治统治者的贵族集团，这就使殷商人文文化陷入群龙无首、一盘散沙、整体上毫无力量的状态。就其内部关系，它还是依照权力的关系联系在一起的，但这些权力分散在各个不同的人和不同的小的集团的身上，没有任何一种力量能够控制起其他所有的力量而成为这个整体的主宰，从而也将这个文化共同体的力量集中在一起。否则，它就会与周王朝的国家政治统治发生直接的矛盾而受到周王朝政治统治的残酷镇压。这些分散的权力互相对立，互不服气，一代代人都将自身的能量消耗在自己内部的斗争中，这种文化习俗不断得到传承，但又无法取得自身的发展。

　　任何一种文化的发展，都是从个人或少数人的自我发展开始的，但在国家主流意识形态已经发生根本变化的条件下，这些殷商人文文化共同体中的个人或少数人的发展不是通过殷商人文文化的自身发展而实现的，而是通过进入一种异己的国家主流意识形态并以此进入国家官僚系统而具体实现的。他们从儿时开始在本地人文文化关系中所习得的是一种文化，而在学校教育以及此后的文化实践、社会实践中习得的在本质上又是另外一种文化。前一种文化是内在于自我的感受世界和感受人类社会的一种方式，是潜意识或半潜意识中的东西，而后一种文化则带有更明确的理性色彩，是意志性或半意志性的东西。这正像当代中国的外国留学生，在留学之前，他们是在中国当代文化内部形成自己最初的感受方式和思维方式的，而在留学期间，自觉学习的则是西方的文化知识或技能，他们的文化心理结构实际是这两个时期所接受的文化信息的各种不同形式的结构体，但在其意识中，特别是在中国文化在世界范围内还没有更加广泛的影响、西方文化在整个世界上仍然处于主流文化地位的时候，这些留学生往往是将自我仅仅作为西方文化的传承者，也将自己的贡献视为西方文化的历史贡献的。我认为，中国古代殷商文化在此后的发展就是通过这种被异化了的形式，在周文化以及体现周文化基本特征的儒家文化的范围内实现的，但这也造成了这些知识分子本身的尴尬：他们对周文化以及体现周文化基本特征的儒家文化做出了为其无法替代的巨大贡献，但在周文化以及体现周文化基本特征的儒家文化的价值观念体系中，却无法得到完整的理论性的说明，因而也多多少少被视为一种异己性的存在；他们将殷商人文文化的价值观念提高到了新的时代的高度，实现了对新的历史时代整个文化系统的超越，但由于是在当时主流意识形态的形式下具体实现的，所以没有人（包括他们自己）将这种超越视为殷商文化自身的发展和超越，因而对于殷商故地人文文化习俗的影响只是表面的、非根本性的。在这里，我们充分意识到周文化是在解构殷商人文文化的历史过程中重新建构起来的一种新的文化形态，是十分必要的。在周文化以及体现其基本特征的儒家文化传统中，殷商人文文化传统始终是以头脚倒置的形式得到呈现的，它对殷商人文文化的描述不是为了进一步强化它、发展它或者修正它，而是为了从根本上颠覆它。它对殷纣的描述不仅仅是为了推翻殷纣个人的残暴统治，更是为了从根本上瓦解整个殷商国家的政治统治，以由自己取而代之。但这也充分说明，不论殷纣在平时有过多么残暴的行为，但在这时仍然体现着这个国家的整体命运，而在武王克商的过程中，他并没有为了一己的苟活而采取妥协投降的方式，而是在奋力抵抗失败之后自杀身亡（用现在的话说就是"以身殉国"）。仅仅站在殷商这个国家的立场上，他所表现出来的不能不说是一种英雄气概，而被周王朝以及体现周王朝国家立场的儒家文化所极力赞颂的箕子、比干和微子，不论在其具体问题和私人关系中具有怎样的合理性，但从殷商国家的整体利益出发，他们则是一些削弱了国家的统一性和整体性的人物，特别是微子，更是一个明显的"投降派"。不难看到，这种为颠覆一个国家而对敌对国家的人文文化关系所做出的实利性的描述，在本质上不是一种真正的国家理论，这在中国历史上为大量政治官僚在平时争权夺利，而在国家危亡之时则将全部责任推卸在帝王一个人的残暴统治上，自己则采取屈辱投降政策提供了理论的根据。也就是说，周王朝及其体现周王朝政治、文化立场的儒家文化对殷商人文文化的描述，在本质上不等同于立于殷商国家立场的描述。这两种描述的价值和意义是各不相同的。在此后的历史发展中，我们没有理由要求知识分子仍然立于殷商国家的立场上描述前代的文化现象，但从文化心理的角度，我们却不能不注意到它对这些地区知识分子的无形影响。

下面，我们具体分析几个中国古代历史上著名的河南籍知识分子及其在整个中国古代文化史上的尴尬地位。

六

我认为，在中国古代儒家文化的发展历史上，有三个人物是贡献最大的：孔子、董仲舒和朱熹。孔子是儒家文化的开创者，并直接影响到儒家文化传统在先秦时期的正式形成，但将这个文化传统正式提高到国家意识形态高度的则是董仲舒。这也决定了儒家文化在经受了秦始皇"焚书坑儒"的劫难之后重新得到繁荣发展并具有了国家意识形态的崇高地位的历史命运。朱熹则是在理论上将其完善化、系统化并使儒家文化独霸了中国的学校教育和国家教育舞台的人物。但不论在中国古代的儒学学术史上,还是在现代新儒学家的观念中,董仲舒都没有上升到"圣人"的高度,而孟子、朱熹都是较之董仲舒更受儒学家重视的人物。董仲舒就是河北人,他对儒家文化的贡献恐怕是任何一个人都心知肚明的,但儒家知识分子显然不愿承认他的贡献的重要性,正像不愿承认正是国家的政治权力支撑了整个儒家文化的大厦,使儒家文化在中国的历史上得到了较之道家文化、道教文化、佛教文化、墨家文化乃至法家文化更加长足的繁荣和发展。与此同时,他们也不愿承认儒家知识分子不仅依靠儒家文化本身,同时也依靠国家政治权力的支持,其中也包括各种文化专制的手段,才得以站在中国古代文化的前台,成为中国历代的文化精英的。董仲舒的敏感性,恰恰在于他对政治权力的敏感性,他不但敏感到国家政治权力对于一种文化存在和发展的不可替代的关键作用和意义,同时也敏感到儒家文化对一个国家统治政权的不可替代的价值和意义。我认为,这正是在殷商人文文化中较之在其他文化中更容易意识到的东西,也是董仲舒较之其他儒家知识分子更加质直的特征。如果说孔子、孟子、荀子是站在自己的文化立场上观察、分析和评论国家政治的,董仲舒则是站在国家政治的立场上观察、分析和评论知识分子的,他重新将文化的权力转交到国家政权的手中,像殷纣可以按照自己的意愿统治整个社会一样,帝王也可以按照自己的要求统治整个社会的文化、整个社会的知识分子。董仲舒的国家观念与其说更接近儒家的国家观念,不如说更接近殷商时代的国家观念,他将儒家的"天—帝王—圣人"的三极结构重新纳入殷商时代的"天—帝王"的两极结构之中去,圣人也只不过是引领臣民维护现实国家政权的一个亡灵罢了。先秦儒家是独立于国家政治之外的,是以传播思想为自己的主要职责的,所以他们不但在理论上重视人际关系的调整,即使在自己的做人原则上,也是主张"毋意、毋必、毋固、毋我"(《论语·子罕》)的,特别是孔子,从不将自己的思想强加于人,更不会用政治的手段消灭自己思想上的敌人。而董仲舒的"罢黜百家、独尊儒术"则有一股文化的霸气，把话说得有些"绝"，不但被罢黜的"百家"不会多么喜欢他，即使当时的儒家知识分子大概也不会感到他有多么亲切。实际上，董仲舒对儒家文化的贡献，更属于文化策略的层面。他是将一种东西（儒家文化）放到别人（属于政治帝王的国家政权）的盘子里，从而将其他的东西（"百家"）从这个盘子中剔除出去，以使这个盘子更加实用，也更加好看。所有这些东西都不像孔子思想那样，是体现其本人的内心愿望的东西。他只不过是给别人出了一个绝好的"点子"，这个"点子"帮助了国家政权，也拯救了儒家文化，但不论是国家政权，还是儒家文化，又都不将其视为"自己的"人。至于他自己的思想，正如李泽厚所说，"董仲舒的贡献就在于，他最明确地把儒家的基本理论（孔孟讲的仁义等等）与战国以来风行不衰的阴阳家的五行宇宙论具体地配置安排起来"[1]。实际上，不论他的权力观念，还是宇宙观念，都与殷商文化有着千丝万缕的联系。那个时代的宗教意识，那个时代的权力意识，仍然是他的思想的两大支柱，但他却将所有这些东西都自觉纳入了周的主流意识形态的形式中——将别人的头，安到了自己的躯体之上。

　　与董仲舒前后遥相呼应的是唐代的韩愈。董仲舒是汉代的大儒，韩愈是唐代的大儒；董仲舒"罢黜百家，独尊儒术"，从汉初道风中树立起儒学的权威，韩愈则攘斥佛老，推尊儒学，在魏晋南北朝以来的佛老潮流中支撑起儒学的骨干，为宋明理学的昌盛奠定了基石。他也是河南人，但也是一个当代新儒家不那么崇拜的人物。从汉代以来，儒家知识分子就有"武死战，文死谏"的说法，但在我看来，这个传统恰恰不是先秦儒家知识分子的原装货，而是在儒家知识分子对殷商人文文化传统的描述中以倒影的形式体现出来的。孔子游说诸侯，为的是推行自己的思想主张，"危邦不入，乱邦不居。天下有道则见，无道则隐"（《论语·泰伯》）、"道不同，不相为谋"（《论语·卫灵公》）、"邦有道，危言危行；邦无道，危行言孙"（《论语·宪问》），有什么必要为了帝王的政权搭上自己的一条小命呢？曾子说："君子思不出其位。"（《论语·宪问》）就是

---

[1] 李泽厚：《中国古代思想史论》，人民出版社，1985，第145—146页。

说，每个人都要在自己的社会地位上思考问题，做好自己能够做好的事情，若自己不是皇帝而站在皇帝的立场上思考问题，就会把事情想"拧"了，得出的结论也是似是而非的结论。孟子是喜欢教导帝王的，但他更重视启发帝王的良知，不只是提意见，帝王不听他的劝告，他也绝不强求。"可以仕则仕，可以止则止；可以久则久，可以速则速。孔子也……吾未能有行焉，乃所愿，则学孔子也。"（《孟子·公孙丑上》）韩愈则是一个好向帝王提意见的人，并且直言直语，总是以自己的意见为对，不是商量的口气，最后则因为谏迎佛骨而被贬潮州，"一封朝奏九重天，夕贬潮阳路八千。"（韩愈：《左迁至蓝关示侄孙湘》）闹了一肚子不愉快。实际上，从现在来看，他的建议也未必是那么合理的，并且字里行间充满对佛教文化的杀伐之气。"不塞不流，不止不行。人其人，火其书，庐其居"①，话说得太绝了，皇帝若是这样对待儒家文化，儒家知识分子也是难以承受的，与孔子"己所不欲，勿施于人"（《论语·卫灵公》）的教诲是背道而驰的。其实，只要从人格模式的角度，我们就会感到，韩愈不像孔子、孟子、荀子等先秦儒家，倒更像先秦儒家所表扬的殷商时期的箕子、比干、微子这样一些直言敢谏的贵族官僚。但先秦儒家之赞扬他们，是为了揭露殷纣的残暴，从根本上瓦解殷商政权，韩愈则是为了现实政治统治的巩固。既要为皇帝服务，又不照顾皇帝的面子。皇帝怪罪下来，就有些哑巴吃黄连——有苦无处诉了。

在韩愈之前，唐代还有诗人杜甫，也是河南人。我们通常将他归入儒家文化传统，称之为"诗圣"，但严格说来，"诗人"就是"诗人"，不是思想家，归到哪个思想传统之中去都是有些牵强的。我认为，倒是杜甫，更能够体现殷商故地一般老百姓性格上的基本特征。这里的老百姓，是从周初就被国家政权和国家主流意识形态压在了地底下的，国家不是自己的，国家的主流意识形态也不是自己的。既不像高俅，可以为所欲为；也不像武松，虽然身在缧绁中，但满肚子正义感，一路杀去，都认为自己是在"为民除害"。他们是身也不自由，心也不自由，身心的

---

① 韩愈：《原道》，载阎琦校注《韩昌黎文集注释》上册，三秦出版社，2004，第23页。

痛苦，除了彼此诉说诉说减轻点思想压力之外，自己是无法改变的。到了后来，大量殷商时期的旧贵族也沦落到这些民众中来，甚至周以后历朝历代贵族世家的子弟也沦落到他们之中来，但这并不能影响这种感受世界、感受人生的方式的传承。杜甫是个知识分子，有了点国家意识，就将所有的苦难都算在社会动乱的头上，但仍然无法摆脱自己的无力感。他不像李白，今朝有酒今朝醉，就"思想"，比杜甫消极多了，但就个人的"精神"，却不失豪迈之气。直至现在，普通的中国人还是看不起知识分子的，除非知识分子比他们还有钱、有权，否则，就感到中国知识分子身上有股穷酸气。杜甫的好处是没有酸气，穷而不酸，但他好哭穷，又不想办法使自己富起来，所以他的诗很沉重，像铅一样沉重。他是地地道道的一个"苦难诗人"，不仅仅政治家不喜欢他，革命家也不喜欢他；不仅仅才子文人不喜欢他，普通老百姓也不会喜欢他。政治家不喜欢他是因为不愿负起救治社会苦难的这份责任；革命家不喜欢他是因为想负起这份责任而像杜甫这类人自己不会去革命；才子文人不喜欢他是因为他搅了才子文人的清梦，使他们的心活泼不起来；老百姓不喜欢他是因为自己的苦难更沉重，更无法改变，你杜甫还哭穷，叫我们怎么活？直到当代社会，听说毛泽东喜欢唐代三李（李白、李贺、李商隐）的诗，言下之意就是不太喜欢杜甫的诗，郭沫若则在《李白与杜甫》中公开表示了对杜甫的不满。虽然在学理上很难站得住脚，但作为郭沫若个人的感受，别人却是无法改变的。其实，杜甫也与董仲舒、韩愈有些相像，即他们的贡献，谁都无法否定，但要说从内心就亲近他们，却也未必。

　　到了宋代，河南又出了二程（程颢、程颐）。在理论上，二程上接孔孟，下启朱熹，在中国儒家思想史上的贡献是谁也无法否认的，但到了具体的文化环境中，二程与孔孟、朱熹特别是与孔孟的差别还是非常明显。司马迁说："《诗》有之：'高山仰止，景行行止。'虽不能至，然心乡往之。余读孔氏书，想见其为人。适鲁观仲尼庙堂、车服、礼器，诸生以时习礼其家。余祗回留之不能去云。天下君王至于贤人众矣，当时则荣，没则已焉，孔子布衣传十余世，学者宗之，自天子王侯，中国言六艺者，折中于夫子。"（司马迁：《史记·孔子世家》）孔子的人格魅力及其在社会上的影响，从司马迁这个并非儒家的知识分子的眼里看来，仍然是一目了然的。孔子出身贫贱，既不像信陵君、孟尝君、平原君那样能够供给门客饮食，也不像后来的科举制度那样能为学生提供一个读书做官的具体途径，但自愿往学者仍然络绎不绝，弟子三千，贤者七十二。这些弟子出身不同，性格各异，后来"儒分为八"[1]，说明其思想也不是完全统一的，但孔子却能够各依其性而教之，各依其长而用之，所有的弟子都能够从孔子身上感到对自己的温暖和关怀，都能够从其教诲中受到教益、感到成长的乐趣，因而也都对孔子怀有一颗敬仰之心。所有这一切，都反射出孔子的思想不只是一些原则，一些教条，一些做人的道理，而是从其对人类社会、对他的每一个学生的前途和命运的真挚关怀中自然生成的。到了孟子，就有了"党同伐异"的倾向，但他既有"伐异"的气概，也有"党同"的胸怀，仍然不是以个人的道德品格的修养为主要目标的，而是从对"人"、对"民"的真诚关怀出发的。彭更说他"后车数十乘，从者数百人，以传食于诸侯"（《孟子·滕文公下》）。他既非官，也非商，是什么力量将这些学生召唤到他的身边来？除了他的学问，肯定还有一种人格的魅力，一种对他的学生们的真挚关切之情。在理论上，我们很难说出二程的理论与孔孟有什么具体差别，甚至会感到他们的思想比孔孟的更加严密、更加完备，孔孟说的，他们都说到了；孔孟没有说的，他们也都说到了，可谓"头头是道""博大精深"。但到了当时的社会上，我们就会感到，他们是对任何一个社会阶层的人也没有割不断的精神联系的人：他们是政治官僚，但他们对当时日趋衰败的朝政并没有急切的关怀，否则他们就不会因为某些改革官僚个人道德上的原因而极力反对王安石的变法，而孔子则是有"知其不可为而为之"的坚韧精神的；他们是知识分子，但他们对底层社会民众的苦难也没有急切的关怀，否则他们就根本无法心平气和地与当时的政治统治者长期合作，而孟子则是有指斥那些不关心民众疾苦的政治统治者"率兽食人"的气概的；在政治官僚集团内部，他们既与改革派官僚没有

---

[1] 韩非子：《显学》，载陈奇猷校注《韩非子新校注》下册，上海古籍出版社，2000，第1124页。

共同的语言，也与保守派官僚心存芥蒂，与任何人都构不成我们所说的那种"莫逆之交"的情感关系。"圣人之喜，以物之当喜；圣人之怒，以物之当怒；是圣人之喜怒不系于心而系于物也。"①这在理论上，好像也无可指责，但到了孔子那里，就说不通了。对于孔子，何物当喜？何物当怒？若没有孔子的仁爱之心，怎么感受出来的？怎么分辨出来的？怎么说"不系于心"只"系于物"呢？这种理论，实际上是那些总是按照当时主流意识形态的固有原则和教条设计自我和他人的思想行为的知识分子最容易发生的错觉。有人问："或有孤孀贫穷无托者，可再嫁否？"程颐回答说："祇是后世怕寒饿死，故有是说，然饿死事极小，失节事极大。"（《二程粹言》卷22）直至现在，人们还以此作为攻击儒家妇女观的主要证据，但实际上，这并不符合孔子、孟子思想的原意。孔子、孟子都是歧视妇女的，但他们对妇女的歧视来源于当时的男权社会，他们的文化也是建立在男权社会基础上的文化。孔子说："唯女子与小人为难养也。近之则不孙，远之则怨。"（《论语·阳货》）是说女子和小人的自然愿望和要求与当时男权社会的秩序化要求都有无法避免的矛盾和差异，迁就了他们的愿望和要求，就会破坏社会的正常秩序，而如果不照顾他们的愿望和要求，他们就会感到冤屈，产生怨恨情绪，所以很难处理与他们的关系，但这绝不意味着孔子对他们的生死存亡也是漠不关心的。孟子也是主张男尊女卑的，但当淳于髡问他，"男女授受不亲"是一种"礼"，如果嫂子掉到了水中，应该不应该伸手将她拉上来的时候，孟子则回答说："嫂溺不援，是豺狼也。男女授受不亲，礼也；嫂溺援之以手者，权也。"（《孟子·离娄上》）由此可见，在孔子和孟子那里，任何原则和教条都是可以变通的，而变通的根据就在于他们对人的生死存亡的真诚关心。为了整个社会的安定团结，他们要求所有的人都要付出一定的牺牲，但却不是牺牲他们的物质生命（除非他们是自觉自愿的，而这些自觉自愿为社会献出自己生命的人，孔子、孟子都认为应当受到世人格外的尊重）。实际上，如果程颐重视的不仅仅是孔孟之道的原则和教条，而是他们对人、对人类社会

---

① 程颢：《答横渠先生定性书》，载《程式文集》卷2。

的真诚关怀，他原本是可以找出多种变通的办法的：对于贫穷无托的孤孀，其夫家的家族有没有义务尽到赡养的责任？当地的士绅有没有责任提供经济上的帮助？当地的政府有没有必要给以基本生活的保证？如果所有这些人都不愿，也不能保障她们的基本的生存权利，别人又有什么资格反对她们改嫁呢？嫂溺不援，是豺狼也；人死不救，亦豺狼也。在这时，"听其自便"，不也是一种权变之策吗？……总之，二程与董仲舒、韩愈一样，在中国儒学发展史上的贡献是人所共知的，但人们在崇拜他们的思想的时候，却未必亲近他们这两个人。

先秦儒家，就地域而言，是东夷儒家、山东儒家，不仅孔子、孟子都是山东人，荀子也是在山东授徒讲学的；就"出身"而言，是"士"的儒家、早期独立知识分子的儒家；就内容而言，是以培养"君子"为目标的，是"立人"的。但先秦儒家，尽管是从周王朝整个政治体系中独立出来的，但所阐扬的却是国家的那些非本质的方面，而将其体现国家根本命脉的兵、刑、法、术等置于极其次要的地位。这就影响了儒家知识分子与国家政治的结合，而当时的国家政治却恰恰是知识分子能够发挥其独立作用的最广大的现实空间，这种状况最终导致了秦王朝"焚书坑儒"这样的儒家知识分子的大劫难。所以，山东儒学，与其说是向上蒸发的，不如说是向下浸润的，它的各种外在的礼仪形式和内在的思维形式、情感形式更多地转化为民间的传统，成了在山东平民百姓中居于统治地位的文化价值系统，这个文化价值系统是以在上下等级关系中的人与人之间的情感联系为主轴的。从董仲舒经由韩愈直到二程，则是中原儒学、河南儒学。就出身而言，他们都是国家官僚，是官僚知识分子；就内容而言，是以服务于国家整体发展为宗旨的，带有明显的国家主义性质，可以称之为政治儒学，因而也将儒学权力化、理念化、规范化了，它所不自觉地复活的恰恰是殷商时代那种中央集权的、高度统一的、上下一体的国家文化，是以儒家思想的形式建构起来的国家的整体模式，从而也将先秦法家、先秦道家、阴阳家等多种学派的思想按照国家统一的需要吸收到儒家文化之中来，但却吐出了这些思想学说的外壳。但也正是这些官僚知识分子思想的整体性和概括性，使其思想具有了超凡脱俗的性质，不但不是那些与国家命运极少直接联系的普通平民百姓可以生成和接受的思想，而且也不符合那些对国家整体发展缺乏责任感的政治官僚的个人利益。这就是为什么这些人在儒家思想史上都做出了为其他人所未曾做出过的巨大贡献，而又不被上下两层的多数人所亲近、所喜爱的原因——国家亦即国家的整体需要，永远不等同于任何一个人（包括皇帝本人）的自然需求，它是透着权力的寒意的东西。

　　二程之后，儒学南移。从内容和形式上，以朱熹为代表的南方儒学直接继承着中原儒学。但是，二者的文化背景却极为不同。仅就文化背景，与其说以朱熹为代表的南方儒学更接近以董仲舒为代表的中原儒学，不如说更接近以孔子为代表的山东儒学。当孔子创立自己的思想学说的时候，他所背靠的是一个尚没有形成自己固定的文化传统，甚至也没有自己独立的文字语言的东夷百姓，孔子的思想学说以中国文化传统的继承者的身份，第一次给社会民众，包括国家政治统治集团提供了一个超越性的人文价值体系，这种文化价值体系同时也赋予孔子本人以明确的、充分的价值感觉——孔子与其思想学说呈现着高度统一的形态。以朱熹为代表的南方儒学背靠的也是这样的民众。当南方儒学兴起的时候，南方各个不同地区的生活方式还是分散的，各不相同的，知识分子更是凤毛麟角，与国家文化只有极其松散的联系，当朱熹等南方儒学家接受北方的儒学传统的时候，他们不但感到是在接受自己过去所从来没有接受过的一个博大精深的崭新的思想体系。同时也感到这个体系将自我提升到了一个超越于周围整个社会环境，与整个国家、整个"天下"融为一体的更高的思想境界。这正像中国早期马克思主义者接触到西方马克思主义思想体系的时候，便把西方马克思主义的价值和意义同自我生存的价值和意义等同起来一样。这就使朱熹对他的思想具有更高的热情、更执着的精神，也有更加开阔的视野和更加雄大的气度。如果说山东的儒学更是平民百姓的儒学，如果说中原儒学更是官僚知识分子的儒学，南方的儒学则更是所有儒家知识分子的儒学。实际上，直到现在，在山东，最重视道德的还是平民老百姓，他们认为有权的人是有能力的人，有钱的人是生活幸福的人，知识分子是聪明的人，但都未必是有道德的人，而只有没有做过亏心事的忠厚老百姓才是真正讲道德的人，才是"好人"。而在南方，倒是成功的企业家、高级的官僚、有名望的知识分子，才更加重视国学、重视儒家的伦理道德，因为没有读过书的普通老百姓只是按照当地的风俗生活着，关心的只是自己的口腹之欲，并不知道孔子、孟子讲过一些什么样的道理，知道这些道理并感到这些道理的重要性的，只是那些读过孔子和孟子的书而又从事各种不同职业的知识分子。中原地区的情况可能更复杂一些，但从总体来说，我认为大概更是那些像焦裕禄一样感到自己有为国尽忠、为民尽力的责任的地方官僚和知识分子，才感到自己是道德的。对于他们，责任感与道德心是统一在一起的，只说不做的达官贵人、富豪巨商和只为自己做而不为集体、国家做的普通老百姓，是建立不起自己的道德自尊心来的。

河南对佛家文化的贡献也是十分显著的，那就是它孕育了少林寺文化。我们看到，即使在世界范围内，少林寺文化也是一种独树一帜的宗教文化。我们应该如何定义少林寺文化呢？我认为，少林寺文化实际就是武化的佛教文化，武化的宗教文化。宗教是精神性的，武化则是物质性的。这里有武化的精神（将物质精神化），也有精神的武化（将精神物质化）。实际上，殷商文化的本质不就是这种武化的精神和精神的武化吗？

七

河南文化是一种被斩首了的殷商文化，中原儒学实际只是殷商文化的一种换头术。

但是，这种换头术是不可能取得成功的。这正像一个替考生，即使考得很好，上大学的也是别人，而不是自己。实际上，董仲舒、韩愈、二程之对中国文化的贡献，更是殷商文化对中国文化的贡献，他们都是在一个统一的国家政治体制内部并为这个体制服务的，他们的贡献归根到底必须以对这个体制的加强和巩固做标准，其性质也是国家主义的。他们更像殷商时期的"史"，从事的只是国家的一项事业，而这项事业则是在政治帝王直接领导下进行的，是为国家政治服务的，而先秦儒家的文化则是独立于国家政治体制之外的知识分子文化。

董仲舒、韩愈、二程的贡献在本质上是殷商文化对中国文化的贡献，但却不可能被后人纳入殷商文化传统中来理解和运用，因为他们的贡献从一开始就是被纳入先秦儒家的思想形式之下的。直至现在，中国知识分子仍然认为中国古代只有一种政治传统，那就是在周灭殷之后生成和发展起来的儒家政治文化传统，而不存在另外一种不同于这种文化传统的殷商文化传统。所以，中国知识分子不像西方知识分子那样，将同是奴隶制的雅典和斯巴达视为西方的两种政治传统，并在这两种传统的消长起伏、相互促进中意识西方政治制度的演变和发展。在儒家思想史上，董仲舒的思想不是一种独立的思想，而只是对先秦儒家思想的提倡和拥护，此后的知识分子并不将董仲舒的著作作为儒家思想的经典，而仍然将先秦儒家的经典作为唯一的经典。所以，历代中国古代知识分子是在先秦儒家的经典中形成自己最初的社会理想和人的观念的，但这种社会理想和人的观念并不符合国家政治体制自身的要求，尽管仍然会有极个别的知识分子像董仲舒、韩愈一样，能够将先秦儒家的思想学说直接转化为对国家政治统治体制自身的整体关怀（不是对政治帝王的愚忠愚孝或被动服从），但越来越多的官僚知识分子则会在国家政治环境中迅速丧失先秦儒家的社会理想和人的观念，因为国家政治体制内的社会环境并不适于先秦儒家社会理想和人的观念的生成和发展。而那些根本无法进入高层政治统治集团的在野知识分子、中下层官僚知识分子则即使建立起自己的这种社会理想和人的观念，也必然是空洞的、茫漠的，因为像孔子、孟子那样在社会上自由宣传自己独立的思想主张的政治环境和社会环境已经不复存在。也就是说，真正的殷商文化传统和真正的先秦儒家文化传统都在这种表面的统一中走向衰亡。政治官场化、官僚道学化、文化才学化、知识分子才子化则成为中国文化发展的越来越明显的大趋势，而失去的则是殷商文化对国家政治统治的整体关怀和先秦儒家对人、对社会的整体关怀。

南方儒学更是知识分子自身的儒学，是儒家知识分子加强自身修养、意识自身存在价值的一种形式，它的这种个体化的特征和成圣的愿望使其无法有效地实现人与人之间的结构性联合。当所有的人都以"圣人"的标准意识自我和要求别人的时候，一个有效的国家政治统治结构就构造不起来了。南方儒学的个人的作用是十分明显的，经济发展了，文化繁荣了，地域扩大了，交流加强了，人口增多了，但国家整体的结构功能却削弱了。不论是董仲舒的"罢黜百家、独尊儒术"的正面建议，还是韩愈谏迎佛骨的反对意见，我们都能够感到他们不是在为个人或自己的政治派系争取更大的政治权力，而是为了加强和巩固国家政治统治的综合实力。元、明、清三代的政治统治，则是在不同政治派系之间的权力斗争中度过的，少数忠于事功的官僚知识分子总是处在被包围、被冷落乃至被排斥、被打击的政治权力结构的边缘上，成为一根旋生旋灭的不相连贯的细线，构不成一个逐渐积累并在积累的基础上逐渐发展的强大的文化传统。国家统治集团内部的权力斗争几乎消耗了国家的全部力量，使任何国家的整体目标都无法有效地建立起来。这也就是为什么当英国帝国主义用大炮轰开了中国的大门，中国这样一个历史悠久、文化繁荣、地域广大的国家不但在国力上呈现出软弱无力的状态，而且在精神上也表现出六神无主的样子。

中国近、现、当代的文化发展可以有多种的描述方式，但在我的思想角度上，则认为它是在西方文化的影响下中国古代殷商文化传统和先秦儒家文化传统发生质变的过程。所谓质变，也不是一朝一夕便能够完成的，而是一个历史的过程，我们都是生活在这个过程中的中国人。在这个过程中，我们会同时感到两种不同的发展变化的需要：其一是"立国"的要求，是对一个高度统一的、负责任的、强有力的国家政治统治结构的企盼。这个结构不能仅仅停留在维护自身政权的稳定上，还必须起到抵御外国帝国主义的侵略、维护国家主权、发展国家各项事业的社会作用。我认为，这种需要归根到底是殷商文化传统的本质特征，是从国家产生之日起就已经形成的愿望和要求。其二是"立人"的要求，是对具有在现实社会求得自我生存和发展的基本素质的人的企盼。我认为，这在本质上仍然是先秦儒家知识分子所追求的根本目标，是从独立知识分子产生之日起就已经形成并发展着的一种愿望和要求。这两种不同的愿望和要求，由于现实条件的变化和西方文化的影响，在近、现、当代中国都以西方的术语表达出来，我称之为中国现代文化的换头术：对于一个高度统一的、负责任的、强有力的国家政治统治结构的企盼同时也表现为对西方民主政治体制的企盼，对具有在现实社会求得自我生存和发展的基本素质的人的企盼同时也表现为对西方自由、平等的人的关系的企盼，但前者永远是后者的基础，后者只是前者的语言表达形式，所以在民主政治体制暂时无法起到加强国家政治统治结构的力量的时候，我们又会重新回到殷商时代那种统一的专制国家的政治体制之中去，并以此排斥任何起到干扰作用的文化因素，包括知识分子的情感愿望和要求。只要这个国家政治统治结构在反对外国帝国主义侵略、维护国家主权、发展国家各项事业上发挥更大的作用，这种统一的、专制的国家政治体制在我们的感觉中也会表现为一种社会的进步，直到它的这种作用被专制体制自身的矛盾所耗尽，我们才会重新向往西方的民主政治，但这时的向往仍然主要是对国富民强的结果的向往，而不是对自己的那张选票怀有特别的好感。

总之，在中国，民主政治体制的建立不会只是西方文化影响的结果，而归根到底是殷商文化传统在现代社会环境中演变、发展的结果，是对一个高度统一的、负责任的、强有力的国家政治统治结构的追求，"立人"的要求也是这样。西方自由、平等的人的观念是不可能直接转化为中国人的自由、平等的人的观念的，它必须通过中国人对提高自我生存和发展的基本素质的愿望和要求曲折地生长起来，而这恰恰是先秦儒家知识分子所追求的根本目标。当西方自由、平等的思想在中国的现实条件下无法满足人的生存和发展的需要的时候，人们会重新寻找约束自己、束缚自己的一种意识形态形式，亦即重新回到先秦儒家思想学说中去寻找自己的思想资源，在这时，中国人的思想也会表现为一种进步，直到这种约束和束缚不再利于自己的生存和发展，我们才会重新向往西方的自由和平等，而这时对西方自由和平等的向往归根到底还是为了为自己的生存和发展开辟更大的空间。总之，殷商文化传统在中国近、现、当代文化的发展中并不是没有自己独立的价值和意义的，甚至也不是不重要的。仅从学术研究的层面上，从近代以来殷商文化研究的成就实际是超过了以往任何一个历史时期的，从王国维到郭沫若，从傅斯年到胡厚宣，许多学者都在殷商文化研究中做出了自己的贡献，而像毛泽东、鲁迅、郭沫若这样一些现代政治、思想、文化界的杰出人物，也都程度不同地表现出对殷商文化进行再评价的倾向——但所有这一切，都还处于一种朦胧的、无意识的状态。

但是，被斩首了的河南文化却没有从自己的文化中重新生长出自己的头颅来，也没有重新捡回自己失掉的头颅的勇气，先秦儒家的头颅则无法代替自己的头颅，这正像一个奉养并不疼爱自己的后母的儿子，当其需要自己侍奉的时候，他也能够尽职尽责，但当别的弟兄表示愿意侍奉之后，不论他们侍奉得如何，他也没有继续侍奉的积极性了。国都的南迁，使河南人远远地离开了国家政治统治机构，河南人对主流意识形态的兴趣一落千丈，但这也使其失去了此后的几乎全部的中国文化的历史。南方的经济发展、南方的儒学、南方的乾嘉学派的考据学、南方的才子文人文化，直至近代的改良运动、民主革命、五四新文化运动、中国共产党领导的新民主主义革命和社会主义革命，都没有真正警醒沉睡着的河南文化，使其重振昔日的雄风。同是北方的山东到底在诗坛出了一个辛弃疾，在小说界出了一个蒲松龄，在戏剧界出了一个孔尚任，到了中国现代文学史上，五四新文化运动中有一个傅斯年，30年代有一个臧克家，虽然都不是像董仲舒、杜甫、韩愈、二程那类定海神针式的杰出人物，但至少说明，在这个南方文化繁荣发展的历史时期，它的历史也不是空白的。在中国当代文学史上，有一个王实味，是河南人，但他也是一个极难评价的人物。他的文艺思想有些像鲁迅，但鲁迅是个独立知识分子，没有加入中国共产党，也没有去延安。也就是说，他没有向任何人做出任何的许诺，因而也不想从任何人那里得到任何的回报。他的思想就是他的思想，自己选择，自己负责，即使当时的国民党政府杀了他，他也像孔子所说的那样，"求仁而得仁，又何怨"（《论语·述而》）；也像他自己所说的那样，"死于敌手的锋刃，不足悲苦"[1]。王实味就不同了，他到了解放区，参加了中国共产党领导的革命。这就意味着已经向这个党做出了自己的许诺。这是一个集体的选择，也必须为一个集体负责，一意孤行是不行的。在这样一种关系中，主要不是学术上的对错关系，更是个人和集体的关系。不论什么原因，一个人不能将自己与革命的集体绝对对立起来，不能与它的领袖绝对对立起来。否则，

---

[1]《鲁迅全集》第3卷，人民文学出版社，1981，第48页。

你就成了这个集体的"害群之马",而任何一个组织都是不会容忍这样的"害群之马"存在的。这使我们想起通过先秦儒家的观念描述的比干和箕子,也使我们想起谏迎佛骨的韩愈,他们都是在其所维护的整体中与这个整体发生无法调和的矛盾的,因而所受到的也是自己所不愿受到的伤害。这大概是河南知识分子常常陷入的文化怪圈,而在这个怪圈里,王实味不但重复了古代河南知识分子的多舛的命运,而且在书面文化更加繁荣的现代社会,他连取得韩愈那种为其他人所无法代替的杰出文化成就的可能也失去了——王实味的文艺思想刚刚表现出自己的独立性,就在中国社会的上空熄灭了。胡风犯的是与他同样的错误,但胡风到底有了自己较为丰硕的思想成果和长期的文艺实践经验的积累。胡风是湖北人。

这使我想起河南的豫剧。在我们家乡的地区所在地聊城,有三个剧团,一是京剧团,一是评剧团,一是豫剧团。在少年时,这三个剧种我都喜欢,当然更喜欢的是京剧,但较之评剧,我看的豫剧似乎更多一些,后来就被电影代替了。我们那里的老百姓,又称豫剧为"河南OU",带点嘲弄意味。这个"OU"我不知道应该怎样写,但知道它表示的就是在豫剧唱腔最后挑起的高腔。这个高腔之后,一句唱词或一个唱段就结束了。王实味也是这样,刚刚把自己的文艺思想挑到高处,就结束了。在我的印象里,包括政治家、实业家在内的不少当代的河南人,都是这样——他们给人的印象很深刻,也很值得人们同情,但又乏善可陈,把自己应当获得的成果,都留给了别的人。直至现在,当我们谈到解放区文艺,还不能不首先谈到赵树理、孙犁、丁玲、周立波,毛泽东的《在延安文艺座谈会上的讲话》更是不能绕过不提的文艺理论经典。对王实味,除了对他的同情,我们还能说些什么呢?(那些站在反对中国共产党领导的革命运动,反对毛泽东的立场上对王实味的赞扬,大概也不是对王实味亡灵的一种安慰吧!)

八

其实,对王实味这类的人,用上述傅斯年所说的"宋人之愚"更容易给以恰如其分的评价。

　　关键在于，这种"愚"在文化上应该给以怎样的认识。"愚"的人，大都面临两种不同的价值标准：一个是他在自己的文化环境和文化经历中潜移默化地形成的一种与自己的心灵融化在一起的文化价值标准的体系，一个是在他所处的现实文化环境中多数人自觉与不自觉实际运用着的文化价值标准体系。这两种文化价值标准的体系是有大量交叉的，所以在一般的情况下，他是可以与这个文化环境中的多数人依照一种特定的关系和平相处的，但当二者在某个环节上出现了矛盾和差异，他就与整个周围环境对立了起来。在这时，一个人可以做出各种形式的试探，按照自己的感受方式改变周围环境中多数人或其权威的观念，但当发现自己根本无法改变环境而环境却不能不改变自己的时候，他就会放弃或暂时放弃个人的意愿以与周围的环境达成妥协，以使自己仍然在这个环境中发挥自己还能够发挥的作用，以防被环境所吞噬。这就是为什么鲁迅《狂人日记》中的"狂人"后来病愈又到某地候补的原因。也就是说，即使一个革命的战士，有时也不能不向周围的环境做出妥协。这种妥协有时是一种策略性的，有时也表现为自己思想观念不断丰富和发展的过程。因为它有时伴随着对另外一种价值观念体系的感受和理解，伴随着自我文化心理的发展和变化，而这同时也是一个人精神成长过程中必不可少的因素，而王实味这类人则在任何情况下也不照顾周围环境的需要，将自己的感受和认识绝对化，只能让人接受自己，自己却绝对不会接受别人。一旦出现矛盾，就会不断升级，以致发展到势不两立的高度。在这时，被吞噬的一定是少数的个人，因为环境的力量较之个人的力量永远是无比强大的。这样的矛盾往往是一次性的，所以即使自己是正确的，所包含的内容也是有限的，像电光石火一样一闪即逝。也就是说，牺牲极大，收获极小，这就令人感到有些"愚"、有些"得不偿失"了。

　　这种"愚"，有时又会有另外一种表现形态：即知道自己的文化价值标准体系并不与周围环境多数人或其权威的文化价值标准体系完全相同，而在任何一个环节上都强制自己服从周围环境中占统治地位的文化价值标准体系的需要，但周围环境中占统治地位的文化价值标准体系自身也是变动不居的，当他终于适应了它，它却已经发生了变化。在这时，他的巨大的努力并没有得到同样巨大的成功，至少在别人的眼里，就显得有些"愚"了。在当代作家中，姚雪垠也是一个河南籍作家。1957年他被划为右派。显而易见，他是有改造自己世界观的决心的。在毛泽东的首肯下，他以多年之力创作了长篇历史小说《李自成》，努力用毛泽东关于中国农民起义的理论描写李自成领导的农民起义，同时也伴随着自己世界观的改造，但当这部小说出版之际，中国主流意识形态的话语却已经发生或正在发生着巨大的变化，人们又不把中国古代的农民起义当作中国历史发展的基本动力了，甚至还把所有的革命都想象成了极其可怕的怪物。虽然这种观念也未必对，但至少姚雪垠向中国古代农民起义的正面意义用力过猛，反不如施耐庵的《水浒传》、普希金的《上尉的女儿》、肖洛霍夫的《静静的顿河》这些描写农民或农民起义的作品更带有一种原生态的美感，也更能激起人们对反抗农民的同情。

　　实际上，只要从河南文化是一种被斩首了的殷商文化的角度，我们就会感到，就其自身，它是有与整个国家的主流意识形态紧密结合在一起的极其强烈的愿望的，它希求着一个统一的、强大的国家政治统治机构的保护，也愿意以自己的努力支撑起一个统一的、强大的国家政权，树立起一个至高无上的国家权威，像殷商时代的民众同自己的国家、同自己的领袖构成一个统一的整体一样，但这种愿望又常常使其更严重地脱离开自己现实生存的条件和基础，以致导致自己生存基础的更严重的破坏。这从1949年以后的历次政治运动的表现可以看得出来。在我的记忆之中，不论是1958年的"大跃进"、人民公社，还是"文化大革命"，河南的表现都比山东更加狂热，因而受到的破坏性影响也更大。1958年，我国有两个"世界第一"：寿张县的小麦亩产第一，高唐县的棉花亩产第一，刘少奇主席曾经亲临这两个县视察。虽然当时这两个县都属山东省，但如上所述，我们那个地区，原本是与河南更加靠近的。寿张县从河南划归山东，现又重新划归河南，我现在的家乡所在地的高唐县也曾属平原省。胶东地区是山东省的主体，古属齐地，在1958年所受到的破坏则比我们那个地区小得多。在"文化大革命"中，虽然"四人帮"中的两个都是山东人，但山东省的武斗始终没有动用枪炮，而河南则是动用了枪械的。自古以来，齐国都是拥护中央政权的，但它也重视自身的发展，不会将自己的血本都搭给朝廷。在"文化大革命"中，它跟得与其他省一样紧，但到了"文化大革命"结束的时候，它却将全省的水泥公路铺到了每一个乡镇。在当时，它就有一个口号："要想富，先修路"。新时期，在北方各省，山东的经济起飞是最早的，与那时它已经修好了道路恐怕是有很大关系的。这说明，在服从国家权力的意志的同时，它还是"留了一手"的。这"一手"，是留给自己的。而河南，为了"大跃进"、人民公社、"文化大革命"，则把自己的血本都搭上了。国家的买卖做砸了，自己连零花钱也没有剩下。一亿人的大省啊！

在这里，我们可以发现河南文化共同体自身的弱点。在殷商时代，国家的关系是相对单纯的。在那时，国家与民众的关系是保护与被保护的关系。为了抵御外来的侵略，一个民族或者一个范围内的民众，需要有自己的国家。这个国家拥有的就是单纯的权力，并且主要是武力。帝王掌握着最大的权力，但往往也是最勇武有力的人，是可以领兵打仗的人。那时的国家，那时的帝王，对反对自己的权威的人，是十分残暴的，是压服而不会说服的，但民众需要国家权力的保护，就不能不忍受它的残暴。也就是说，在统治者与被统治者之间，是没有什么道理可讲的。只要他有权，就必须服从，说什么都是没有用的。获得权力，就获得了一切；失去了权力，就失去了一切。那时没有独立于权力之外的文化，也没有独立于权力之外的财富。但到了周以后，有了一种独立于权力之外的文化，但这种文化却不是殷商文化共同体内部的文化，而是那些新的统治者的文化。在自己这个文化共同体中，这种文化是不起作用的。即使有极少数上层人物将这种文化标准运用到这个文化共同体中，也像20世纪五六十年代派往农村的工作组，工作组一撤，这些标准就不算数了。有权的仍然压人，没权的仍然受压，不论是孔子的仁义道德，还是"五四"的自由、平等，一概不算数的。所以梁鸿说河南人很重视权力，为了一个芝麻绿豆大的小官，也可以用上一生的努力。越是处在社会的底层，越需要国家权力的保护，但越是需要国家权力的保护，越是更严重地落入到这个文化共同体内部的权力关系中，因为他们离国家权力太远了，并且自己的行为未必就是国家权力所实际需要的、所实际喜欢的。自己的脚跟还没有站稳，怎样为国家服务？不能为国家服务，国家为什么要格外看重你？我认为，在1958年的"大跃进"、人民公社和后来的"文化大革命"中，河南文化陷入的就是这种怪圈。

实际上，直到20世纪90年代，这个殷商故地的文化共同体才被中国历史发展的强大力量撞开了几道裂缝。在此之前，殷商故地也曾反复被外在的力量撞过来、撞过去，但它实际上起的仍然是各种不同军事力量进行直接交锋的军事战场的作用。从北方来的蒙军、清军、日本侵略军，要在河南打过去；从南方来的国民党的军队、共产党的军队要在河南打过来。但所有这些，都像过堂风，战争的硝烟消散之后，这个文化共同体又在战争留下的这片焦土上重新安排自己的生活。要说生活形式一点没有变化，那是不确当的。铁路通了，工厂建了，各种文化机关成立了，但人与人关系的性质，亦即与此紧密相关的关于人的观念，到底有了多大的变化，则是难说的。早在两千多年前的孟子就说过："天下有达尊三：爵一，齿一，德一。朝廷莫如爵，乡党莫如齿，辅世长民莫如德。"（《孟子·公孙丑下》）也就是说，在社会上起关键作用的，不只是政治官僚，还有老年人和知识分子。虽然直到现在，孟子的这种理想仍然远没有实现，长官意志仍然是决定中国社会形态的关键因素，但在北京、上海这样的大城市和江苏、浙江、四川、广州、山东这样一些省份，文化到底还是起到一些独立作用的。到了20世纪90年代，在这些地区以迅速积累起来的财富眩惑了国人耳目的时候，河南却以因卖血而患上了艾滋病的乡亲们的悲剧处境而震动了中国社会。

但与此同时，也有越来越多的农民离开了自己的家乡，走上了外出打工的路。

他们与古代那些移居南方的客家人不同。他们还是河南人，只是走出了自己的家乡，离开了自己的文化共同体。在那里，他们必须在异乡人中开始自己新的人生。

九

在20世纪40年代，李季有一部叙事长诗《王贵与李香香》，在解放区诗歌创作中向来名列榜首，虽然它是用陕西信天游的形式写的，但作者李季却是河南人。在20世纪50年代，魏巍有一部散文集《谁是最可爱的人》，可以说是50年代散文作品的翘楚。魏巍也是河南人。在合作化运动初期，李准则发表了短篇小说《不能走那条路》，在当时的文坛上引起了不小的震动，成为这个时期短篇小说的代表性作品。李准也是河南人。前几年，中国文坛曾为魏巍的散文《谁是最可爱的人》还能不能收入中学语文课本而发生过冲突，最后不了了之。实际上，这里面是有两个不同时代的人的价值观念的原因的，也是有河南文化与主流文化分分合合的历史演变过程的。仅就我自己，是对魏巍的散文《谁是最可爱的人》深表同情的。他的这部散文集，我是在初中时就读过的。至少在读它的首篇《谁是最可爱的人》的时候，我是很感动的。当时感动的情形，至今还记忆犹新。当时我们班里成立课外活动小组，我参加了文学小组。我们组只有三个同学，第一次活动就是由我主持的，我选的就是魏巍的另外一篇散文《幸福的花为勇士而开》。李季的《王贵与李香香》和李准的《不能走那条路》也是在初中读过的，也给我留下了深刻的印象。后来还读过李季的《玉门诗抄》和一些别的诗，但没有印象了。直到上了大学，根据李准的电影剧本拍摄的由张瑞芳、仲星火主演的《李双双》和由崔嵬主演的《老兵新传》，还是我最喜爱的中国影片中的两部。

在我们年轻的时候，国家在我们的心目中是十分神圣的，并且与穷苦老百姓的命运直接联系在一起。整个中国共产党领导的革命战争，实际在前线打仗的绝大多数是农民出身的战士，并且是穷苦农民出身的战士。我们那时很自然地就将新生的中华人民共和国同农民，特别是穷苦的农民联系在一起，除了毛泽东和中国共产党的领导之外，他们的功劳就是最大的了。中华人民共和国成立之后，紧接着就发生了我们称之为"抗美援朝"的战争，到朝鲜作战的又是穷苦农民出身的战士。在那时，魏巍写了《谁是最可爱的人》，将志愿军战士当作"最可爱的人"，和我们那时的感情正好是合拍的。到了后来，没有战争了，在我们的观念中，农民和农民出身的战士，与国家的距离就越来越远了，我们这些读书人离国家的距离就越来越近了。我们平常口头说的是学好本领、建设

河南文化与河南文学

祖国，自然建设祖国是要有文化、有本领的，我们这些读书人当然就是国家最需要的人、最重要的人了，农民和农民出身的战士，没有文化，自然贡献就小，说他们是"最可爱的人"，将我们往哪里搁？将知识分子往哪里搁？到了我们下一代，连我们少年时的那种记忆也没有了，经过"文化大革命"，国家的神圣感也淡漠了许多，自然就感到魏巍的《谁是最可爱的人》有些隔膜，有些"左"了。实际上，这里有一个农民在中国革命战争中的地位与农民在中国经济发展中的地位的不同的问题。不难看出，上述三部作品，注重的都是中国农民在国家政治、社会生活中的地位和作用，但却较少考虑到中国农民在经济、文化生活中的地位和作用。国情一变，潮流一变，青年学者的感受就变了。这是读者的问题，但也有作者的原因，不能将问题看得太简单了。

这一次的河南农民的大量外出，就与20世纪四五十年代那些参加革命战争的穷苦农民有所不同了。前者有国家或集体赋予他们的神圣使命，他们是"国家的人"，自然也有国家所拥有的神圣感，这些外出打工的河南民工就不同了。他们是被贫穷驱赶着走向全国各地的，因而也带着贫穷的耻辱的标记。在毛泽东时代，经常说"卑贱者最聪明，高贵者最愚蠢"，恐怕世界上没有人真的这样看。实际上，文化都是有弱点的，人也都是有弱点的，但在高贵者身上，弱点也是高贵的，而在卑贱者身上，优点也是卑贱的：富贵人生的是富贵病，贫贱人生的是贫贱病。所以，这一次，走到中国人面前的河南农民，就不令人感到是"最可爱的人"了，他们就不能不在中国人面前出尽"洋相"了。为河南人辩护的河南人说：我们河南人招谁了？惹谁了？我认为，这恐怕说的不是事实。像蝗虫一样从河南涌出的贫困潦倒的农民，说没有招过谁，惹过谁，谁信？我认为，不但招过谁，惹过谁，恐怕招过，惹过，还让人看不起，才是真实的情形。就在我写这篇文章的过程中，晚上看电视，就无意间看到两起盗窃案，都是河南人干的。其中的一起是这样的：有一个十人的盗窃团伙，都是大老爷们儿，分成两组进行活动。一组四五个人，先停留在一个彼此可以看到的地方，装作不认识，其中一个人先出去寻找猎物。当他选好了一辆小轿车，就在旁边停下来，装作打手机，把猎物看个清楚，此后就走开，另外一个人再像走路人一样走过那辆车，前后左右地看一看，确定车的主人还未回来，也没有别的人注意到它。他走后，第三个人便迅速走过来，用袖中的铁锤迅速将窗玻璃砸碎，立即离开，这时第四个人才急忙走过来。我想，他过去，就会打开车门，坐上驾驶舱，踩开油门，开车疾驰而去。谁知他到了那里，只是将手伸进去，将主人遗留在车内的钱包或行李包取出来，然后迅速转移到走过来的第五个人的手中，几个人便迅速撤离了。我想，几个老爷们儿，计划得如此周密，却只是为了取走车里的一个钱包或行李包。里面能有多少钱？每个人能分到几元？既然偷，何不将车偷走？有些外省的作案人，凭着一张嘴，空对空就能够弄到几千万，甚至几亿的进项。破了案，让办案人员也有成就感。相形之下，我们就会看到河南这几个窃贼的灵魂是卷曲的了：不豁朗，伸展不开。

必须承认，在外出打工的河南农民之中，像这样一些有不轨行为的人肯定不是个别的，这严重影响了河南人在外省民众中的形象。但我认为，这种"民众的歧视与压迫"，其根源并不在这样的行为本身，而在于这样的行为与外地民众的关系。从总体说来，外省的民众，对于直接关系到更高权力关系的大事，是没有河南人那么重视的。即使关心，也不会像河南人那样将整个身子都扑过去。这在对待社会犯罪的态度上，也有自己的表现。像贪污巨款、携款外逃、抢劫银行、杀人越货这样的大奸大恶，大都直接联系着更高的国家权力关系，民众也憎恨，但又并不那么憎恨，有时对这样一些人还怀有一点嫉妒或羡慕；而对于那些小偷小摸，则因为直接关系到自身的安全，他们的厌恶、憎恨之情则是在那些大偷大摸之上的。在河南民众中，情况大概就有所不同。他们更惧怕的是权力，那些小偷小摸，都是与自己的生活境遇差不多的人，有的甚至更差，一旦被发现，落在权力者的手中，其下场是十分可悲的。所以，对他们，在内心深处就有一些同情和怜悯。"堂前扑枣任西邻，无食无儿一妇人。不为困穷宁有此？只缘恐惧转须亲！"（杜甫：《又呈吴郎》）这诗出自河南诗人杜甫之手，恐怕不是没有原因的。与此相反，对于那些有权有势的人，一点鸡毛蒜皮的小事是扳不倒的，平常心里就充满怨恨，但又不敢公开表现出来，他们一旦犯事，落在官府手中，老百姓还会同情他们？这样，河南人进了城，就不合算了。在他们的文化心理中，对于因为贫穷做点小偷小摸的勾当的，原不当回事，只要不是大奸大恶，乡亲们即使知道了，也不算丢太大的人，但这恰恰是城市平民最厌恶、最憎恨的一类行为，河南人的形象也就这样坏了下去。

对于我们知识分子，有几个比例是必须注意到的：有不轨行为的河南民工与其总人数的比例；有偷税、漏税、贿赂公职人员等不法行为的企业老板与其总人数的比例；有贪污、盗窃、收贿、受贿、滥用职权等不法行为的公职人员与其总人数的比例；有不顾学术道德、违背良知，逢迎拍马、出卖朋友或抄袭与变相抄袭等不轨行为的知识分子与其总人数的比例。我认为，只要我们在这几个比例关系中看待问题，我们就会看到，在20世纪四五十年代由革命作家赋予农民（包括河南农民）身上的神圣的光环是在特定历史条件下呈现出来的暂时的现象，是不具有永恒的价值和意义的；从20世纪90年代开始至今，部分中国民众在河南民众身上留下的耻辱的标记，也是在特定历史条件下呈现出来的暂时的现象，也是不具有永恒的价值和意义的；而从武王克商开始至今殷商故地民众的文化共同体的解体以及解体之后发生的变化，才是真正具有永恒价值和意义的东西。它的意义可能不仅关系到河南文化自身，同时也可能关系到中国文化的整体发展，这才是值得中国知识分子认真思考的。

十

由于大量贫穷农民的外出打工，固有的河南文化共同体开始趋于解体，也开始进行重组。这种情况，颇像鸦片战争之后走出国门、分散在世界各地的中国留学生。正是这些中国留学生，从世界各国带回了与中国固有文化不同的新的文化信息，促使中国文化发生了前所未有的新的变化，并在这种新的变化的基础上进行了新的组合。但这些农民工，与那些留学生到底不同。不论是在国内，还是在国外，那些留学生都属于知识精英，尽管在国外也会遇到别人的白眼，但从总的感觉上说来，还不至于落到那么难堪的地步，因为驻留国的绝大多数国民是没有理由，也没有资格歧视他们的，在经济上也不会落到求告无门、不能自给的绝境。待到"学成"归国，立马就成了国家的栋梁，就是本国的政府，也不能不高看他们一码，把他们当作自己的座上客。对于他们给自己惹的一些小麻烦，能忍受的也是要尽量忍受的。这使他们在中国近现代史上取得了格外令人瞩目的文化成就，一部中国近现代文化史，几乎全是他们的历史。这些农民工就不同了，不论是在河南省内，还是在自己驻留的城市和省份，他们都属于社会的底层。外地人不必对他们格外地客气，本省人也不会认为他们有多么了不起的才干，除了个别发迹的人之外，在将来的河南历史上也不会留下他们的名字。任何人都不必在他们面前带上自己的假面，他们面对的是一个更加真实的世界，也是一个更加真实的自己。属于他们的困难，必须由他们自己来解决；属于他们自己的人生，必须由他们自己来践履。如果说那些留学生是在一个接近终点的起跑线上起跑的，整个中国社会用自己的力量替那些留学生跑完了此前的路程，他们则是在距离终点线最远的一个起跑线上起跑的，除了父母将他们养大成人之外，没有任何一个人愿意替他们跑完最初的，也是最艰难的那段路。不论是河南家乡的农民，还是较之他们的条件更加优越的上层社会的成员，都可以按照过往人已经绘制好了的虽非精确无误，但却轮廓分明的人生地图预先安排自己的人生道路和思想道路，但他们却不能，他们的人生道路和思想道路是他们一步步走出来的。总之，他们已经回到文化的原点，从这个点出发，走上的不再一定是过往河南文化共同体内部成员历朝历代反复走过的道路。

  直至现在，中国知识分子不是将西方所谓民主、自由、科学、个性解放等等作为我们民族或我们每一个中国人的文化原点，就是将中国古代所谓仁、义、道、德、礼、义、廉、耻等等作为文化的原点，认为我们民族的文化或我们民族的每一个人，都必须从这些原点出发，去走自己的人生之路和思想之路。这从知识分子的角度或许有些道理，但一旦离开知识分子这个狭小的圈子，我们就会发现，书是人写的，而不是人是书写的。文化的基点永远内在于人的自身，而不是外在于人自身的教条。鲁迅说："我们目下的当务之急，是：一要生存，二要温饱，三要发展。苟有阻碍这前途者,无论是古是今,是人是鬼,是《三坟》《五典》,百宋千元,天球河图,金人玉佛,祖传丸散,秘制膏丹,全都踏倒他。"①这对于当代的中国知识分子,几乎已经不适用了,但只要回到那些因贫穷而外出打工的大量河南农民身上,这不仍然是天经地义的吗?求生存、求温饱、求发展是他们唯一的出发点,为此,他们既要有"破帽遮颜过闹市,漏船载酒泛中流"②的进取精神,也要有正视自我、改善自我的自省能力。正像鲁迅所说:"我之所谓生存,并不是苟活;所谓温饱,并不是奢侈;所谓发展,也不是放纵。"③苟活的人、奢侈的人、放纵的人,即使在外出打工的河南农民之中,也是有的,但肯定是极少数,因为对于他们,苟活就等于不活,奢侈就等于困乏,放纵就等于灭亡。不论他们对于驻留地的文化习俗多么不适应,只要还能生存下去,他们都必须适应。诅咒是没有用的,埋怨也是没有用的;说我们河南文化在过去比你们优越多了是没有用的,说我们河南文化将来比你们更优越也是没有用的。为了生存的需要,他们必须忍受他们必须忍受的,但也必须反抗他们必须反抗的。这是一个过程,一个充满痛苦和困惑的过程,一个复杂多变的过程,但也正是这个过程,使他们能够走出自己的人生,走出自己精神成长的道路。

我所说的走出自己的人生,走出自己精神成长的道路,不是说这些人就会成为圣人。这是不可能的。在驻留地,他们只是一些异乡客,他们身上永远散发出从河南文化共同体带来的怪味甚至臭味;回到自己的家乡,他们则又会多多少少带上一些驻留地文化习俗的怪味甚至臭味。他们是一些失去了精神故乡的孤魂野鬼,但生存的需要又将他们牢牢地拴在这两个文化的桩上,像中国的留学生被牢牢地拴在东方文化和西方

---

① 鲁迅:《忽然想到(六)》,载《鲁迅全集》第3卷,人民文学出版社,1981,第45页。

② 鲁迅:《集外集·自嘲》,载《鲁迅全集》第7卷,人民文学出版社,1981,第147页。

③ 鲁迅:《北京通信》,载《鲁迅全集》第3卷,人民文学出版社,1981,第51—52页。

文化这两个桩上一样。但也正是因为如此，在他们的躯体上，将开始长出自己的头。如上所述，殷商文化是一个统一的国家的文化，殷商的民众都是按照这个统一的文化被安置在特定位置上的，是严格按照国家的权力关系构造起来的，因而也必须按照这个统一的国家的文化感受自己和设计自己。国家就是他们的头颅，他们自己则仅仅是一个欲望的躯干。待到殷商灭亡，周的文化是在论证自己的合理性而颠覆殷商统治政权的基础上建立起来的，这导致了统一的国家文化的分裂，也导致了独立知识分子的产生，但所有这一切，都与殷商故地民众和被镇压下去的殷商贵族的现实感受和现实愿望不相协调。

在主流意识形态的体系中，殷商民众更是一些"顽民""佞人""愚人"，但殷商故地的民众却必须将这种视自己为"顽民"的文化作为自己的文化头颅。也就是说，这个头颅不是在自己躯体上生长出来的，它的价值观念只是别人的价值观念，与自己向来的习惯并不合拍。这种情况几乎一直持续到"文化大革命"前的河南文化。几乎在任何一个"文化历史"阶段，它都想将自己的躯体紧紧固着在国家意识形态的头颅上，但每一次都以严重损害自己躯体本身的健康为代价，并且也损伤了国家意识形态自身的正常效能，而当它试图用自己的意志代替国家的意志，它就将受到极其严厉的惩罚。这些走出河南本土而到全国各地打工的穷苦农民就不同了。国家对于他们就是国家的法律，而在这个法律圈之内，他们所处理的就是各种不同的人与人之间的关系了，这是必须依靠自己的能力和自己的努力的，是必须以自己生存、温饱、发展为轴心的，成败得失都与国家无关。即使跨越了国家法律的边缘，也有一个彼此的责任问题，自己所犯下的罪过必须由自己承担，而不是自己所犯的罪孽，则必须由别人承担。在固有的河南文化共同体中，即使一个大队书记都代表着国家，代表着权力，国家就蹲在你的身边，你的一举一动都在国家监视之下，你不用有自己的头颅，依照权力的要求去做就万事俱备，有了自己的头颅，反而处处碍事，所以你必须紧紧地拥抱住国家的权力，否则，你就会一直沉下去，沉到一个无底的深渊。而现在，国家却只是远远地立在那里，你不能事事依靠它，但也不必时时惧怕它。它既不会告诉你"谁是最可爱的人"，也不会告诉你"不能走那条路"，所有这一切都得由你自己来感受，来选择，并且由自己承担自己选择的结果，只要不触犯刑律，国家管不了你的这些鸡毛蒜皮的事情。但当你将自己应该承担的责任承担起来之后，国家的形象才真正显露出来。

　　这个头颅，就是文化的头颅。这个头颅不是从别人那里借来的，而是从自己的躯体上长出来的。它首先是基于生存、温饱和发展的需要，并且是自己在自己所处的"那个"具体环境中的生存、温饱和发展的需要，是个吃饭的问题，但这个吃饭的问题也联系着人与人之间的关系，联系着所谓文化的问题，而在这个问题的尽头之处，在将自己应该做出的个人努力都做到之后，政治的问题、国家的问题，才会再一次逐渐清晰起来……在一个相当长的历史阶段中，在别人看来，河南人仍然是不可理喻的，其驻留地的民众很难感到河南人是顺自己的鼻子、顺自己的眼的人，但这并不能说明他们就不会用自己的头脑感受和思考自己的处境，他们绝对不会再将自己的事情完全装在别人的思想中。当河南文化共同体中逐渐多地掺入了这样一些人，这个主要用权力聚合在一起的文化共同体，就不能不发生松动了。

十一

　　我们的时代，是一个经济的时代；我们的关心，主要表现为对经济的关心。但不论是在整个人类文化中，还是在中国文化中，发展并不仅仅表现为经济的发展，更不仅仅表现为彼此经济关系的变化。在世界上，意大利、波兰的经济实力是否一定要超过美国、德国和俄国？同样，在中国，河南在经济上是否一定要超过江苏、浙江和广东？至少在我看来，是没有这种必要的，有时也是不可能的。文化的发展，首先是人的发展，而人的发展，有时主要表现在经济上，但有时又不主要表现在经济上。

　　至少在我看来，河南文化共同体的内部裂变是当代河南文化正在发生着的最巨大的事变，这个事变又类于19世纪末和20世纪初中国留学生在整个中国所发动的文化事变。但是，大量外出打工的河南贫苦农民，却不像那些精英知识分子，能够在整个河南文化中发动一个文化的运动，实际上，在当代中国这样的运动也是没有任何意义的。但这个变动却确确实实存在着，并且存在于那些不被人尊重的、穷苦的、低贱的、没有足够文化表现力的打工仔们的身上，以及主要由他们所波及的河南本土的农民或其他人身上。有时我想，如果说一架民航客机载着的是几亿或几十亿的财富，一列春节前后载着农民工往来于家乡与驻留地之间的列车，载着的就是几千或几万个人生故事，就是几千或几万部《骆驼祥子》，几千或几万部《大卫·科波菲尔》，几千或几万部《红与黑》《简·爱》。中国文化发展至今日，社会精英们的故事是人们比较熟悉也比较容易想象出来的，而他们的故事则常常是锁在他们自己的心灵之中的，甚至是锁在他们的躯体之中的。而在所有这些故事中，由于人数的众多与固有文化习俗的特殊性，河南人的故事恐怕更多，也更加波谲诡奇、耐人寻味。我们这些外省的知识分子，可以这样或那样地评论河南人，但对于这些锁在他们躯体之内的故事，恐怕是很难体察出来、想象出来的，因为我们没有进入他们躯体的眼睛，也没有表达他们躯体之内的这些故事的语言。正像我们写不出《红楼梦》《呼啸山庄》《卡拉玛佐夫兄弟》《百年孤独》这样的小说一样，我们也写不出河南人的小说。我们不了解原来的河南人，也不了解现在的河南人，只有那些在河南文化共同体中成长起来的、能熟练识别这个文化共同体的文化密码、并至今与本土民众在情感和情绪上有着千丝万缕的联系的河南籍知识分子，才能够在这个混沌一片的群体中发现出令自己惊异、令自己激动或者令自己喜悦的大量细节和大量故事来。也只有他们，才敢于在这些细节或故事的基础上驰骋自己天马行空的想象，将它们以文学的形式"翻译"出来，以使我们这些无法直接进入河南人的躯体的人也能进入他们的躯体。也就是说，在我看来，河南文化共同体的内部裂变，首先带来的应当是河南文学的发展。这使我想起19世纪俄罗斯文学。19世纪俄罗斯文学的发展，又何曾不是因为俄国的贫穷和衰弱呢？那时的俄国人又何曾不想俄国迅速富起来、强起来呢？但它首先收获的却不是金钱和大炮，而是文学。那么，如果它当时得到了金钱和大炮却失掉了那时的文学，对于俄罗斯这个民族，是幸呢，还是不幸呢？

我认为，当我们回到当代的河南文学，我们就会看到，当代豫军的兴起，恰恰是与河南文化共同体的解构过程同步的。"文化大革命"并没有给它的新时期文学的发展留下足够的文化储备，国家主流意识形态的绝对权威使河南作家仍然停留在某种集体性的幻想中，李准的《大河奔流》仍然是当时河南文学的最强音。这种集体性的想象是在国家主流意识形态将河南搁浅在一片孤立的沙滩上之后渐渐淡化下去的。当20世纪90年代的经济大潮在南方各省和北方的一些地区沛然兴起之后，当社会精英们纷纷将眼睛盯住了那些腰缠万贯的大款们的屁股的时候，河南的贫苦农民也在自己的家乡无法安住了。这一次，没有国家的号召，没有集体的决议，没有领袖的引导，甚至也没有经过大队书记的批准，完全出于个人生存、温饱和发展的需要，越来越多的人离开了自己的家乡，走上了外出谋生的路。他们的人生发生了与自己固有的文化共同体脱钩的现象，也发生了与这个文化共同体内部的权力关系以及在这种权力关系中起着表面维系作用的国家主流意识形态的脱钩现象，而那些河南作家们的作品也开始显露出自己特有的色彩。在这里，我并不认为当代的河南文学已经取得了多么杰出的文学成就，但我认为，当代河南作家的意义很可能与郭小东对于广东文学的意义有所不同。在广东的文学中，郭小东只是一个孤立的现象，他的出现并不意味着广东文学必将有新的持续不断的发展，而当代河南作家群的出现很可能将是河南文学重新起飞并得到持续发展的开始。在广东，财富窒息了文学；在河南，贫穷灌溉了文学。它将一代代河南农村青年逐出家乡，逐出原来的河南文化共同体，去体验和经历不同的人生。与此同时，它也给那些有了书写能力的省内外的河南知识分子提供着大量为其他知识分子所无法驾驭的题材和人物，提供着广大的为其他知识分子所无法进入的文学空间。这些文学作品一方面可以在全国各地的读者中间寻找对于河南人的同情和了解，同时也可以使河南的乡亲从中照见自己的生活和自己的精神，逐渐提高他们在自己生活道路上的主动性和自觉性，并将一种文化意识渐渐渗透到他们的生活之中去。必须看到，不论是那些外出打工的青年农民，还是仍然留在本土的河南民众，都已经不是延安解放区时代所说的没有基本阅读能力的"工农兵"，当代教育事业的发展培养了他们的基本阅读能力，使他们有可能成为文学的接受者，也有可能成为文学的创作者。至少从现在的情况看，河南文化共同体的特殊性，使河南知识分子大量进入政界、企业界的可能性较之其他一些省份要小得多，因而河南籍作家队伍将有不断扩大的可能。这样，河南首先作为一个文学大省出现在中国较之首先作为一个经济大省或政治大省出现在中国的可能性就要大得多。

从20世纪90年代以来，都市小市民文学的发展是一个明显的趋势，它几乎以"横扫千军如卷席"的气势席卷了整个当代的中国文学和中国文化。它上薄精英阶层，下渗底层青年，将小市民的意识扩散到中国社会的每一个角落。毫无疑问，这种文学对于中国当代文学的发展是起到了推动作用的，是不能完全抹杀的，正像每一个中国公民都应有自己的生存权利一样，它在中国文学中也应有自己的生存权利。但是，它是一个民族文学中的一种文学潮流，却绝对不应是一个民族文学中唯一合法的或合理的文学潮流。但在我们的观念中，小市民的文化观念、文学观念、生存观念、价值观念，却几乎成了唯一合理的、合法的观念。在这种观念中，一切严肃的、社会的、负责任的、具有政治意义或人生价值的观念都是保守的、僵化的，因而也是不合理的观念，而一切非严肃的、非社会的、不负有任何社会责任的、非政治或反政治的、亵渎性的观念都是当代的、后现代的，因而也是正当的观念。这在梳理个体与群体、民间与国家、非主流意识形态与主流意识形态的关系，在"文化大革命"及其以前的铁板一块的社会思想中解放自己是有一定意义的。但也正因为如此，我们也在这种观念面前失去了自己的主体性，甚至连当代许多鲁迅研究者也不能不在这些观念面前退避三舍，听任这种观念越来越严重地侵入鲁迅研究界，并对鲁迅思想的诸多命题做出歪曲的解释。但当我们回到当代河南文化之中去，当我们关注的是当代河南人的生存和发展的需要，当我们在这种自然的、朴素的、人性的关心中建立起自己的文学和文学的观念，我们就会发现，直至现在，直至将来，都市小市民的文学都不可能是我们民族的唯一的文学，中国的现代化绝对不意味着就是小市民化。即使在中国当代的社会生活中，对于一个民族生存和发展具有关键意义的仍然不是小市民文化，而是上层的精英文化和底层的社会文化以及由这两种文化构成的整体结构。小市民文化只是这两个阶层之间的过渡带或粘合层，它将这两种文化隔离开，起到的是缓冲的作用。

　　毫无疑义，河南文化是与小市民文化有着截然分界的两种不同的文化，不论在过去，还是在现在，河南文化都不是享乐主义文化。一旦它从国家的、集体的幻想中苏醒过来，它所回归的就是自我生存、温饱和发展的基点，小市民文化所宣扬的一切：享受、快乐、性自由等等，都只是在这个基点上建立起来的个体的、日常的、生活的习俗，而不是自我的根本标志和追求目标。它既不是政治的，也不是反政治的；既不是国家的，也不是反国家的；既不是启蒙的，也不是反启蒙的；既不是精英的，也不是反精英的。像鲁迅所体现的，它是一种独立的文化观念和文学观念，是有自己独立的表现形态和表现方式的。当然，这并不意味着其中的每一个人都有相同的文化观念和文学观念，但只要意识到河南文化共同体的特点，我们就会看到，它自身是有一种趋向性的。具体到中国现代文学研究界，时至今日，我们仍然不能说它已经取得了多么杰出的成就，但有一种趋向我们却是可以感受出来的。在"文化大革命"结束之后的翻案风潮盛行的中国现代文学界，唯一一个没有放弃解放区文学研究的大学中文系，大概就是河南大学中文系，刘增杰教授在以开放的姿态接纳了中青年一代的新的研究倾向的同时，但也没有放弃自己所主持的解放区文学研究；刘思谦教授则是最早从事中国现代女性文学研究的现代文学专家之一，她也是河南大学中文系的教授，而女性文学，我们知道，也是一种弱势群体的文学；在我们这一代人中，赵园是河南人，大概也是与小市民文学潮流最少关系的人；陈继会是研究中国现代乡土文学的专家，在来深圳大学之前是郑州大学中文系的教授；现仍在郑州大学中文系任教的樊乐平教授是研究台湾女性文学的，因为她曾在北京师范大学中文系进修而使我注意到她的研究活动。在我的博士研究生中，有两个是河南人，其一就是该书的作者梁鸿，她的这部专著大概是唯一以现当代河南文学为研究对象的博士学位论文；另一个是现在河南大学中文系任教的孟庆澍，攻读博士学位时他自己选择的研究方向是中国现代无政府主义文学研究。他的这个选题是我未曾想到的，对我启发很大。在我写这篇文章的过程中，又收到了张宁的专著《无数人们与无穷远方：鲁迅与左翼》。张宁也是河南人。我认为，在近年的鲁迅和左翼文学研究中，张宁的这部专著是值得特别推荐的研究成果之一。最后不能不提的一个河南籍的中国现代文学研究者是解志熙教授，他是北京大学中文系的博士，现任教于清华大学，至少在我的感觉里，在这两个最"洋气"的名牌大学中，他身上依然保留着河南农村的"土气"……我认为，通过所有这些分散的、零星的事实，它还是呈现出只有在河南文学研究中才能出现的一种总体的倾向，即它与城市小市民文学趣味是绝缘的，对弱势群体的关怀和对弱势群体文学的重视，使他们在完全个性化、非主流化的追求中也始终坚守着社会化的方向。

必须看到，对于同样一个社会，同样一种社会现象，不同的人，是可以有不同的感受和解读的方式的。在毛泽东时代，出于巩固在革命战争的基础上刚刚建立起的国家政权的需要，将无文化的穷苦农民神圣化、将知识精英恶魔化的倾向始终是一种主要的倾向，这使中国社会的发展常常陷入盲目性，也给中国社会造成了破坏性的影响。河南文化，特别是河南的贫苦农民，在这种盲目性中受到鼓舞，但也在这种盲目性中受到破坏。但从20世纪90年代开始，精英知识分子逐渐掌握了中国社会的话语权，对于这个历史时期的中国社会及其所取得的显著进步，常常是以精英知识分子的话语给以解读的。在这种话语形式下，最近二十余年来的经济发展，几乎完全出于精英阶层的努力。企业家的创业，科学技术的引进，当然还有政治管理的改善，都以十分显豁的位置出现在人们的眼前，而农民，特别是贫苦农民，好像仅仅成了中国社会发展的一个意欲摆脱而无法摆脱的沉重负担。这是一种文化，一种视角，但这种文化，这种视角却绝对不是唯一的文化，唯一的视角。必须看到，中国经济的发展，中国在世界经济格局中地位的提高，除了我们不能不承认的精英阶层的努力之外，劳动力价格的低廉同样是不可抹杀的关键因素之一。这个劳动力价格的低廉，不正是中国底层人民群众，特别是大量贫苦农民为中国的经济发展做出的贡献吗？他们在极其艰难困苦的条件之下，承担了自己，承担了自己的家庭，也承担了最大量的社会劳动。精英阶层为社会做出了自己的贡献，但也取得了与西方发达国家比较接近的劳动报酬，而这些底层社会群众所取得的报酬却不是依照西方劳工的标准取得的，而是依照自己最低的生活标准而获得的。社会的两端，运用的是两个标准，各向两极分化。在这时，中国需要一种文化，一种在精英文化与弱势群体文化的整体结构中感受自己和感受社会的文化。这种文化，是在不同社会阶层人的相互感受和理解中建立起来的，而不是在任何外国的或中国的文化教条中建立起来的。这种文化首先孕育在社会文学以及社会文学的发展中。所以，我认为，在河南文化共同体的裂变过程中孕育着的河南文学的发展，其意义绝不仅仅在于河南，而更在于当前整个的中国社会。正像19世纪俄罗斯文学发展的意义不仅仅在于俄罗斯，同时也在于整个世界一样。

结束语

西方人认为，中国人有种东方神秘主义的倾向，我也是。

当我两眼注视着中国地图的时候，我好像觉得，周围的各省就像中国的躯体，而河南，则是中国的心脏。

时至今日，中国的整个躯体健壮了起来，并且有不断健壮下去的趋势。但在心里，还是时时感到一种忧郁，一种悲怆的情绪。

这说明，我们的心脏还不是完全健康的。

我觉得，当河南文化也呈现出一派繁荣景象的时候，中国的社会，中国的文化，才将是一个完全健壮的文化。

河南文化的繁荣，从河南文学的繁荣开始。

2008年3月10日于汕头大学文学院
原载《渤海大学学报（哲学社会科学版）》2008年第5期

从本质主义的走向发生学的
——女性文学研究之我见

一

不容讳言，中国近现代文化几乎所有重大的变化，最初都是受到西方文化的影响的。对于我们，这几乎是毫无办法的事情。中国古代的社会，是一个家国同构的社会，所有的文化，都是在这个家国同构的社会结构之中得到感受和理解的，西方则较之我们更早地进入了现代的社会，文化也是在这样一个社会上得到感受和理解的。两种文化一接触，中国文化不变不行了，西方文化对中国文化的压迫就大了起来。什么都是先从西方拿来，我们既不熟悉，又不适应，不变又不行，总有一种无可奈何之感。无奈守旧的文人一讲中国文化，还是中国古代的那一套，还是"四书"和"五经"，还是忠孝节义、仁义礼智信。这些话讲了两千多年，对于现实存在的具体问题不想说个明白，玩的是"空手道"，涉世未深的青年人或许还觉得有些新鲜，一接触到实际的社会问题，这些文人就"环顾左右而言他"了，还是不管用。

中国的女性问题也是这样。要是没有西方文化的"压迫"，中国的文人才不会提什么女性问题哩。在中国，国是皇帝的，家里那几亩地是父亲的，女性只能老老实实地"嫁鸡随鸡，嫁狗随狗"。要是和现在一样，

从本质主义的走向发生学的

老婆一不高兴，就可以和男人离婚，一离，就带走一半家产。如果家里统共只有四十亩地，离上三次婚，这个男人就得喝西北风去，天底下哪有这么傻的男人？再说，即使女人离婚不带走财产，一个男人娶上个老婆也不容易，特别是穷人家，你一走，他就得打一辈子光棍，"断子绝孙"，能允许你自由离婚？所以，在家国同构的中国古代社会里，是不能给女性以自由的。中国女性没有离婚的自由，也就更没有恋爱的自由。国是皇帝的，家是父亲的，这个国，这个家，自然都是讲血缘关系的。你在婚前"乱搞"，与这个男的生了几个儿子，与那个男的生了几个儿子，一结婚，把这些"杂种"都带到了丈夫家里，与丈夫的亲生儿子一样分田地，分财产，谁乐意？所以，中国的女性不能随随便便接触男性，除了与自己的丈夫能有肉体接触之外，与任何男人都不能有这样的接触，"男女授受不亲"。恋爱是非法的，结婚当然就得靠"父母之命、媒妁之言"，不仅女性没有婚姻的自由，即使青年男子也没有这种自由。女人被娶到了男人家，人家是"父子兄弟"一大家子，只有你是孤零零一个人来到人家家里，对谁都得赔着小心，你要是想在这个家里过下去，就得一心一意地侍候好你的老公，假若连老公都不疼爱你，你这一辈子可就完蛋了。可是，你老公就能全心全意地疼爱你吗？也不能！即使他还不是那么嫌弃你，他不是还有父母兄弟吗？对父母要尽"孝"，对弟兄要讲"悌"，不能把你放在最前边。这样熬啊，熬啊，熬上一辈子，才能熬上一个婆婆的地位。在这个地位上，你还是得依靠欺负另外一个女性（儿媳妇）过日子，其他人你还是得罪不起的……

西方人打到中国来了，中国不变不行了，几个明白事理的知识分子才提倡学外国，学外国的科学技术，学外国的教育，不办私塾了，不搞科举了，办"洋学堂"。而西方的女子是有受教育的权利的，是可以和男人交际的，是可以自由恋爱的，是婚姻自主的，是男女平等的，自然学外国，这些也得学，不学，就显出中国的落后来了。但是，学自然要学，要说心里那么舒服，那么熨帖，却也未必，因为到底从小受的是传统的教育，整个社会还是像过去一样，别人都不"解放"，只有自己"解放"，如果连自己的老婆都"解放"了，还是不那么情愿的。所以，中国近现代女性的解放，是西方文化压迫的结果，没有这个压迫，仅仅依靠自己的自觉自愿，恐怕是很难的。

在某种意义上，这种被迫解放的性质，不仅是对于中国男性而言的，同时也是对于中国女性而言的。在中国古代的社会里，女性尽管是受压迫的，但几千年来都是如此，连社会的价值观念都是按照这个标准制定的，大家都这样，也就感觉不出什么来了。倒是那些首先"解放"的，不但男人看不惯，就是多数女人看着也不顺眼。以前是姊妹妯娌们都一样，现在你一个人，像是在鸡群里站出来一只鹤，连别人看你的眼光都变得与以前不一样了。以前虽然受压迫，但到底是个"正经女人"，在社会上还能享受一个"正经女人"所能够享受到的尊重，现在你连个"正经女人"也不算了，你受到的压迫不但没有减轻，反而更加严重了。用中国老百姓的一句话来说，就叫"偷鸡不成反蚀一把米"。所以，在中国，聪明的女人是不会要求妇女解放的，要解放，也得有个人陪着。具体说来，就是要有一个男人爱自己，这个男人希望自己冲破旧家庭的束缚，两个人一块儿解放。中国女性的解放是和中国的男性解放一块儿进行的，是从自由恋爱、自由结婚开始的。这不但不等同于离开自己的丈夫独自出走的娜拉（易卜生《玩偶之家》），甚至也不等同于独自在这个世界上奔波求生的简·爱（夏洛蒂·勃朗特《简·爱》）。严格说来，自由恋爱、自由结婚还算不上女性解放，因为这是两个人的事，两性的事，而不是一个人的事，女性的事。这在中国古代也是有的，开始当然得有很多的波折，但只要搞成了，并且结婚之后两个人安安稳稳地过上一辈子，不但可以不以违背伦理道德论处，还会传为美谈，编成戏剧或小说，弘扬一番，真不必争什么西方的女性解放、男女平等的理论。

中国女性解放的这种"被解放"的性质，在文化的表现上，就是中国女性从来都是依照外国的"理"来讲自己的解放的。在"理"上讲得头头是道，但到了实际生活中，这些"理"并不管用，因为多数人并不信你那些"理"，人家信的还是中国的老规矩。你尽管讲你的"理"，但到了实际上，人家还是按照人家的规矩办，你有什么"咒"念？五四时期的女性解放运动是这样，"文化大革命"结束之后的女性解放运动也是这样。女权主义理论仍然是人家外国女性在外国现实条件下提出来的。既然是人家外国人先提出来的，所以中国的女性主义者首先介

从本质主义的走向发生学的

绍的是理论，首先讲的是女权主义理论的本质特征，也用这种体现其本质特征的理论研究中国的文学。但在这里，也就出现了一个问题。影响中国女性解放的现实社会条件及其价值观念体系本身就是不一样的，我们能否仅仅用西方女权主义理论的本质性规定说清中国女性解放的问题呢？我们能否对中国女性文学的发展和演变做出一个令人信服的合理阐释呢？西方的马克思主义到了中国，就成了毛泽东思想，这说明中国的革命虽然受到西方马克思主义的影响，但到了中国，中国人就有了主动性，不是西方文化中的马克思主义了。我认为，中国的女性解放，也得这样，也得理出中国女性解放的一个头绪来，不能像王明那样只将西方的马克思主义理论讲得天花乱坠，一到实际问题上，不但解决不了问题，反而把问题越弄越复杂，越弄越不利于自己。在这时，我认为，暂时离开女权主义文化理论和女性文学的本质主义规定，而回到对中国女性解放运动和女性文学发生、发展情况的具体考察中来，就是十分必要的了。

张莉的《浮出历史地表之前——中国现代女性写作的发生》（2010年南开大学出版社出版），就是在发生学的意义上对中国近现代女性文学的考察。它较之那些用西方女权主义文学理论直接阐释和分析中国现代文学作品的女性文学研究，更多地离开了本质主义的考察，而进入到中国现代女性文学自身生成与发展的历史性的描述之中来。但在这里，她几乎本能般地从中国女性文学的发展史上揪出了一个带有本质性的文学现象——中国近现代女性文学首先是在女学生中间发生的，因而中国近现代女性解放运动和中国近现代女性文学，特别是在开始阶段，也带有鲜明的女学生的文化特征。

我认为，张莉在这里似乎说的是尽人皆知的一个简单的历史事实，但对于中国女性文学研究乃至中国的女性解放理论却是一个非常重要的发现。我这里用"重要"这个词，一点也不感到牵强。因为在我看来，女性之受到男权主义的压迫，是西方女权主义理论早就揭示出来的一个本质主义的命题，不过一旦将问题转向中国女性解放和中国女性文学的发展，首要的问题就应当是这个发生学的问题，这个中国女性解放理论和中国女性文学的发源地的问题。

如上所述，中国古代是一个家国同构的社会，中国女性的命运是在这个家国同构的社会结构中先天地被注定了的。也就是说，只要中国社会还是一个家国同构的社会，任何女性的个人命运的改善都是个别的、偶然的、随时都可以发生逆转的文化现象，而女性受到男权主义的压迫则是一个普遍的、绝对的、不可逆转的铁的历史事实。在中国古代，也有像吕后、武则天、慈禧太后这样的女性政治家，像蔡文姬、李清照这样的女性文学家，甚至也有像妈祖这样被广大社会群众供奉的女性神灵，但只要家国同构的社会结构没有发生根本性质的变化，她们在其本质上都是借助男性的权力而实现个人命运的改善的，而并不意味着中国女性的真正解放和中国女性社会地位的真正提高。在这里，也就有了一个中国真正的女性解放的社会空间的问题。在这个社会空间中，家国同构的社会关系开始发生根本的变化，男女两性的关系不是在家庭经济关系和国家政治关系的基础上建立起来的，而是在真正意义上的男女两性的平等关系中建立起来的，尽管这种关系还会带有传统社会的传统思想的严重影响，甚至也无法完全摆脱外部社会的控制和制约，但在其内部孕育和生长着的却是真正意义上的男女两性的关系，而在这种关系中也就孕育着真正意义上的女性解放的思想，在其文学表现上也就有真正意义上的女性文学的因素。那么，在中国近现代社会的演变和发展中，这样的文化空间在哪里呢？不就是学校教育空间吗？在其中体现女性解放的愿望和曲折地表达出这种愿望的，不就是女学生的文学吗？

二

直到现在，中国的学校还是够复杂的，在学校教书的教员和学生也是五花八门的，并且它确实既不像中国古代的学校那样高雅，也不像西方的学校那样纯洁，什么乌七八糟的东西都可能在中国学校之内发生。但与此同时，我们也必须看到，中国现代文化中的一切新因素，也都是在中国现代学校中萌芽的。为什么呢？因为在从家国同构的中国古代社会向中国现代社会过渡的过程中，学校几乎是唯一依照现代社会的基本原则建构起来的一个准社会空间。我们说它是"准"社会空间，是因为

从本质主义的走向发生学的

它还不是一个完整形态的社会空间,学生也还不是一个完整意义上的社会成员,社会上无法避免的政治、经济的权力关系还无法完全进入到学校教育和大学生的现实生活之中去。但也正是因为如此,在其中也孕育和发展着一种新的社会关系,适应中国古代家国同构的社会形态建构起来的忠孝节义等一整套的思想原则在这个社会空间已经不具有关键的意义,只要摆脱掉从外部社会带来的等级观念,在同学与同学之间自然建立起来的关系是平等的,而在这种平等的关系中自然孕育着的则是一种新的人的观念。中国现代学校与中国古代的私塾教育在其本质上就有两个根本的差别。其一,中国古代的私塾教育在其本质的意义上完成的就是将学生由"家"向"国"的转运任务,因而其教育的内容也是将家庭的自然伦理关系转化为国家意识形态的政治伦理关系,与家国同构的中国古代社会有着高度的适应性,而中国现代教育则是为"社会"输送可以承担特定社会责任的"个人",其观念是在"社会—个人"的复杂多变的关系中建构起来的。其二,中国古代私塾是一个单性的(男性的)社会群体,而中国现代学校则是男女两性共同构成的社会空间。男女两性的关系在这个社会空间中是趋于平等的。不难看出,这同时也是孕育女性解放思想和女性文学的一个社会空间。

当张莉将中国近现代早期的女性文学定义为女学生文学,我们几乎在本能上就感觉到了中国近现代女性文学与西方女性文学的根本性的差异。这种差异就是"本质区别",就是"特征"。我们看到,当张莉将中国近现代早期的女性文学定义为女学生文学的时候,我们是不会产生多么大的异议的,但我们却绝对不能将西方早期的女性文学也定义为女学生文学。在这里,就看出二者的差别来了。显而易见,这种差别,首先不在于中国现代女性与西方现代女性所倡导的思想理论有什么不同,而在于中国古代文化与西方古代文化以及所造就的人与人的具体社会关系本身就是不同的。在这时,也只有在这时,我们才能看到,中国的女性文学研究是不能仅仅依靠西方女权主义文学理论的本质主义的规定的,而必须回到中国的社会现实和文化现实中来,必须在中国社会现实和文化现实的基础上感受和理解中国女性的解放之路,必须在中国社会现实和文化现实的基础上感受、理解和阐释中国的女性文学作品。没有西方化就没有中国女性文学和女性文学研究的发生，所以我们不能从根本上否定西方文化对中国文化的影响，但与此同时，我们也不能只有西方化而没有中国化，没有中国化的西方化起到的只是圣化西方的作用，只是将西方文化当成包治百病的灵丹妙药而顶礼膜拜的作用，而不是促进中国文化和中国社会的具体发展的作用。

  毫无疑义，中国古代文化和西方古代文化都是男权主义的文化，在这种文化中女性是没有与男性的平等权利的，是受压迫的，但套在女性脖子上的绳索在西方与在中国却是不同的。西方文化从古希腊时代起就是一种社会性质的文化，而不是在家国同构的社会中以家庭伦理为基础生成和发展起来的政治伦理文化。西方女性在西方社会上的地位是随同西方社会观念的整体变化而逐渐变化的，并且是与西方女性自身的挣扎与反抗紧密联系在一起的。而在家国同构的社会上，在以血缘亲情关系为基本联系纽带的中国社会里，女性是不可能仅仅依靠自身的力量而挣得自己的自由和解放的，她必须依靠与男性的合作，首先挣脱这种以血缘亲情关系为基本联系纽带的伦理道德观念的束缚，而后才能够在现代社会的联系中取得自己独立反抗的力量。这里的道理是不难理解的，如果一个男人杀死自己"红杏出墙"的妻子不但不会受到社会的制裁反而会受到社会的鼓励和赞扬的话，这个女性是无论如何也无法为自己争取到自由的权利的。在这时，首先需要的是包括男性在内的全部社会成员承认在法律面前男女平等的权利，而后才有女性为自己争取更大社会权益的可能。不难看到，这种真正意义上的男女平等的观念，在中国，最初几乎只有在现代学校的同学之间的关系中才能自然地生长起来。只有在这种关系中，女性才是一个独立的个人，男女两性的联系才是个人与个人之间的平等联系，在此基础上发生的恋爱关系则是两个独立的个人的情爱联系，由此导致的婚姻至少在最初的阶段是平等的，而不是男性对女性的占有和压迫。

  在西方，女性也是受压迫的，但这种受压迫的地位主要是由于其在社会政治关系和社会生产关系中的地位所决定的，女性没有公民权，不能直接参加社会的管理，在生产关系中也处于被动的地位，女性的声音在整个社会文化中是极其微弱的，但男女两性的爱情关系即使是婚外的

从本质主义的走向发生学的

爱情关系在西方文化中是得到更多的承认的，西方文学也为西方女性留下了更大一些的社会文化空间。在古希腊，萨福是一个女性诗人，同时也是古希腊一个最杰出的抒情诗人。在中世纪，西方文学的枯萎是男女两性文学的同时枯萎，其原因是神学对人文的压迫，而不主要是男性对女性的压迫。而在中世纪宗教神学里，由亚当与夏娃所暗示的两性关系，尽管夏娃处于从属的地位，但整个人类却是由男女两性共同构成的，这较之中国传统儒家文化以父子为主导的社会关系模式到底为女性留下了更高的社会地位，两性爱情也是作为整个人类的主要联系纽带而得到重视和肯定的。文艺复兴之后，女性的形象就以十分显赫的地位出现在男性的文学中，像彼特拉克这样的桂冠诗人几乎都是爱情诗人，这种传统一直持续到西方的浪漫主义时代。我认为，西方的启蒙主义时代实际是西方女性正式进入社会文化领域的时代，尽管在法国启蒙运动中活动在前台的是伏尔泰、狄德罗、卢梭这样一些男性的启蒙思想家，但在其背后主持着当时文化沙龙的却是一些贵族夫人，一些贵族女性。不难看出，这些贵族女性正是西方女性文学作家的前身。法国的斯台尔夫人、乔治·桑这些贵族女性成了西方最早的一批女性文学作家。直到19世纪，作为个人而言的西方女性作家的艺术成就已经达到了与男性作家可以并肩比美的高度，夏洛蒂·勃朗特的《简·爱》、艾米莉·勃朗特的《呼啸山庄》、奥斯汀的《傲慢与偏见》，同当时最优秀的男性作家的作品一起，成了西方文学史上的经典。所有这些西方女性作家，都不是作为女学生而进入西方文坛的，她们的作品都有一个十分广阔的社会背景，她们作品的女主人公的命运都是在这个十分广阔的社会背景上被铸定的，而其中也不难看到她们自己的独立挣扎和反抗……也就是说，在西方的文学史上，没有任何一个历史阶段的女性文学主要由女学生文学构成，这与中国近现代的女性文学是不同的。

只要意识到中国早期的女性解放运动实际上只是中国女学生的思想解放运动，中国早期的女性文学实际上只是中国女学生的文学，我们就能够看到，迄今为止的中国女性解放运动和中国女性文学的发展道路与西方的女性解放运动和西方女性文学的发展道路是有根本不同的路向和特征的。如果说西方女性文学在整体上自始至终都是沿着一条"向自我"、"向女性"的道路发展的话，迄今为止的中国女性文学则是沿着一条"向他者""向社会"的道路发展的。我认为，这种不同也是不难理解的。在西方，女性开始时不是"政治人"，不是"经济人"，但至少在观念上还是一个"社会人"。西方女性这种"社会人"的性质是通过与男性的爱情关系得到观念上的认可的。在西方的爱情关系中，男女两性都是独立的个人，其中任何一方都有爱或不爱对方的权利，整个社会则是由这种各自具有爱与不爱的独立性的两性共同构成的。西方女性之受压迫，不是在爱情关系本身就不平等，而是在社会的政治、经济关系中是不平等的。这种不平等也严重影响到男女两性婚姻关系的不平等，但在观念上的两性爱情关系中女性还是作为一个独立的社会人而存在的，也是得到整个社会的承认的。我认为，正是西方女性这种"社会人"的资格，使其在西方启蒙运动"自由、平等、博爱"的思想旗帜之下，获得了在观念上与男性完全平等的权利，西方女性也越来越多地进入一向被男性所独占的各个不同的社会领域。在这时，她们首先关心的已经主要不是自己自由恋爱的权利，而是在这样一个一向由男性独占的社会上女性自身的生存和发展的问题。她们必须在这样一个社会上为自己找到生存和发展的空间，从而也越来越感到自己与男性社会成员的不同，越来越感到自我在这个一向由男性独占的社会上的举步维艰。不难看出，西方当代女权主义文化理论与西方当代女性主义文学就是在这个基础上发展起来的，它所提出的已经不是女性与男性在社会关系中的平等权利问题，而是在这种平等权利背后的不平等的问题，这种不平等已经不是男女两性共同感知的理性上的不平等，而是只有"姐妹们"才能共同感受和体验到的不平等。

在这个意义上，迄今为止的西方女性解放运动和西方女性文学在西方社会历史上经历了三个历史发展阶段，而女权主义理论和当代女性主义文学则标志着它的第三个历史阶段的开始。在第一个历史阶段，西方女性除了在与男性的爱情关系中享有观念上的独立性之外，在所有其他的社会关系中，都没有自己的独立地位，少量的女性文学作品也没有表现出对社会政治、经济、文化现实状况的整体关怀。启蒙运动之后是西方女性正式进入西方社会及其文化的历史阶段，这个历史阶段是西方女

从本质主义的走向发生学的

性争取与男性平等的社会权利的阶段，其文学作品也像男性文学一样具有了整体的社会性质，其内部和外部的社会空间都得到了与男性文学同等规模的开拓。西方当代女权主义文化理论与女性主义文学是在西方女性广泛进入西方社会、在观念上已经获得了与男性完全平等的权利之后生成与发展起来的。在这个历史阶段，西方女性从上个历史阶段的女性个人主义逐渐走向女性集体主义，标志着西方女性已经明确地作为一个独立的社会弱势群体走上了西方文化的历史舞台。它所提出的问题，已经不是个别女性自身的前途和命运的问题，而是女性文化在整个人类文化中的地位和作用的问题。西方女性解放运动和西方女性文学的发展道路，从整体上来说，走的是一条不断回归自我、回归女性的道路，并且越来越强化了依靠自身的努力以实现自我的独立追求目标的性别特征。中国现当代女性解放与女性文学的发展道路则与此不同，这种不同在很大程度上是由于它是从女学生文化开其端的。

三

在中国古代家国同构的社会关系中，女性在理念上就是作为一个有生殖能力的"自然人"而被看待的，不论从任何角度都不具有"社会人"的性质。中国现代女学生标志着中国女性从"自然人"向"社会人"的转变，但这种转变还不是整体意义上的转变，女学生的文学也不是整体意义上的社会文学。从西方输入的所有妇女解放的理论，对于这些女学生而言，除了恋爱自由、婚姻自主的主张具有严格的现实性之外，其余的一切还都停留在社会理想的层面上，而不是在其亲身的人生经历和人生体验基础上形成的相对稳定的世界观念和人生观念。如果说我们从《简·爱》《呼啸山庄》《傲慢与偏见》等作品中，感受到的是这些西方女性作者的"入世后"的丰满，我们从20世纪20年代的陈衡哲、冰心、庐隐、冯沅君、凌叔华等中国女性作者的作品里，感受到的则是她们"入世前"的单纯。显而易见，此后的中国女性文学，实际是在这种女学生文学的基础上逐渐向外浸润的，但从学校教育空间向任何一个方向的扩散，遇到的都是在家国同构的中国社会中生成和发展起来的伦理道德观念的挤压和封堵。对于中国女性的独立意识而言，现代学校教育仅仅是一个规模狭小的温室，并且只能在这个温室中度过极为短暂的时间。当中国女性一旦脱离开这个温室，所介入的实际社会关系都不能不是在家国同构的社会上所早已构成的各种不同形式的社会关系，这些女学生本人所感到的，也不再是逐渐强化自己的独立意识的需要，而是如何适应中国现实社会条件、并在这种条件下求得自身生存和发展的需要。在这时，中国的女性与中国的女性文学实际是沿着向他者、向社会的方向发展的。理解他者、迁就他者理解社会、迁就社会，实际是这个发展阶段的总趋势。

到了20世纪30年代，丁玲、萧红等女性作家仍然表现着从女学生向社会女性转化的特征。丁玲的《梦珂》《莎菲女士的日记》，萧红的《生死场》《呼兰河传》之所以表现出某种程度的融情入理、情理交融的特征，不是因为她们已经具有了包法利夫人（福楼拜《包法利夫人》）、简·爱（夏洛蒂·勃朗特《简·爱》）、安娜·卡列尼娜（列夫·托尔斯泰《安娜·卡列尼娜》）这些西方女性的独立承担能力，而是因为她们仍然是睁大着女学生的好奇的眼睛而观看着这个由男性独占的现实世界的，她们在校门内所体验到的令自我感到鼓舞、奋发的独立性（女性），现在则成了她们悲剧感受乃至悲剧命运的根源，她们面对这个家国同构的现实社会是束手无策、无所作为的。丁玲的创作道路向我们揭示的是，一个中国现代女学生如果不安于自己的无所作为，就必须走出自己、走出女性，而在一向由男性独占的现实世界上找到自己的位置，找到自己存在和发展的空间。但在这里，我们看到，丁玲实际是在男性意识和女性意识之间串来串去的，她要在现实世界里获得自己的一席合法的地位，就必须放弃自己已有的女性的独立立场而以她所隶属的社会整体的要求阐释世界和表现世界，而这个整体的立场是不能容纳她作为一个女性的独立立场的。这使她后来的作品失去了完全统一的思想脉络和艺术脉络，失去了统一的风格特征。始终保持了自己的艺术风格的统一性的是20世纪40年代走上文坛的张爱玲。但张爱玲描写的恰恰不是一些在现实社会谋求自身存在和发展的社会女性，而是一些停留在自然人阶段的小市民女性。这些女性像中国古代的女性一样，没有自己独立的政治、经济、文化的

从本质主义的走向发生学的

地位，必须接受男权社会的保护和豢养。张爱玲站在现代女学生的思想高度俯瞰这些女性，表现出了游刃有余的气度，但她自己却也停留在一个现代女学生的思想高度上。当代张爱玲研究者常常称张爱玲为"才女"，而这个"才女"的称号恰恰将其从女性中独立出来，而与男性的"才子"结成了一个有机整体。实际上，如果仔细体味，"才女"其实就是毕业后的"聪明的女学生"，"才子"则是毕业后的"聪明的男学生"。在学校里，"聪明的女学生"相对于"聪明的男学生"是有完全的独立性的，甚至是有身份上的优越感的，但到了社会上，"才女"就成了"才子"的附庸。"才子"向来是以占有"才女"为荣的，而"才女"则是在"才子"的这种强烈的占有欲望面前感到卑屈和无奈的。《小团圆》的出版，将张爱玲与胡兰成的这种微妙的两性关系暴露无遗——张爱玲较之丁玲走的更是一条屈从于现实社会、屈从于男性文化的道路。

中国现代女性这种整体上"被解放"的性质，我们完全可以从这样一个事实得到证明。在中国现代文学史上，最丰满的社会女性形象，不是由女性作家塑造出来的，而是由那些关心女性解放的男性作家塑造出来的。20世纪20年代的子君（鲁迅《伤逝》），女娲（鲁迅《补天》），20世纪三四十年代的繁漪（曹禺《雷雨》）、陈白露（曹禺《日出》）、金子（曹禺《原野》）、瑞芳（曹禺《北京人》）、蔡大嫂（李劼人《死水微澜》）、春桃（许地山《春桃》）等等女性形象，之所以较之中国现代女性作家笔下的女性形象更加光彩照人，显而易见，主要不是由于作家的性别关系，而是因为女学生的人生观念带有更加明显的温室效应，并不足以承担两千年家国同构的中国社会加在中国女性身上的沉重压力，它需要的同样是切切实实的挣扎和努力。1949年以后的中国社会，在提高女性社会地位方面所做的工作可以说是最多的，这一方面表现在学校教育规模的迅速扩大和女学生比例的迅速提高，另一方面则表现在男女平等观念的广泛宣传和普及，但所有这些都没有体现在中国女性文学创作的真正繁荣中。这里的原因是十分明显的，因为在这种"被解放"的形式下，真正的女性意识是无法得到切实的提高和实质性的发展的。我们看到，中国女性解放和中国女性文学在"文化大革命"结束之后的再一次起飞，仍然是在本质上属于后女学生文化的女知青文化的基础上实现的，而本质上同样属于后学生文化的研究生文化，则从西方女权主义文化理论和女性主义文学理论中，为这个时期的中国女性解放和中国女性文学的发展找到了理论上的说明。但是，我们必须看到，从20世纪90年代开始的中国女性解放和中国女性文学，除了少数的例外，走的仍然不是向自我、向女性的发展道路，而是适应中国现实社会条件的向他者、向社会的发展道路。在中国女性文化理论和中国女性文学迅速发展的同时，底层社会妇女的生存状态不但没有得到更大的改善，反而呈现出极度恶化的状态，这是不能不引起中国女性作家的注意的。

总之，我认为，张莉《浮出历史地表之前——中国现代女性写作的发生》这一论著所提出的问题是至关重要的，它使我们换一种眼光看待中国女性文学的发展，换一种中国女性文学的研究思路。至于它的写作本身，我认为，也呈现出一种切实而不浮夸的特色，资料的工作做得是很到家的，用事实说话，而不流于"婆说婆有理，公说公有理"的花样翻新。

原载《南开学报（哲学社会科学版）》2010年第2期

当代鲁迅研究漫谈
——朱崇科《1927年广州场域中的鲁迅转换》序

一

我认为，从1949年至今的鲁迅研究，可以粗略划分为三个时期：一、政治化时期；二、非政治化时期；三、多元化时期。

从1949年中华人民共和国成立至1976年"文化大革命"结束，是一个政治化的时期。这个时期的鲁迅研究是继承着20世纪30年代左翼鲁迅研究和20世纪40年代解放区鲁迅研究的传统发展而来的，并且以毛泽东对鲁迅的三个"家"的评价为最高纲领。自然毛泽东对鲁迅三个"家"的评价是这个时期鲁迅研究的最高纲领，所以这个时期的鲁迅研究归根到底只是20世纪40年代解放区鲁迅研究传统的演化和发展，20世纪30年代左翼鲁迅研究的传统到了1949年之后走的是相继萎落的道路，胡风被打成反革命集团的首领在先，冯雪峰被划为右派在后，左翼鲁迅研究的传统就完全被解放区鲁迅研究的传统所取代了。只剩下一个李何林，在"学习鲁迅、宣传鲁迅、保卫鲁迅"的口号下坚持了自己20世纪30年代的左翼鲁迅研究传统，但即使他，在具体论述上也不能不以毛泽东关于鲁迅三个"家"的论述为纲。20世纪40年代的解放区传统，实际就是中国共产党领导的政治革命的传统，所以毛泽东关于鲁迅三个"家"的评价在这个传统中必然是以"革命家"为终极价值的，并且这个"革命家"的标准就是"政治革命家"的标准，鲁迅是放在"政治革命家"的标准下被认识和评价的，"思想家""文学家"只是这个"政治革命家"的具体注脚，是在符合"政治革命家"要求的意义上被肯定的。所以，政治革命意义上的"革命"成为这个时期鲁迅研究的关键词，鲁迅文学作品的意义是"革命"的意义，作为一个人的鲁迅是"革命"的战士，即使鲁迅与许广平的恋爱关系，也是"革命"的"同志"式的恋爱关系。扯不到"革命"上的事情，就没有什么意义了，因而也不能扯到鲁迅身上去。扯上去，就是对鲁迅的污蔑。

从1976年"文化大革命"结束到20世纪80年代中期，是一个非政治化的时期。显而易见，这个非政治化时期，实际是对上面那个政治化时期的反拨。为什么"反拨"？很多人认为是由于政治化时期的人们"神化"了鲁迅。这个说法不是没有一点道理，但我认为，若从本质的意义上讲，恰恰是由于政治化时期的人们用架空的形式消解了鲁迅、否定了鲁迅。这一点是不难理解的，从严格的意义上讲，鲁迅连一天也未曾参加过政治革命，更不是什么"政治革命家"。从"政治革命"的标准出发，任何一个从井冈山、延安革命根据地来的革命战士的"革命性"都是不证自明的，而鲁迅的"革命性"则是证而不明的。在这个时期，鲁迅在中国社会文化中的地位实际经历了一个"明升暗降"的过程，词语上的评价是越来越天花乱坠，但鲁迅在社会公众心目中的地位却处在直线下降的过程中。到了"文化大革命"，他就被说成了一个"毛泽东的小学生"。眼前就有"大先生"，何必再学"小学生"？所以若不是周海婴亲自写信给毛泽东并经毛泽东恩准，连那套1938年版翻印的《鲁迅全集》都没有人出了。政治化导致了鲁迅研究自身的毁灭，"文化大革命"结束之后的鲁迅研究就不能不表现出非政治化的倾向了。

这个时期的非政治化并非是非革命化，只不过这个"革命"已经不是毛泽东时代的"政治革命"，而是在更普遍也更深入意义上的"革命"了。实际上，这个时期各个鲁迅研究者的具体视点是各自歧异的，李泽厚是从中国近现代思想发展史的角度研究鲁迅的，刘再复是从文艺美学的角度研究鲁迅的，王德厚是从鲁迅"立人"思想（改造国民性）的角

当代鲁迅研究漫谈

度研究鲁迅的，王富仁是从反封建思想革命的角度研究鲁迅的，钱理群是从精神现象学的角度研究鲁迅的，王晓明是从现实社会人生观念的角度研究鲁迅的，他们之间的具体观点也并不完全相同，但他们都是在"文化大革命"及其之前的社会历史语境中走过来的。在那个时候，他们阅读过鲁迅，有了自己的阅读体验，但他们的阅读体验却无法用当时流行的革命政治批评话语进行相对满意的表达。"文化大革命"结束之后，他们有了表达的可能，就有了他们的鲁迅研究。也就是说，他们的鲁迅研究更是他们在"文化大革命"及其之前的革命政治批评话语压抑之下个人阅读体验的一种表达形式，虽然彼此不同，但都有反抗革命政治批评话语的意味，表现出一种反政治化倾向，所以我将这个时期的鲁迅研究称之为非政治化时期。

在中国当代鲁迅研究史上，非政治化时期只是一个极其短暂的时期，它体现的只是中国学术文化从"文化大革命"的暂时休克中重新复苏的过程。粗略说来，这个复苏过程到了20世纪80年代中期已经完成，新一代的鲁迅研究者是在改革开放的语境中成长和发展起来的。反政治化时期的鲁迅研究者在反抗了"文化大革命"以及之前的革命政治话语之后没有更新的批评话语，鲁迅的话语就成为他们主要的乃至唯一的话语寄托，所以他们之间尽管也有观点上的歧异，但对鲁迅及其作品却有着一致的尊重，采取的是不同程度的仰视态度，而绝无俯视乃至轻视的意味。这到了中国学术全面复苏之后，特别是到了大量西方思想学说翻译、介绍到中国之后，情况就发生了一个根本的变化。仅仅从学术研究的角度，任何一种思想学说都能够成为鲁迅研究的思想基础，并且在任何一种思想学说的基础上也都有几乎无限多的角度，这就带来了鲁迅研究的多元化，但这种多元化也带来了中国当代鲁迅研究的自身分裂。这也是不难理解的，西方的思想学说，有西方思想学说建构的基础，它既不是在中国文化的基础上建构起来的，也不是为了解决中国文化中的某个问题而建构起来的，对于中国知识分子，它只有普遍性的品格，而没有特殊性的品格。这就为中国知识分子提供了完全自由地驱使它的权利和可能。具体到鲁迅研究领域来说，也就是中国的鲁迅研究者既可以用西方某个思想学说的原理发掘鲁迅作品的思想意义或艺术潜力，也可以用这种思想学说的原理批评鲁迅作品的局限和不足。实际上，这种用西方某种思想学说的定义和原理评价鲁迅及其作品的方法，在过去也有。只不过那时用的是马克思主义，而现在用的是一些不同的主义罢了。用的同是马克思主义的基本原理，郭沫若认为鲁迅只是一个"封建余孽"，是一个"二重的反革命"，而毛泽东则认为鲁迅"不但是一个伟大的文学家，而且是一个伟大的思想家和伟大的革命家"。到了当代西方思想学说这里，也是这样。我们可以说鲁迅是一个现代主义者，但也可以说鲁迅不是一个现代主义者，反正西方的现代主义文学理论不是在鲁迅作品的基础上总结出来的。在大量不同的西方思想学说像灌老鼠洞一样灌进我们这个封闭了四分之一个世纪的中国文化界的同时，中国现代文化与文学的研究也兴盛起来了。自然在西方这些著名理论家思想学说的观照下，鲁迅的形象没有了确定性，是既可崇之上天，也可贬之入地的，那么，在鲁迅与中国现代文人的关系中，也就不一定站在鲁迅一边看别人，也可以站在别人一边看鲁迅了。这就把成仿吾、高长虹、陈西滢、梁实秋、顾颉刚、施蛰存、周作人、林语堂、苏雪林、沈从文等所有这些与鲁迅打过或没有打过笔墨官司的人的鲁迅观全部搬了出来。及至后来，"新儒家"又活跃起来，鲁迅是批过"儒"的，"新儒家"眼里的鲁迅自然也是不那么光彩的。在这个时期，是有很多很坚实的鲁迅研究著作出现的，但所有这些著作，几乎都被淹没在反对"神化"鲁迅的声浪中，不被更广大的社会群众所重视了，鲁迅也退出了中国广大社会群众的视野。

在多元化的视野里，我们失落了鲁迅。

二

多元化的研究视野是不是一定会失落一个有相对确定性的鲁迅呢？这只要稍微看一眼其他研究领域的状况就可以了。时至今日，不论哪个研究领域的研究视野都多元化了，但还有没有一个有相对确定性的屈原呢？还有没有一个有相对确定性的莎士比亚呢？还有！也就是说，多元化的研究视野并不是我们失落一个有相对确定性的鲁迅的主要原因。

当代鲁迅研究漫谈

在这里，就有了一个如何看待我们当前的"鲁迅研究"的问题。

在"鲁迅研究"中，既然问题出在"鲁迅"已经没有了相对的确定性，所以，我们就得从"研究"开始说起。

"研究"，至少包括下列三个问题：一、为什么"研究"？二、"研究"什么？三、怎么"研究"？为什么"研究"？鲁迅在《狂人日记》中就说过："凡事总需研究，方能明白。"也就是说，研究者不是那些"生而知之者"，也绝不认为自己是"生而知之者"。他认为很多事情，不"研究"是不会"明白"的。为了自己心里能够"明白"，所以就得"研究"。"研究"首先是为了自己，为了自己思理的清晰性，是自己思想成长和发展的需要。自己明白了，才会告诉别人，希望别人也能明白，但这只是附带的效果，不是首要的目的。这个道理，实际从孔子那个时候的中国知识分子就已经懂得了。孔子说："古之学者为己，今之学者为人。"实际上，他是主张"为己"的，为了自己心里明白，不是为了炫耀于人。孔子还说："学而不思则罔，思而不学则殆。"我认为，这里这个"思"，已经有了"研究"的意思。不"研究"，心里就不"明白"，就只是一些没有确定性的印象。具体到我们鲁迅研究者，首先就得有这么一个意识，即我们之所以研究鲁迅，首先是为了明白鲁迅，并且明白了鲁迅对于丰富和发展我们自己是有益处的，不只是为了教导别人，更不是为了炫耀于人。如果对我们自己没有益处，如果通过鲁迅研究我们自己的学识和能力没有提高，那就不如去研究别个作家的别个作品。所有研究活动都有一个共同的特点，即于己有益，才会于人有益。通过鲁迅研究，你自己就没有比过去多明白一点东西，你的研究活动对别人又有什么益处呢？

自然"研究"首先是为了自己思想的成长和发展，所以"研究"的对象得是一种有研究价值的事物。它本身就没有研究的价值，我们能研究出什么来？我们研究不出什么来，我们的思想怎么能够成长和发展？也就是说，当我们研究鲁迅的时候，应该是我们已经感到了它的存在意义和价值的时候，我们的研究是为了更清楚、更明晰地将其意义和价值呈现出来，或者找到其意义和价值的生成原因、生成机制。这到了文学研究中就更是这样。历史上的文学作品多矣，为什么我们不去研究那些从来没有人研究过的作品，反而研究已经有很多人研究过的鲁迅呢？这说明鲁迅至今还是值得研究的，通过研究鲁迅还是能够使我们得到成长和发展的。显而易见，只要我们意识到我们研究的事物首先应当是一种有研究价值的事物，而我们的研究就是为了具体呈现它的意义和价值或寻绎其意义和价值的生成原因或机制，那么，我们眼前的鲁迅自然会是一个有相对明确性的鲁迅。我们研究司马迁是因为他写了《史记》，我们研究曹雪芹是因为他写了《红楼梦》，我们研究鲁迅是因为他写了《鲁迅全集》中的那些作品。我们认为这些作品是有研究价值的，所以我们研究它们。在这里，实际是没有一个"仰视"和"俯视"的问题的。一切与此有关联的因素，都能够也应该进入到我们的视野之中来，而一切与此无关的事物，都不能也不应该进入到我们的研究视野之中来。总之，研究什么？研究有研究价值的问题，研究我们明白了对我们的成长与发展有意义的问题。研究不是给每一个被研究者写一份操行评语，而是将有利于我们成长和发展的信息有效地输入到我们的思想之中来，并在我们的心理结构中给以一个明确或相对明确的位置。

怎么研究的问题，是一个更加复杂的问题，但在这里，至少有一点应该是明确的，即通过其内部的联系呈现它自身的意义和价值。在这里，首先得有一个关于人的基本观念，即一个人首先是为自己而活的，是为自己的时代而活的，而不是仅仅为任何一个其他人而活，或仅仅为未来的社会而活。对于一个文学家，那就是他首先是为自己而写作的，而不是仅仅为任何一个其他人而写作的。我们没有权利要求别个生命仅仅为我们而存在，而不是首先为他自己而存在；我们没有权利要求一个文学家，仅仅为我们而写作，而不是首先为他自己、为他自己那个时代而写作。问题仅仅在于，他的生命的存在对于我们还有没有意义和价值，他的写作还能不能引起我们的阅读趣味并与之发生精神上的共鸣。世界上没有任何一个其他事物是完全为我们而存在的，完全是为了我们的幸福而存在的。我们的生命要靠我们自己而活，我们的幸福要靠我们自己来争取，但也正是因为如此，所以我们要研究那些历史上曾经活过并且活得很有意义的人的作品，其中也包括鲁迅。鲁迅不是为我们而活、而写作的，也不是为了证明古今中外任何一种思想学说、任何一种

当代鲁迅研究漫谈

文学研究方法论的正确与否而活、而写作的。他既不是为了证明马克思主义思想学说的正确性，也不是为了证明杜威、罗素、尼采、海德格尔、德里达等人的思想学说的正确性；既不是为了证明毛泽东思想的正确性，也不是为了证明老子、孔子、庄子、墨子、胡适、梁漱溟等人的思想的正确性。他就是他，不是任何别的人。所有别人的思想学说、别人的研究方法，有益于阐释和论证关于鲁迅及其作品的问题，我们都可以用，但我们却没有权利要求鲁迅必须更像他们，而不是更像自己。也就是说，所有外在于鲁迅的事物都不是衡量鲁迅及其作品的标准，衡量鲁迅及其作品的标准就在鲁迅及其作品的内部，而不在其外部。外部的是参照，内部的才是根据。

三

以上这些话，实际是我阅读朱崇科《1927年广州场域中的鲁迅转换》一书后的一点感想。现在就直接谈一谈这部书。

我向来认为，在学术研究界排行是没有意义的，大家在不同历史时期做着不同的研究，有着不同的成果，是交流关系，而不是等级关系。排行把我们彼此都排成敌人了，有百害而无一利，但我认为，对于朱崇科这部研究著作，这样一句话还是可以说的：它是一部坚实的鲁迅研究著作。

我之所以说它是"坚实"的，就是因为它的作者是在"研究"，是在努力从表面已经干枯了的历史事实中吮吸出内部的思想汁水来，而没有炫奇弄巧之心、之意。这样的"研究"，首先是有益于己，使自己心里"明白"，同时也会有益于人，使别人心里也能"明白"的。

广州，是鲁迅全部人生经历中的一个驿站，并且是一个具有转折意义的驿站。在过去，我们习惯于用"思想"为鲁迅分期：鲁迅什么时候成了一个马克思主义者？实际上，"思想"怎么分期？什么样的思想才是一个马克思主义者的思想？谁说得清楚过？连什么样的思想才是一个马克思主义者的思想都说不清楚，用马克思主义思想为鲁迅的思想分期，那还不等于捕风捉影？所以，对一个人的一生进行分期，只能根据他的人生经历，思想是在经历中变迁的，而不是经历是在思想中变迁的。依"经历"分，广州就是鲁迅前后两期的一个分界：离开广州前是"前期"，离开广州后，到了上海，就是他的"后期"了。

为什么广州成了鲁迅前后两期的一个分界？因为广州时期的经历对鲁迅思想的震动很大，不但改变了他的生活，同时也在较大程度上改变了他的思想。

鲁迅离开广州不久，钟敬文就编成了《鲁迅在广州》一书，可谓"鲁迅在广州"研究的开始，1949年之前的鲁迅传记和论述鲁迅思想发展经历的著作，都不能不涉及鲁迅在广州的经历，但这些著作多是左翼知识分子所写，所以也更重视鲁迅在广州时期政治立场的变化，直接开了1949年之后当代鲁迅研究政治化时期"鲁迅在广州"研究的先河。实际上，在当代鲁迅研究的政治化时期，"鲁迅在广州"的研究成就是非常突出的，这主要表现在对"鲁迅在广州"研究资料的搜集和整理上，在"文化大革命"后期，还因为《庆祝沪宁克复的那一边》的发现，在"鲁迅在广州"的研究上掀起过一个小的高潮。这个时期的研究，集中表现在收录于薛绥之等主编的《鲁迅生平史料汇编》第四辑的《鲁迅在广州》，李伟江《鲁迅粤港时期史实考述》、张竞《鲁迅在广州》应该也属于这个时期的研究成果。他们的研究，都为"鲁迅在广州"的研究奠定了坚实的基础，但在思想论述上却不能不受那个时期思想标准的局限。在上述当代鲁迅研究的非政治化时期，"鲁迅在广州"的研究可谓没有什么实质性的进展，那时的人们好找"大题"来做，相对缺乏艰苦卓绝地细致爬梳和深入挖掘的功夫，及至上述当代鲁迅研究的多元化时期，非革命化以及其他各种"非非主义"言论就出现了，这给鲁迅在广州行迹的描述也不能不留下一些不太协调的色调。不难看出，朱崇科就是在这种情况下重新面对鲁迅在广州的大量史实的。红的被描得太红，黑的被描得太黑，造成了鲁迅整体形象的模糊与混沌。如何想象和描述广州时期的鲁迅，不但关系到对这个时期鲁迅及其作品的感受和理解，同时也关系到对鲁迅一生思想和艺术的感受和理解。这就有了"研究"的必要。不"研究"，不对这些史实进行重新的梳理和挖掘，恐怕连朱崇科自己也不知道在鲁迅的广州行迹中到底包含了一些什么样的具体内涵；连

当代鲁迅研究漫谈

他自己也难以说清为什么广州时期的鲁迅会是这个样子的,而不是另外一个样子的。这就使他不能不进入到鲁迅及其作品的内部联系中去具体地而非想当然地对鲁迅的每一个人所共知的外在表现做出为了令人心服必须首先令自己心服的重新的阐释和说明。在具体的论述过程中,他也运用了布尔迪厄的场域理论,但这个理论在朱崇科的具体研究过程中,已经不是那么难以理解的高深的理论,并且也不是他这部鲁迅研究著作中最抢眼的部分,而只是他具体进入"鲁迅在广州"史实分析的一个理论孔道。一旦通过这个孔道,实际地进入了鲁迅的世界,这个理论就在我们面前消失了,剩下的,只是需要我们重新感受和理解的在广州的鲁迅。——我认为,看一部鲁迅研究著作,不要看它讲了一套西方的或者东方的什么理论,要看他对鲁迅及其作品到底做了怎样的阐释和分析以及这些阐释和分析的意义何在。

不难看出,朱崇科"鲁迅在广州"研究的主要意义,是他把"鲁迅在广州"的研究从此前以历史资料搜集和整理为主的阶段正式提高到了整体性的理论研究的高度。而这个高度的出现,是与他在时空结构上的开拓有直接关系的。历史资料的挖掘和整理是全部研究的基础,但历史资料总是分散的,并不是一个有机的整体。不论是在当代鲁迅研究政治化时期对鲁迅革命性细节的强调,还是在当代鲁迅研究多元化时期对鲁迅非革命性细节的强调,实际呈现出来的都不是一个整体的鲁迅,并且不能不带来广州时期鲁迅形象的模糊性。显而易见,朱崇科借用布尔迪厄的场域理论实际是将鲁迅放到当时广州的这个场域中,从而将鲁迅广州时期各个不同侧面的活动联系成了一个有机的整体。这是一个现实的空间,也是一个研究的空间。只有在这样一个有广度的社会—研究空间中,才能将现已掌握的各个方面的历史资料按照其彼此固有的联系构成一个有机的整体,并呈现出鲁迅广州时期的整体面貌。科学研究的精确性,首先体现在"度"的把握上。社会科学研究永远不可能像自然科学研究那样,十分精确地标示出它的"度"来,但这并不意味着"度"对于社会科学研究不是重要的。我认为,在社会科学研究中,"度"就是"质":"质"是"度"的"质","度"是"质"的"度";每一个"度"都有自己的一个"质",每一个"质"都有自己的一个"度",这是与自然科学的"质"和"度"的关系根本不同的。毫无疑义,鲁迅与许广平的情爱关系是鲁迅从厦门提前来到广州的一个关键因素,但鲁迅与许广平的情爱关系绝对不能等同于徐志摩与陆小曼、郁达夫与王映霞的情爱关系,鲁迅与许广平的情爱关系不是一个鸳鸯蝴蝶派小说的素材,也无法产生鸳鸯蝴蝶派小说的那种卿卿我我的艺术效果。正是在这种"度"的把握上,显示出鲁迅与许广平情爱关系的"质",而这个"质"同时也决定了与鲁迅文学活动、革命活动、社会思想活动、学院教学及其管理活动的联系及其具体联系形式;鲁迅的革命性,同样是有一个"度"的,他到广州,是来教书的,而不是来参加革命的。他不是蒋介石,也不是毛泽东,甚至他也不像郭沫若一样直接栽进了北伐革命军。但要说鲁迅根本没有革命性,也是说不通的,他说当时的广州是"红中夹白",当时的罢工示威是"奉旨革命",说明他一直关心着"革命",不过他关心的不是"枪杆子里面出政权"的那种通过外在社会形式表现出来的"革命",而是在各种不同表现形式后面隐含着的一个能够给中国社会带来实质性进步的"革命",但也正是在这里,他的革命性与作为文学家、思想家甚至作为大学教授的鲁迅都是可以兼容的。这是一个"度",但也是一个"质"。显而易见,在鲁迅广州时期各个活动侧面的分析上,朱崇科都比较精确地把握住了它们的"度",并且以其"度"呈现了它们的"质",以其"度"的精确性将鲁迅各个活动侧面构成了一个有机的整体,还原了一个具体的活的鲁迅。

不难看出,正是在这个通过布尔迪厄场域理论拓展了的更大的社会—研究空间中,朱崇科为鲁迅在广州的研究也注入了大量新的历史资料,这主要集中在鲁迅教学和教务管理活动和鲁迅的经济生活方面。实际上,如果说在教育部的任职是北京时期鲁迅及其全部社会活动的主要载体,而在厦门、广州时期,在大学的任职就是这两个时期鲁迅及其全部社会活动的主要载体。"载不动,许多愁",教育部的任职已经载不动鲁迅的全部社会活动和社会追求,甚至也已经"载不动"鲁迅的经济生活,所以1926年"三一八"事件之后,鲁迅便正式离弃了教育部官员的生活;1927年"四一二"事件之后,鲁迅又离弃了学院教授的生活。这一个方面可以看出鲁迅思想自身的演变和发展的轨迹,同时也能够呈现出中国现代官场文化和学院文化的局限与不足。我和朱崇科都是在广东高等学校任教的，在鲁迅那时，广东是中国政治革命的策源地；现在，广东又成为中国经济改革的策源地。鲁迅在那时感受和体验到的是作为中国政治革命策源地的文化。我和朱崇科，现在感受和体验到的则是作为中国经济改革策源地的文化。朱崇科在对鲁迅广州观感和高校生活的介绍和分析中，分明也融入了他自身的感受和体验，至少我认为是如此。这也是朱崇科这部学术研究著作的特色之一。——将自己的感受和体验融入自己的学术研究之中去，既照亮了自己，也照亮了对象。研究者与被研究者实现了跨时空的交流。

用布尔迪厄场域理论开拓出来的这个社会—研究空间，又是被朱崇科置入一个流动着的时间链条之中的，这就构成了该书研究的整体时空结构。广州，只是这个整体时空结构中的一部分，这就将广州时期在鲁迅一生经历中的特殊性和重要性更加突出地呈现出来。这在朱崇科对鲁迅文学创作的解析中表现得更加充分。但我认为，在这个方面，还是有更大的空间供我们继续开拓的。例如，鲁迅在遭遇广州时期的政治革命运动之前，已经有了对辛亥革命从发生、发展到结局的一个完整过程的感受和体验，这对于他在重新遭遇广州时期的政治革命的时候的感受和体验是有关键性的影响的。这二者的经验又同时影响到上海时期鲁迅对中国共产党领导的政治革命的感受和体验。

四

最后，我还想就当前这个多元化时期的鲁迅研究谈点看法。

庄子说："以道观之，物无贵贱；以物观之，自贵而相贱；以俗观之，贵贱不在己。"

在这里，庄子实际谈了衡人观物的三个不同的角度，这三个角度实际都出现在我们当前的鲁迅研究中，构成了我们当前鲁迅研究的多元化局面。

"以道观之，物无贵贱"说的是从整体上看待不同的事物，不同事物是无贵贱可分的。这在当前，主要体现在一些思想史、文学史的著作中。在近现代思想史上，鲁迅之前有康有为、梁启超、严复、孙中山、章太炎，鲁迅的同时有陈独秀、胡适，鲁迅之后有毛泽东，他们是不同历史时期或不同历史时期不同倾向的有影响的思想家，中国近现代思想史是由他们体现的不同思想倾向共同构成的，严格说来，在思想史上他们就是没有贵贱之分的。一旦分出贵贱来，不断地去"贱"而留"贵"，剩下的就只有一个人的一种思想了，就不成其为思想史了。文学史也是如此。但是，庄子所说的"道"，只是一个虚拟的、抽象的整体，而到了思想史、文学史的叙述中，则必须有具体的内容，而这个具体内容则是通过大量具体的研究成果相对确定下来的。也就是说，思想史、文学史都是在大量已有研究成果的基础上编写出来的。没有这些大量的研究成果，思想史、文学史就不能成"史"，或不能成为这样的"史"。任何思想史、文学史家都不可能将当时所有人的所有作品都写到历史当中去，只有一个抽象的整体观念，是无法解决鲁迅研究中的具体问题的，中国近现代思想史和中国近现代文学史的编写，也会流于因袭，或者简单的花样翻新。

"以物观之，自贵而相贱"说的是从个体的角度看待事物（亦即我们现在常说的主观主义批评），因为是以自己的好恶为好恶判断事物的，所以，自己总是"贵"的，总是正确的，而对方自然就不如自己"贵"，不如自己"正确"了，这就"贱"视了对方。如果对方也以这种主观主义态度看待自己，二者就是"相贱"的关系了：谁也看不起谁。新时期的中国文化，是从反对对毛泽东的"个人崇拜"、反对"神化"毛泽东开始的，这在政治领域，虽然同样不是一种研究的态度，同样因为缺乏冷静的研究态度而带来了中国思想的浅薄化，但在由毛泽东以阶级斗争为纲的政治路线向邓小平以经济建设为中心的政治路线的转移过程中，却是发挥了不可轻视的实际作用的，但到了20世纪80年代中期之后，当越来越多的人举起反对对鲁迅的"个人崇拜"，反对"神化鲁迅"的思想旗帜的时候，其情况就大不相同了。鲁迅从来就不是一个"立法者"，即使在政治化时期人们对鲁迅唱的空洞的赞歌，也是因为有毛泽东对鲁迅的崇高评价，崇拜的真正对象是毛泽东，而并非鲁迅。所有这些问题，只有通过认真切实的鲁迅研究才能得到相应的解决。反对对鲁迅的"个人崇拜",反对"神化"鲁迅,直接将鲁迅放到了批判、否定的位置上,连一个没有读过几篇鲁迅作品的中学生都来反对对鲁迅的个人崇拜,都来否定鲁迅的时候,这就将鲁迅及其研究的价值和意义全部取消了,其结果则是对自我的"神化",是自己对自己的"个人崇拜"。表面看来,这像是张扬了"个性",但"个性"是需要建构的,不是与生俱来的。仅凭自己的一股子热情和被社会挑拨起来的空洞的自尊,不想具体地感受和理解鲁迅,其结果不但搅乱了正常的鲁迅研究,同时也将自己的思想永久地留在一片空白之中。

"以俗观之,贵贱不在己"是说站在世俗的、常人的立场上看待别的事物,自己就无"贵"无"贱",区分的只是别人的"贵"与"贱",亦即没有研究者的主体性,只有对他者关系的纯粹客观主义的评价,这在20世纪90年代之后的鲁迅研究中成为一个普遍的现象。20世纪80年代的鲁迅研究,虽然处在重新起步的阶段,但由于研究者自身的社会责任感,由于当时的研究者是将鲁迅放在自己所关心的中国思想发展史、文学发展史以及自身精神发展的意义上进行研究的,是有"我"的,有主体性的,所以即使在对客观对象的研究分析中也能体现出研究主体的愿望与追求,不是纯粹客观主义的。但到了20世纪90年代之后,中国知识分子的社会责任感逐渐淡漠(当然也有其客观原因),职业化的写作态度成为一种学术时尚。在这时候,自我就从自己的研究活动中隐退了,好像肯定什么、否定什么与自己毫无关系,研究也就只成为对客观对象的价值评判。实际上,这种缺乏主体性的研究,包含的是一种严重的自抑倾向,亦即越是与自我相关的,与自我的内在愿望与要求切近的,越是受到抑制的;越是与自我无关的,与自己的内在愿望与要求远离的,越是受到推崇的。这在鲁迅研究中,就造成了一种严重的中空现象:周围的事物,外国人,古代人,与鲁迅不同思想倾向的人,都是崇高的,都是不能挑剔的,而唯独鲁迅,是最不完美的,是应该也必须加以批判的,鲁迅就被放到了中国文化和世界文化的谷底。但只要对这时中国知识分子自身的文化心理略加分析,我们就会知道,他们在内心深处最感迫切的愿望与要求,实际正是鲁迅作为一个现代中国知识分子的那种自由独立的精神,只是因为自己已经没有力量也没有可能实现自己的愿望和要求，所以才将视线转移到周边的事物上，并将周边的事物视为更加重要的东西，起到的是一种"望梅止渴"的作用。

　　实际上，上述三种衡人观物的方式，严格说来，都不是现代社会科学意义上的"研究"方式，而是一种形象的直观方式。现代社会科学意义上的"研究"，首先，必须是有主体性的，而不是没有主体性的。不论在什么情况下，我们都必须知道，周围的人在我们的研究中首先感受和了解到的是我们这些人，是我们这些人的真实的而非虚拟的社会愿望和要求的，因为现代社会科学归根到底是为了加强社会交流的，是为了在交流中提高整个社会和整个人类的理性思维能力的。如果我们根本感受不到鲁迅在《记念刘和珍君》等大量杂文中所体现出来的中国现代知识分子的崇高的社会正义感，反而有意与无意地表现出对这样一些文章的恐惧、拒绝乃至抵抗心理，广大的社会公众是有理由怀疑我们都是一些像陈西滢那样的缺乏起码的社会良知、专门向权贵们暗送秋波的无能、无聊乃至无耻的文人的。任何的研究活动都是自我的一种呈现方式，不能只想获取学术荣誉而丧失了中国知识分子所应有的学术人格。其次，现代社会科学意义上的"研究"，必须将自己的主体性转化为对研究对象的切实可靠的理解和认识，我们认识的可靠性才是我们研究主体的可靠性，也只有依靠这种可靠性连接起来的中国知识分子，才是能够不断成长和壮大的知识分子，才不是一群争名誉、争地位的乌合之众。这同时也关系到整个中华民族的人文素质的提高。总之，"研究"，必须是坚实的，不论中国的学术在整个现实社会和现实世界上遇到多么大的困难和阻力，我们都必须依靠坚实的研究活动去克服。坚实，不是不会犯错误，而是已经为避免错误做出了最大程度的努力。这样的研究著作不会让人感到巧滑和虚浮，而会让人感到坚韧而执着。

　　朱崇科这部学术著作是坚实的，而不是虚浮的。

　　唠叨得太多了，请本书的作者和读者原谅。

2010年10月19日于汕头大学文学院
原载《鲁迅研究月刊》2010年第11期

研究鲁迅儿童教育思想的重要性
——姜彩燕《鲁迅与儿童教育》序

在中国当代社会，关于儿童教育的思想，大略有以下四种：

其一，中国传统儒家的没有儿童的儿童教育思想。我之所以说中国传统的儒家儿童教育是没有儿童的儿童教育，是因为在传统儒家的教育中，儿童是不被视为人的一种正常、合理的存在形式和发展阶段的。自从孔子开始，就将受过教育的传统儒家的君子称之为"大人"，而将没有受过教育的人称为"小人"。"女人"在当时也是没有接受教育的权利的，所以"女人"同"小人"都是"难养"之人，"近之则不孙（逊），远之则怨"（《论语·阳货》）。如此看来，恐怕"小人"之所以称为"小人"，与"儿童"也是有些关系的。直至现在，中国人在表示对一个人的鄙视的时候，还常常说"他像一个孩子一样不懂事"。言下之意，就是"孩子""儿童"还不是一个真正意义上的"人"，还是一个"不懂事"的人。但是，中国传统的儒家教育仍然是从儿童开始的，也就是说，它还是有儿童教育的。不过它对儿童的教育，用的不是儿童的标准，而是一个成人的标准。在中国古代，"文字学"称为"小学"，显而易见，是因为"文字"是儿童入学以后首先学习的，是"入门"之学，儿童入学后先识字，《三字经》《百家姓》主要是为识字准备的，此后就要读"大学"了。所谓"大学"，就是儒家的经典，《论语》《孟子》《大学》《中庸》《诗经》《左传》《礼记》《易经》等等，从教学内容到教学方法都是以"圣人"为标准的，都是叫"儿童"不要像"儿童"而要像一个完美的"大人"的。只要读一读清代学者为学生（其中大量是儿童）编写的《弟子规》，连我们这些七八十岁的老人也不能不为之咋舌。那样的"弟子"，还是一个儿童吗？如果每一个弟子都成了《弟子规》所要求的"弟子"，他们还需要接受教育吗？但是，直至现在，中国的教师，还是极为欣赏《弟子规》的，在有些学校里，又把《弟子规》翻出来，当作教育儿童的基本教材。这说明，中国传统儒家没有儿童的儿童教育思想在当代中国还是有很大影响的。它是意识儿童、意识儿童教育的方式，在很多方面，我们并没有超出儒家传统儿童教育思想的范围。

其二，现代西式主智主义的儿童教育。20世纪初，我国废除了科举制度，正式建立了西式的学校教育体制。实际上，直至现在，就其整体的教育体制而言，我们沿袭的还是那时的传统。西式教育正式提出了儿童教育的概念，西方各种儿童教育的理论也传到了中国，儿童教育学成为一门单独的教育学，深刻地影响到我们的儿童教育理念。毫无疑问，这是一个具有重要意义的转变。但在这里，也不是什么问题也没有的。西方近代的学校教育，是从中世纪一千余年的宗教教育中脱胎出来的。西方中世纪的宗教教育，是一种人生观的教育，是精神性的，并且是一种社会教育。它采取的不是学校教育的方式，而是定期去礼拜堂做弥撒的方式，听牧师讲经，颂圣诗，唱圣歌，宗教仪礼也深入到教民的生活习俗中，成为婚、丧、嫁、娶等社会礼仪的意识基础。日常的祈祷，痛苦时的忏悔，都使宗教教育成为一种普及性的社会教育，在西方人的精神生活和日常习俗中发挥着重要的作用。当时的学校教育，是培养神职人员的机关，是附属于教会的。我们所直接接受的是西方近代学校教育的影响，而西方的近代学校教育是在西方文艺复兴之后，科学和文艺从中世纪宗教中分离出来之后，逐渐生成与发展起来的，其性质是人文主义的，并且带有很强烈的"主智主义"色彩。宗教教育是讲精神信仰的，人文主义则是对人的智慧、人的主体性、人的创造力的重视和开发。培根的"知识就是力量"、笛卡尔的"我思故我在"不但深刻地影响了西方哲学史、思想史的发

研究鲁迅儿童教育思想的重要性

展,同时也深刻地影响到西方的教育思想。也就是说,西方近代学校教育重点发展了西方近代主智主义的文化传统,西方人的精神信仰主要不是在学校教育中加以培养的,而是依靠宗教这种普遍的社会教育形式在社会上进行传承的。一千余年的宗教统治将基督教的宗教伦理转换为西方社会的基础部分,而在此基础上则建立了以提高人的知识水平、发展人的智慧、发挥人的创造能力的近代学校教育。在开始阶段,西方近代数学、自然科学诸学科还是被包含在以培养神职人员为主的神学院中的,而在此后则逐渐独立出来,成为以培养各种不同专业人才的近代学校。它不断冲击着中世纪宗教神学的基础,但这种冲击是以人的智慧对神学信仰体系的冲击形式出现的,从总体来说,所有那些无法用人的智慧所取代、属于精神信仰的领域,宗教的影响还是非常强大的,它也成为西方文化发展的内在动力之一。这种影响,在很大程度上仍然是以社会影响的形式存在的,不是学校教育的主体架构。它还有宗教学,但即使宗教学,在西方学校教育中也主要是一门知识类的学科,作为以树立教民的基督教信仰为根本目的的教会组织仍然是社会性的组织。

但是,当把西方近代学校教育的模式搬到中国来,成为中国的西式学校教育之后,这种教育的主智主义性质就有了某种程度的绝对性。实际上,中国的西式教育体制原本是在学习西方先进的科学技术的基础上建立起来的。它是一种国家主义的教育,也是一种实用主义的教育,当时的国家面临西方帝国主义的军事侵略,极需要具有现代科学技术知识的人才,而当时及以后的中国教育就成了为国家培养人才,特别是科技人才的工具。这对西方近代学校教育的主智主义性质是一种无形的,但却是极致性的强化和发展。与此同时,这在整个中国社会的文化教育机制中,也有一种颠覆性的效果。中国古代的社会,原本是政教合一的,儒家文化作为政教合一的国家意识形态,既具有与当时中国社会现实的适用性,也具有对现实社会的超越性。它既超越于一般社会群众的分散的、狭隘的、物质实利主义的世俗价值观念,也超越于国家政治统治集团的抽象的、整体的、国家功利主义的政治价值观念,至少不是直接附着在现实实利主义基础上的唯智主义的思想学说。但当用西方近代主智主义的学校教育完全取代了中国古代的儒家教育，中国的西式学校教育就与在下的物质实利主义的世俗价值观念和在上的国家功利主义的政治价值观念取得了内在的一致性，不具有精神的超越性了。这就是为什么直至现在一些并不乏正义感的中国知识分子仍然无视中国近现代社会的巨大进步而真诚地怀念着传统儒家教育的原因。也是另外一些不乏爱国心的中国知识分子对西方的基督教文化仍然抱有发自内心的好感的原因，因为在西方社会，这种精神性的超越价值是在西方近代学校主智主义的教育体制之外的社会文化中得到传承的，而在中国社会却从来未曾有过在政教分离的社会体制中独立行使整个社会的精神教育的宗教文化。中国西式学校教育体制的实利化，也就意味着整个中国社会及其思想的实利化。直至现在，国家仍然像一个马力很大的抽风机，在国家政治功利主义目的的驱使下，以极强大的力量将受教育者从一个所谓"无知的儿童"，通过小学、中学、大学乃至硕士研究生、博士研究生的智力发展的学校教育孔道吸上去，成为国家的"有用之才"。"智商"则是区分从儿童到成人良莠优劣的主要的、实际是唯一的标志；而中国社会则像一个马力很大的鼓风机，在世俗物质实利主义目的的驱使下，以极强大的力量将自己的子女从一个所谓"不能自立的儿童"，通过小学、中学、大学乃至硕士研究生、博士研究生的智力发展的学校教育的孔道吹上去，成为"成功人士"。"分数"则是体现国家要求的"智商"的主要的、实际是唯一的标志。儿童阶段就像航天飞机的发射架一样，成为决定能否将航天飞机发射上去以及发射多远的距离的决定因素，所以，在这种极致化了的主智主义的学校教育中，儿童阶段更是当代各种学科基础知识的集散地，而不是真实意义上的儿童教育。多年以来，我们就反对"高考的指挥棒"，但却从来没有离开过"高考的指挥棒"。我甚至认为，如果将甲骨文、拉丁文规定为高考必考科目，全国的中小学学生都会像现在"念"英文一样去"念"甲骨文、拉丁文，因为决定中小学教育的不是儿童是怎样成长的，而是他们怎样才能升上更高一级的学校，并成为现实社会的出人头地的"成功人士"。

研究鲁迅儿童教育思想的重要性

其三，周作人"以儿童为本位"的儿童教育思想。在中国，最早提出"以儿童为本位"的儿童教育观的是周作人。他对儿童文学、儿童玩具等有关儿童教育的问题也多有论述，在中国现当代儿童教育理论的建设中发挥了至关重要的作用。在过去，我们是将鲁迅的儿童教育思想与周作人的儿童教育思想放在一起加以论述的，并不认为二者有什么本质性的差别。但是，他们两个人的儿童教育思想，还是有极其细微但却极其重要的差别的。如果要我硬性地将二者区分开来，我就会说，周作人的儿童教育思想，实际上是一个现代中国读书人的儿童教育思想，而鲁迅的儿童教育思想则是一个现代中国人的儿童教育思想。他们两个人的教育思想，都是具有真正的现代性质的，这种现代性质集中表现在他们的儿童观念既区别于中国古代儒家教育的儿童观念，也区别于西方中世纪宗教神学教育的儿童观念，是真正"以儿童为本位"的。他们都承认儿童是"人"，而不是未成之人，正像"神话"是"文学"，而不是文学的未成品一样。但是，在具体看待儿童及其儿童教育读物的时候，周作人分明是站在一个现代读书人的立场上看待儿童的特征的，他反对的主要是导致儿童思想僵化的各种道学理论和思想教条，重视童趣及其儿童思维的自由性，但他分明轻视儿童生命中所包含的能够自然生长出精神信仰、理性思维能力和主观战斗意志的元素，而鲁迅的儿童教育思想则更是在儿童全生命的自然生成和发展的基础上建立起来的。时至今日，以"儿童为本位"的儿童教育思想在理论上不但已经为绝大多数儿童教育理论家和中小学教师所接受，而且也已经为绝大多数学生家长所接受。"快乐教育"几乎成了中小学教育改革的口头禅，但我们的"快乐教育"能不能真正在"快乐"中发展受教育者的健全的人性，却仍然是一个未知数。在这种情况下，进一步将周作人的儿童教育思想同鲁迅的儿童教育思想区别开来，我认为，已经成了迫在眉睫的事情。

其四，鲁迅以"立人"为基点的儿童教育思想。姜彩燕这部论著的最大贡献就是她第一次明确将鲁迅的儿童教育思想纳入鲁迅整个"立人"思想中来思考，来把握，这就将鲁迅的儿童教育思想同周作人的"以儿童为本位"的儿童教育思想区别了开来。如上所述，鲁迅的儿童教育思想也是"以儿童为本位"的，但他对儿童的理解仍然与周作人有着根本的差别。这种差别来自哪里呢？就来自鲁迅的"立人"思想从一开始就与周作人对"人"的理解有着一些细微但却根本的不同。周作人在关注儿童发展的自然性、自由性的同时并不十分重视儿童生命力发展的问题，而鲁迅则是在重视儿童生命力发展的基础上强调儿童生命发展的自然性与自由性的。

  我主观认为，中国的20世纪，是一个政治的世纪，即使文化教育问题，最终也要归结到政治的问题上来思考、来解决，——在一个军阀割据、外敌入侵、内外交困、民不聊生的社会上，文化教育是发挥不了关键的作用的；而中国的21世纪，则是一个文化教育的世纪，即使政治、经济问题，最终也要归结到文化教育的问题上来思考、来解决，——在一个仅仅依靠外国文化典籍或中国古代文化典籍为自己输血而在自己的生命中产生不出坚韧的追求力量的民族，是不可能推动偌大一个社会整体向更加民主化也更加人性化的道路发展的。我认为，只要从这一点出发，我们就会感到，鲁迅教育思想，特别是他的儿童教育思想，对21世纪的中国仍然是具有关键的意义的。任何的思想，都不可能完全地、毫无保留地转化为现实，像西方实用主义教育所追求的那样，但唯有用一种真正深刻、真正有价值的思想感受、理解并反思现实，才能推动现实朝着有利于而不是不利于自己民族的方向发展。也正是在这样一个意义上，我认为姜彩燕对鲁迅儿童教育思想的研究是很有意义的，是值得我们高度重视的。她不可能将鲁迅的儿童教育思想的方方面面都论述得恰到好处——这是不可能的，但她却将鲁迅的儿童教育思想有效地纳入鲁迅整体的"立人"思想中来，使其成了鲁迅整体"立人"思想的有机组成部分，并且是极为关键的基础部分，从而也将鲁迅的儿童教育思想从我们平时极易混淆的周作人的"以儿童为本位"的教育思想中完全独立出来。这对不断反思我们的儿童观念和儿童教育思想无疑是极为重要的。

  姜彩燕是我的博士研究生，她的这部论著是在她的博士学位论文的基础上修改而成的，但我必须说明，她的这部论著的整体学术框架是完全由她自己设计、完成的，而不是我事先想到的。这是一个看似

研究鲁迅儿童教育思想的重要性

平淡但却了不起的发现，我不能掠美。以上那些话，只是在这个发现基础上做的进一步的延伸，没有这个发现，我是无法做这样一个进一步的延伸的。

"起予者，姜彩燕也！"

是为序。

2010年3月9日于汕头大学文学院

原载《鲁迅研究月刊》2010年第4期

女性文学研究：广阔的道路
——《人与衣：张爱玲〈传奇〉的服饰描写研究》序

秦兆阳20世纪50年代中期发表过一篇文学论文，题目叫《现实主义——广阔的道路》，当时我读了颇受感动，至今认为是在那时读到的一篇很好的文学论文，现在我将它的副标题移用于女性文学研究上。

一个文化领域的兴起，都是在与旧有的文化传统对立的意义上被自觉提倡的。女性文学也是在与男性文学对立的意义上发展起来的。这几乎是人类文化发展的一个带有规律性的文化现象。但当一个新的文化领域已经建立起来，它与固有文化传统直接对立的意义就基本消失了，至少是淡化了。我认为，中国的女性文学研究也面临着这样一个研究路向的变化问题。女性文学以及女性文学研究的生成与发展，是与反叛固有的男性文化传统有直接关联的。女性进入社会，成为人类社会主体的一部分，是在欧洲资产阶级革命之后。那时的女性文学，还没有较为清醒的独立意识，是作为以男性文学为主体的文学整体的一个组成成分意识自己的，其基本的形态与李清照之与宋代文学有相似之处。女权主义文学理论，是在世界女性文学已经有了较大程度的发展之后于20世纪下叶在世界范围内兴盛起来的。在这时，它才有了自己独立的理论形态，是将世界女性文学作为一个整体来看待的，它以反抗男权文化的统治为指归，以张扬女性的社会权利为旗帜，标志着女性文学已经从男权文化的笼罩下独立出来。这种理论在"文化大革命"结束之后传入中国大陆，

女性文学研究：广阔的道路

刺激了中国大陆女性文学，特别是女性文学研究的成长和发展。我主观认为，在中国大陆新时期的文学研究中，具有转折意义的是两大研究领域，其一是比较文学研究，其二就是女性文学研究。

当西方女权主义理论传入中国的时候，正是"文化大革命"结束后一个短暂的中国文艺复兴的时期，在那时走进中国大陆文化领域的是"文化大革命"之前毕业的大学生和"文化大革命"后回到城市的上山下乡知识青年，从总体上属于一个弱势群体。可以说，西方女权主义文学理论传入中国后，并没有遇到中国大陆男性文化的正面狙击，很快就在中国大陆扎下根来，并有了一个不大但也不是微不足道的女性文学的创作队伍和女性文学的研究队伍。

中国大陆的女性主义文学研究，同新时期的比较文学研究一样，具有后发性，是在西方同样一种文学研究形态得到较长期的发展之后发展起来的，并且直接借鉴了西方较为成熟的理论与方法。这样的研究领域，一般在开始之后就具有更为猛烈的发展势头，但在得到最初的发展之后也常常黏滞于固有理论的本质主义规定而走上自我异化的道路。我认为，在女权主义文化理论和女性主义文学研究的合法性已经得到了现实社会的口头承认并拥有了自己存在和发展的有限文化空间的条件下，将其理性的本质主义规定放到一个更宽广的社会历史背景上给以更加具体细致的分析和了解，是中国大陆女性主义文学研究防止自身异化的根本途径。

一、尽管女权主义文化理论与女性主义文学理论提出的只是女性的权力与女性的文学的问题，但其最终的指向目标却是一种新的人类文化观。只要从这种整体的人类文化观的角度出发，我们就会知道，女权主义文化理论在其整体的意义上是超于男女两性的简单对立的，它既不等同于自然主义的男性观和在以男性权力为中心的社会历史上形成的男权文化观，也不等同于自然主义的女性观和在以女权为中心的意识中建立起来的女权文化观，而是一种在过往人类文化史上一直处于缺位状态的"第三性"观。这是它的社会性，也是它的超越性，试想，假若没有这种超越性，假若它仅仅局限于为女性自身争取绝对的社会权力和文化权力，它又以什么样的力量获得包括男性在内的整个人类社会的同情、理解和支持呢？

二、尽管女权主义文化理论和女性主义文学理论不遗余力地攻击迄今为止的人类文化历史的男权主义性质，但在其根本的意义上它们仍然是建设性的，而不是破坏性的。它们的全部努力都在于通过自身的生成与发展而改变人类文化发展的固有方向，而不是为了否定过往人类文化历史的存在价值和意义。有它们自身的生成与发展，它们就有改变人类文化固有发展方向的功能和意义；没有它们自身的生成与发展，即使它们批倒了过往人类历史上所有的文化和文学，它们仍然无法实现自身的追求目标，因而也是毫无价值和意义的。

三、尽管以男性权力为中心的文化对女性的权力是漠视的、排斥的，但这种文化却并不是建立在全体人类的全部愿望和要求的基础之上的，甚至也不是建立在全部男性社会成员的全部愿望和要求的基础之上的。在这里，也就有了对人类社会历史和人类文化历史进行分析性考察的可能。在这里，人们必须有一个根本的意识，即越是接近依靠国家权力和国家意识形态维系的集体生活的领域，其男权主义的性质就越加浓厚，而越是靠近不需要国家权力和国家意识形态维系的私人化的生活空间，其男权主义的性质则越加薄弱。这使我们没有权力将女权主义文化理论和女性主义文学理论对过往人类文化男权主义性质的判断带入任何一个男人或女人的私人化生活空间之中去。在《牛郎织女》的故事中，牛郎不是一个男权主义者，织女也不是一个女权主义者，因为他们不是依照国家权力和国家意识形态的力量结合在一起的。

四、谈到文学问题，我们必须首先对文学的特质有一个基本的了解和判断。首先，在过往的人类文化中，只有文学是更加逼近个体人内心独立愿望和要求的人类文化成果，只有文学是更加远离政治的权力和经济的权力而更加逼近私人化生活空间的文体形式。试想，如果运用女性主义文学理论打倒的都是那些人类历史上最伟大的文学作品，而重新捧起来的却是人类历史上那些趋时媚俗的低劣作品，女性主义文学理论对于文学研究的价值和意义又何在呢？其次，在文学创作中，对文学家的一个重要要求就是要具有更加强大的对象化能力。也就是说，文学家不仅要善于站在自己的立场上观察、了解、感受外部的世界，也要善于站

女性文学研究：广阔的道路

在对象的立场上观察、了解、感受到自己。正是这种对象化的能力，使那些人类历史上伟大的文学家，尽管自身是男性，但在对女性心理的感受和了解上，也是超于当时的多数人的，其中也包括那个时期的多数女性。曹雪芹的《红楼梦》就是一个有力的证明。

在这里，我谈一下鲁迅。

鲁迅是个男性作家，女权主义文化理论与女性主义文学理论都将迄今为止的人类文化和文学视为以男性权力为中心的文化与文学，我们用这样的标准研究鲁迅作品，并在鲁迅作品中发现了诸多男权主义的特征，这似乎是顺理成章的。但是我们必须看到，当女权主义文化理论和女性主义文学理论对迄今为止的人类文化做出了整体性否定的同时，鲁迅也对中国固有的文化传统做出了自己的否定，他所否定的根据何在呢？

"于是大小无数的人肉的筵宴，即从有文明以来一直排到现在，人们就在这会场中吃人，被吃，以凶人的愚妄的欢呼，将悲惨的弱者的呼号遮掩，更不消说女人和小儿。"[①]

这种对过往文化的整体否定形式反映的正是一种文化重建的愿望和要求。我们可以看到，鲁迅这种文化重建的愿望和要求实际是与西方女权主义文化理论基本相同的，并且鲁迅也特别提出了女性的社会地位问题，亦即女性权力问题。

关于《伤逝》这篇小说，很多人认为，鲁迅之所以将男性涓生作为一个叙述者，起到的是将女性子君挡在了身后的作用，反映了鲁迅作为一个男性作家的男权意识。我认为，分析一篇小说，必须从自己的艺术感受和思想感受出发，不能仅从表面的形式特征出发。实际上，涓生在《伤逝》中，被鲁迅所用的是眼睛和心灵。这双眼睛看到的更是子君，而不是自己；这个心灵是一个忏悔者的心灵，而不是一个男性霸权主义的心灵，不是将所有的错误归于别人、而将所有的功劳归于自己的那种蛮悍、不讲理的心灵，他有反思自我的能力。所有这一切，都将子君这个女性的悲剧命运突出出来，只要联想到在《伤逝》之前已经发表过的

[①] 鲁迅：《坟·灯下漫笔》，载《鲁迅全集》第1卷，人民文学出版社，1985，第217页。

《娜拉走后怎样》，我们就会知道，鲁迅这篇小说的第一主人公恰恰是子君，而不是涓生。在小说里，涓生这个想象中的人物，起到的其实是鲁迅的替身的作用，通过涓生这个人物，将鲁迅送到一个向往新生活，向往新思想的女性子君的身边，并在想象中经历了一段爱情——婚姻——离散的生活。在这里，他对这样一个女性及其命运有了彻心彻肺的感受和了解，对自己善恶交织的内在心灵也有了清醒的意识和体验。这恰恰是一个男性作者克服自身的局限性，通过想象而使自己具有进入女性心灵的对象化的努力。当然，即使像鲁迅这样的男性作家，也无法代替女性自身的创作，更不属于女性主义文学的范畴，但必须看到，这样的男性作家的作品，至少可以为男性读者感受、理解和接受女权主义文化和女性主义文学疏通了道路。女性文学研究者没有必要将这样的文学推到自己的对立面去。鲁迅一生不仅推出了自己的作品，还推出了像萧红这样的女性作家，鲁迅不是女性文学的敌人，而是女性文学的同道和战友。

五、女权主义文化理论和女性主义文学理论不仅具有反思男性文化的作用和意义，更有反思自身并在反思自身过程中求取成长与发展的意义和内涵。对于女权主义文化和女性主义文学，后者比前者更加重要。绝不能认为，任何一个女性天然地就是一个女性主义者，任何一个女性的思想观念天然地就属于女性主义的文化观念。不断地寻找通向女权主义文化和女性主义文学的道路，并在这种道路上做出符合自己心愿的坚持不懈的努力，才是发展女权主义文化和女性主义文学的有效途径。

综合这五点，我认为，尽管女权主义文化理论和女性主义文学理论都建立在与过往人类文化的整体对立之上，都将过往人类文化视为以男权为中心的文化，但在具体的文学研究中，却不能仅仅将这种本质主义的规定直接用于对象，因为在这种本质主义的规定中是有十分复杂的内容和无限生发的新的内涵的。

20世纪80年代，是中国大陆文学研究重生的年代，那时的文学研究虽然幼稚，但却富有生气。1987年，上海钱虹编了一本《庐隐集外集》，让我写篇序言，我写了《谈女性文学》。其实，那时我还不知道西方有一种女权主义文化理论和女性主义文学理论，只是就印象谈印象而已。到了20世纪90年代，中国的女性文学研究迅速发展起来，对西方女权主义

女性文学研究：广阔的道路

文化理论和女性主义文学理论也多有翻译和介绍。我认为，即使从鲁迅文艺思想出发，我们对西方女权主义文化理论和女性主义文学理论也是能够接受的。在中国历史上，中国女性一直被排斥在中国社会及其社会文化之外，这是一个事实，不是西方女权主义者杜撰出来的。从五四新文化运动以来，我们在观念上已经承认男女两性的平等权利，但决定整个中国社会命运的，仍然是在男性与男性之间进行的激烈的军事的、政治的、经济的斗争，文化的斗争一直围绕着这种军事的、政治的、经济的斗争进行，在其内部运行的不能不是男性的权力原则。社会教育的发展，女性受教育的权利得到了基本的保障，女性大量进入中国社会，但她们在固有的文化传统中却找不到仅仅属于自己的语言和文化，西方女权主义文化理论和女性主义文学理论之得到中国女性的重视，不是天经地义的吗？

但是，在西方，女权主义文化理论和女性主义文学理论原本是结合在一起的，从事女性主义文学写作的大都是女权主义者，女权主义者也大都重视女性主义文学的写作，这就使西方的女性主义文学和女性主义文学研究在开始阶段始终有一种方向感。我认为，20世纪90年代的中国女性文学研究者也大都是有这种方向感的。但到了21世纪，中国的女性文学研究繁荣起来，但也与女权主义文化理论脱了钩，对于中国女性整体社会命运的关注变得极为淡漠，女性主义文学研究却成了一个更广大的文学空间，中国女性主义文学研究便越来越走向了自我异化的道路。实际上，只要我们关注中国女性整体的社会命运和文化处境，甚至连我这个男性社会成员也是感到触目惊心的。从70年代末开始的大量拐卖妇女的事件，流行至今的溺婴事件，城市底层青年妇女和进城农村青年女性的性工具化，对女性的家庭暴力，在就业过程中普遍存在的女性歧视，都是一些有目共睹的事实，但我们的女性文学研究却越来越走向20世纪30年代左翼文学（20世纪30年代最有成就的女性作家都集中在左翼）、五四新文学（中国的女性文学是在五四新文化运动中走上历史舞台的），特别是鲁迅（鲁迅把一个女性——女娲塑造为中华民族的创世神）。在所有这些方面，中国的女性文学研究都与中国的文化保守主义走到了一起。我提出一个尖锐的问题，一个女性研究者如何逐渐走向作为一个女性的自己、走向一个中国女性对中国文学的感受和体验中来。这不是一个理论的问题，不是一个仅仅依靠对西方女权主义文化理论和女性主义文学理论就可以解决的问题，而是一个具体的研究实践的问题。

　　进入21世纪之后，我的博士研究生中女性逐渐多了起来，她们中的很多人愿意选择一个女性文学研究的题目，但我这个男教师即使能够感觉到女性文学研究中一些问题，其切入点仍然常常停留在男性的视野之中，其思考方式也是男性更加擅长的政治、经济、社会的直入方式。邓如冰是我2003年入学的博士研究生，选题的时候，提出了这部书的题目。当时我着实一愣，好像眼前突然亮了起来：女性主义文学，不就是由女性创作出来的任何男性也不可能创作出来的文学吗？女性文学研究不就是女性研究者所进行的任何男性都不可能做出的研究吗？在发展至今的人类文明中，不论社会发生什么变化，女重衣，男重食，不是一个亘古未变的事实吗？女性对衣服的直感感受和心灵体验、男性对食物的直感感受与心灵体验不都是很难被异性所代替的吗？尽管我这个男性教师很难断定从这个入口进入中国现代文学的研究将会发现出什么具体的东西来，但这个题目是一个真正的女性文学的研究题目则是毫无疑义的。所以，我肯定了邓如冰的这个选题。现在出版的这部著作，就是她在博士学位论文的基础上进一步修改润色而成的。

　　我认为，这个论题，是有继续做下去的必要的。在当前，文学研究者的队伍不断扩大，像我们这一代那种蜻蜓点水式的研究已经不适应当前文学研究的现状，要有专家式的学者，在整体了解的背景上专注于一个角度的研究，并将这一个角度的研究推向整体，推向深入，推入到自己的审美感觉和精神感受之中去，从而达到前无古人、后有来者的高度，并为整个文学研究做出一个女性研究者才能做出的独立的贡献。张爱玲小说的服饰描写值得研究，整个中国现代文学（包括男性作家）的衣饰描写也需要研究。我相信，只要深入研究下去，从任何一个真正女性的角度都是可以将女性主义文学研究推向新的高度的。

原载《博览群书》2010年第3期

左联期刊研究的价值和意义
——评左文《非常传媒——左联期刊研究》

关于当代传媒学的理论，我几乎一窍不通，但作为一个社会成员，却不能不与各种传媒打交道，特别是作为一个文学研究者，更不能不接触到各种类型的文学的或学术的媒体。根据我粗浅的了解，传媒除了其他各种不同的分类方式之外，还可以根据其性质分为以下几种类别：政治性的、学术性的、消费性的和先锋性的。我的这种分类，是根据传媒的存在根据而区分的。政治性的是根据国家政治的需要而设立的，其政治、经济的基础也主要来自国家政治的支持和保护。正确、及时地将国家政治的意图贯彻到社会群众之中去，以保证国家政治对社会民众指导或领导的有效性，则是这类媒体的主要作用和意义。学术性的一般是在学校教育（主要是高等教育）或科研机关的需要的基础上兴办的。严格说来，学校教育和科学研究也是国家社会事业的一部分，在大多数的情况下，也是在国家政治的直接领导下运转的，但学术关注的是国家教育、科学事业的发展，其内容未必完全符合国家政治的现实需要，与国家政治的现实需要保持着更大的距离，也与广大社会群众的现实需要没有直接的联系，是在一个相对狭小的学术圈子之内发挥作用的，其作用主要在于知识的传承、交流和创造。消费性的则是直接面向社会公众的，与社会公众的消费需要直接联系在一起。这类的媒体首先着眼于经济的效益。它或者从生产单位直接取得经济的资助，或者从消费大众的订阅和购买中获得经济的收益，或者二者兼得，但不论采取什么形式，都不能不以赚钱为目的。

严格说来，政治性的、学术性的、消费性的媒体也都有可能具有先锋性质。政治要改革，学术要发展，社会群众希望了解政治、经济、文化上的最新成果和最新动向，都有可能将具有先锋性质的文化成果包含在自己的肌体之内，起到传播这些文化信息的作用，但先锋性在所有这些媒体中都不可能成为主导的倾向，这是因为在任何历史时代，先锋性的文化都是少数人的文化，而不是多数人的文化。多数人在固有的价值观念和价值标准的基础上就能顺利接受的文化，就不是先锋派的文化了。他们虽然是少数人，但却不是没有较高文化素养的人，先锋派文化大都首先产生在一个民族的知识分子阶层，是这个知识分子阶层中的少数人。他们具有独立思考的能力，对在主流意识形态可控范围内的现实社会的文化也有一个基本的了解。但当他们在现实社会文化的基础上形成了仅仅属于自己的新的感受、新的追求、新的思想乃至新的主义，并且又从这个新的角度感受和认识现实社会文化的本体的时候，他们的文化思想就与现实社会的文化有了根本性的差别，从而也具有了某种先锋的性质。在这时候，他们较之社会上的任何一类人，都有更强烈的表达欲望，因为他们在本能上就需要社会公众对自己的理解和同情。但是，恰恰是在这个时候，固有的政治性、学术性、消费性媒体的保守性就充分暴露出来了。政治性媒体不能不考虑到现实社会的政治秩序，对那些有可能危及现实社会政治秩序的异端思想加以排斥。学术性媒体是建立在固有的价值观念和价值标准之上的，不在固有价值观念和价值标准的基础上，不论是多么深刻的思想和多么显在的事实，都无法被纳入学术讨论和学术论争的范围。在中国古代，女子改嫁的问题不是一个学术问题，而是一个法权问题；在20世纪30年代的中国，马克思主义问题不是一个有没有学术价值的问题，而是有没有合法的政治地位的问题。表面看来，消费媒体是最自由的媒体，各种不同的文化信息都能够通过消费媒体被传播开来，但实际上，较之政治性媒体和学术性媒体，消费性媒体往往是一种最保守的媒体。其原因就是它是多数人的媒体，而不仅仅属于这些有着独立社会追求的少数人。少数人不是不能介入这种媒体，

左联期刊研究的价值和意义

而是一旦介入便会陷入"人民群众的汪洋大海"之中而成为社会公众的消费对象，而带着强烈的消费欲望进入消费媒体的社会公众，很快便会将少数人这种严肃的独立社会追求转化为街谈巷议的话题乃至笑料，只有三分钟的热度，而不会产生长远的影响。在这时，这少数有独立追求的人，就需要有主要属于自己的媒体。这种媒体不是政治性的，不是以维护现实的政治秩序为指归的；不是学术性的，不是在现行的价值观念和价值标准的基础上对某些具体学术问题的思考和研究，但也不是消费性的，不是以赚钱为根本目的的。他们要表达和传播的是自己独立的社会追求，是争取社会公众对自己及其独立社会追求的同情和了解。在这个意义上，这种媒体带有更纯粹的文化性质。政治性、学术性、消费性的媒体都具有文化的性质，但同时也包含着更多的自我异化的特征，因为它们的从业者是根据媒体自身的需要而传播其相应的文化信息的，未必体现自我的内在要求，而只有先锋性媒体不是根据任何外在的要求，而是根据自我的内心要求。这类的媒体（如果有）在当时社会上的处境常常是十分艰难的，但也正是这种艰难性考验着这些人独立社会追求的真实性和真诚性，它本身就具有对其读者或观众的召唤力量。这种媒体并不常常是成功的，但它带给一个民族文化的一定是一种新的质，并且对政治性、学术性、消费性媒体的保守性也会起到一定的消解作用。

依照这种分类方式，我认为，也理应意识到媒体研究的这样一个根本要求，即依照其媒体自身的存在根据对媒体的作用和意义进行解读。在政治发展的意义上研究政治性媒体的作用和价值，在学术发展的意义上研究学术性媒体的作用和价值，在经济发展的意义上研究消费性媒体的作用和价值，在民族文化发展的意义上研究先锋性媒体的作用和价值。在当前，似乎有一种将所有的媒体混在一起加以研究的现象，这往往会得出似是而非的结论，起不到研究活动本身应该具有的研究价值。例如，很多人主要从学术的意义上而不是从提高收视率的经济意义上看待电视上的《世纪大讲堂》，这就把不同的价值混淆在一起了。实际上，它是一个消费性的媒体，而不是一个学术性媒体。就其目的，它是为了提高收视率，增加经济收入，就其效果，它是社会公众对知识分子文化的一种消费形式。用一个总体的概念来说，它是一个"文化产业"，与知识分子学术研究活动的本身是有根本不同的特征的。知识分子的学术研究更是一种纵向的文化传承和文化创造的过程，是面向未来的一种脑力劳动，而在更多的情况下则联系着对新一代人的非营利性的培养和教育，其接受者也必须调动自身的思维活动的积极性，而不能只是一种被动消极的接受。

文学媒体在其整体的性质上原本属于消费媒体，文学的娱乐性使各种形式的消费媒体都愿意加以利用。但当文学已经成为民族文化传统中的一个重要组成部分之后，文学媒体也就有了类似于以上四种类别的划分。有些文学媒体是直接为现实政治服务的，虽然也有某种程度的娱乐性，但从总体上更接近政治性的一类（如20世纪30年代民族主义文学派的文学期刊）；有些文学媒体是以发表在现行审美价值观念和价值标准的基础上创作出来的文学作品为主的，在有意与无意之间带有一点"为艺术而艺术"的倾向，则更接近上面所说的学术性的一类（如20世纪30年代的《现代》杂志），而像20世纪30年代的鸳鸯蝴蝶派的杂志，则明显属于消费类的媒体。在这个意义上，我们看到，20世纪左翼期刊，实际就是当时的先锋派的文学媒体。

毫无疑义，上述四类的媒体，都有研究的价值，但我认为，对于先锋性媒体的研究则具有更加重要的价值和意义。政治性、学术性、消费性媒体都有十分明确的目标体系，它们的运作方式完全可以根据其目标体系推论出来，并且使其从业人员必须适应其具体的运作方式，呈现着相对有序的特征，其研究的价值也就相对薄弱得多，而先锋性媒体就没有这样明显的规律性可循了。它往往以无序的形式呈现出一个民族文化发展的有序性，像早春的青草一样倏忽而来，倏忽而去，又像彗星一样在自己身后留下一个长长的尾巴，影响到一个民族文化的后来发展，但又最终消失在这个民族文化的背景上。具体研究这类媒体的生生灭灭及其演变轨迹，不但对于媒体的研究，即使对于一个民族文化的研究也是具有重要意义的。

仅从中国现当代文化的发展上，迄今为止有这么三个转捩点：其一是五四新文化运动，它是以《新青年》这个先锋性媒体为其标志的；其二是20世纪30年代的左翼文化运动，在那时则有一个可以称之

左联期刊研究的价值和意义

为先锋性媒体群落的左翼期刊，呈现着较之《新青年》更加复杂也更加多变的性质；其三是20世纪70年代中期开始的改革开放，严格说来，那时并没有一个完全可以称之为先锋性的媒体，其先锋性是分散在多个本质属于政治性、学术性的媒体中，此后更逐渐消失在消费性的媒体中。在中国现代媒体的研究中，《新青年》的研究是最为充分的，即使没有专门的传播学、媒体学，它也是中国现当代学术文化无法绕过的一个研究对象；新时期以来的媒体，逐渐加强的是其消费性，先锋性的特征正在逐渐模糊下去。这样，作为先锋性期刊的左翼期刊，就有了不可代替的重要研究价值。

一种研究活动，并不像人们通常所想象的那样，是完全根据研究者的意愿而进入学术的历史的。从20世纪30年代末期左翼文化的兴起到1949年中华人民共和国的成立，是中国左翼文化作为先锋性文化在中国现代文化的整体格局中挣扎求生的年代，不论是它自身还是属于不同文化派别的人们，都不可能对它进行整体的、有超越性价值、有较高客观性品格、并且也有较高确定性内涵的研究，其中也包括对它的主要传播媒体——期刊杂志的研究从1949年到"文化大革命"结束，左翼文化是在政治革命的胜利中像鹞子翻身一样在刹那间便具有了主流意识形态的价值和地位的，这也意味着它已经退出了学术研究的对象范围，任何一种较为客观的研究都会有损这种文化直至左翼文化运动参加者的崇高形象，关于"两个口号"的论争在中国当代史上掀起的大波大澜就是一个充分的证明；"文化大革命"结束以后，中国文化是在消解乃至颠覆左翼文化对中国文化的统治地位的过程中演变和发展的，这一方面带来了中国当代文化的改革和开放，但也同时带来了对在中国生成并发展了近一个世纪的左翼文化的遮蔽，带来了对中国现代文化史描述的失重。左翼文化包括左翼期刊在改革开放以来的年间并没有受到中国文化界的重视，在为数不少的知识分子那里，好像扔掉一个"错误"一样扔掉了中国的左翼文化，而不是在对其进行认真研究的基础上超越它所存在和发展的那个历史阶段。我不相信中国古代哲学中所谓"正、反、合"的那种平面化的研究思路，但不能不说，中国现代左翼文化已经具有了进入研究对象范围的历史条件。这个条件就是我们既可以不将其作为不可分析的主流意识形态加以崇拜和歌颂，也可以不将其作为一个绝对的错误而予以鄙弃和抛弃。

本书大概是第一部系统研究左翼期刊的专著，也是对左翼期刊涉及范围最广、收罗最丰富的著作。对他其中的论述，我们可以有各种不同的看法，但他对左翼期刊研究的重视，其本身就是具有十分重要的意义的。左翼文化不是中国现当代文化中唯一的文化，但却是值得我们重视的一种文化。现在好说中华民族的复兴之路，但中华民族的复兴之路并不仅仅是一条商人的发财之路，同时也是中国中下层知识分子、中国中下层人民群众进入中国历史、进入中国历史的创造之路。当我们在"享受"生活的时候，不要忘记这种生活是怎样被创造出来的，并且未来的生活仍然要靠我们的创造。

原载《中国图书评论》2010年第6期

让尘封的历史成为鲜活的文化
——张惠民《人间一度"春秋"——〈左传〉今读》序

在学术上,应该说我和张惠民先生还是有点"缘分"的。在来汕头大学之前,我就经常在学术刊物上读到他的文章,又因为他和我一个初中同班的同学同名,所以印象特别深。

在来汕头大学的时候,我提出了"新国学"这个学术概念,至今响应者寥寥。我的中国现代文学研究同行和一些研究西方文化的专家学者认为我是在搞"复古",搞"倒退",而研究中国古代文化的专家和学者则认为我是在与"国学"唱反调,是从根本上反对中国古代文化研究。当然,因为人微言轻,更多的人认为它不值一哂则是更重要的原因。独有张惠民先生,作为一个中国古代文学研究的专家而从一开始就给了我很大的鼓舞和支持,并且在"新国学"这个名目下与我合作至今。这使我很感欣慰。

我想,我和张惠民先生分属于两个不同的研究领域,在承袭的具体学术传统上也显然有所不同,但张惠民先生与我在学术上还能"谈得来"的一个重要原因,大概是因为我们都很重视"阅读",特别是对文化原典的阅读的原因。

中国传统教育可议之处甚多,但有一点则是值得重视的,就是它指导学生阅读的都不是教师自己的研究著作或当代人编写的教科书,而是文化的原典。到了宋儒,在佛家文化的挤压和影响下,开始重视

"理",重视文化的"理念",但直至那时,他们都没有以自己的"理"、自己的"理念"代替对文化原典的阅读,而只是将自己的"理"、自己的文化"理念"贯注到对文化原典的阅读和阐释中。作为教材,不论"四书",还是"五经",都还是历史上的文化典籍。这在教育上所发生的影响是显而易见的,即不论教师怎样努力将这些著作的价值和意义集中到自己所谓的"理"、自己认为正确的文化"理念"上来,但它们都不可能完全覆盖住这些文化典籍本身内容的丰富性,都给学生留下了独立感受和理解这些文化典籍的更大的自由空间。真正将"理"、将文化理念置于文化原典的阅读之上而给中国文化的发展蒙上了一层阴影的是从晚清开始的中国现代教育。那时教育的进步集中表现在教学内容的改革上,表现在充实进了大量西方文化的教学内容,但同时也产生了一种以文化理念代替文化本身的接受,代替对文化原典的阅读的倾向。从那时开始,我们文化界就有人热衷于争论"中国文化是什么?西方文化是什么?"这样的"大"问题。实际上,脱离开对中、外文化大量典籍的直接阅读和接受,这些问题只能归结到一些似是而非的抽象理念上。有人说中国文化是精神文化,西方文化是物质文化;有人说中国文化是封建专制文化,西方文化是资产阶级民主文化,并且各自都从这些抽象的理念中形成了对不同文化的价值判断:总是一边是黑的,一边是白的。这种倾向也反映到对中国文化本身的研究中,例如将儒家文化概括为入世的文化,将道家文化概括为出世的文化,以为知道了这个区别就懂得了中国古代的儒家文化和道家文化,岂不知它们都是有极为丰富的具体内容的,并不是一个干巴巴的特征就能概括得了的。实际上,那时真正为中国文化发展做出了实际贡献的人,不论是曾国藩、康有为、梁启超、章太炎、王国维,还是严复、胡适、鲁迅,都不是纠扯这些抽象文化理念的人,而是一些真正读过书的人,一些认认真真地阅读过大量中外文化典籍的人。现在我们说胡适和鲁迅是"反传统"的,实际上,他们之"反传统",并不是比我们更不了解传统,而是比我们更了解传统。他们与前代人的区别仅仅在于,他们不但阅读过大量中国古代的文化典籍,同时也阅读过大量外国的文化典籍。他们都不是仅仅记住了一两个抽象

让尘封的历史成为鲜活的文化

的文化理念的人。

我认为，凡是关心中国文化发展的人，都能够发现，这种将文化理念的作用置于文化原典的阅读之上的倾向，是随着当代文化的发展而愈演愈烈的。这当然也有文化信息日益丰富（所谓"信息大爆炸"）、需要用一些文化理念对其梳理的原因，但更重要的原因恐怕还是因为我们的急功近利的心态。当西方马克思主义在中国文艺界得到传播的时候，鲁迅首先忙着翻译西方马克思主义的文艺理论著作和当时苏联的文学作品，而更多的人则是忙着挂招牌、抢口号，抓住马克思主义的几个文化概念就想把周围的人都打倒。到了1949年之后，就造就了一批一批的革命大批判的英雄。他们恐怕就没有认真地读过几本书，就用批判资产阶级文化的名目扫荡了世界文化，用批判封建主义文化的名目扫荡了中国古代文化。当然，最后，他们也扫荡了自己。实际上，直至现在，以为用一种文化理念就可以改造整个世界，用一句好听的口号就可以安定整个社会的人还是大有人在，而真正能够坐下来认认真真地读几本书的人却越来越少。不能不说，这是我们教育的失败。

阅读，就是首先要了解别人、理解别人。读《论语》，首先要知道孔子说了些什么，他为什么那样说而不这样说；读《老子》，首先要知道老子说了些什么，他为什么那样说而不这样说；读柏拉图，读康德，读马克思，读海德格尔，读鲁迅，读中外历史上所有那些著名的文化典籍，都应该这样。先不要批判人家，先不要用自己的文化理念将人家撕成两半，说这些是精华，那些是糟粕；这些是正确的，那些是错误的。我们说尊重历史，实际就是要尊重历史上的人，尊重这些人的思想，尊重这些人在自己的历史条件下、在自己的文化环境中、依照自己的需要独立地思考世界、思考人类、思考人类社会并以自己认为合适的形式表达自己的思想的权利。张惠民先生说要把尘封的历史变成鲜活的文化，这是第一步，并且是必要的一步。因为只有首先迈出了这一步，我们才能继续地往前走。

在这里，就有一个如何看待阅读、阅读原典的意义的问题。实际上，阅读、阅读原典，不论你自己意识到没有，都是将阅读对象个体化的过程，都是把阅读对象当作一个特定的个体而了解和理解的。只有将它当作一个特定的文化个体，我们才能够将其与其他文化个体进行重新的组合和研究。就拿儒家的"四书""五经"来说，其实在产生之初，它们原本就是各自独立的，原本就是不同人的不同的作品。到了宋儒，才将它们组合在了一起，成为儒家教育的固定的教材，也成了中国儒家文化的经典，但只要重视的是原典的阅读，而不是将宋明理学的"理"，宋明理学的"存天理、灭人欲"的抽象的文化理念放在原典的具体内容之上，我们就很容易看到，《诗经》本身并不是为了表现传统儒家的伦理道德观念而创作出来的，而是一部诗集，一部文学作品，它可以与《论语》《孟子》等儒家经典组合在一起，也可以与屈原、杜甫、艾青、北岛、荷马、但丁、歌德这些古今中外的诗人的诗歌作品组合在一起；孔子在儒家文化传统中是个"圣人"，但将他与老子、庄子、鲁迅、释迦牟尼、苏格拉底、伏尔泰、马克思、列夫·托尔斯泰这些古今中外的思想家组合在一起，他也不再是"圣人"而只是一个著名的思想家了；《左传》可以视为中国古代儒家的一部文化典籍，但也可以与司马迁的《史记》、希罗多德的《罗马史》等古今中外的历史学著作组合在一起。在这时，它只是一部历史著作，而不再仅仅属于儒家文化传统。有了新的组合，就有了新的研究，就有了我们当代中国的学术。这种学术是可以跨越时间和空间的，是可以不受古今中外这些固有的人为的界限所限制的。这就有了我所说的与"旧国学"不同的"新国学"。所以，"新国学"既不是复古的，也不是薄古的；既不是媚外的，也不是排外的。而这就是我们中国当代学术的本来的形态。

张惠民先生这部学术著作是在课堂上引导学生阅读《左传》这部经典著作时用的讲稿，他用更接近"通史"的叙述方式将这部编年史的著作进行了重构，并用现代白话文的语言形式将其叙述出来，但保留了原作者的思想视角和具体观点，同时也将原作的整体思想面貌和丰富的具体内容全部包含在自己的这部学术著作中。我认为，这对于当代读者直接地、直感地了解和理解这部古代的历史著作本身以及在阅读过程中不断积累自己的知识和经验以达到自我成长和发展的目的，或许是更有好处的。——因为它没有用自己的主观意图和文化理念夸大了其中的什么，也没有以此遮蔽住其中的什么。

是为序。

2012年9月17日于汕头大学文学院

原载《汕头大学学报（人文社会科学版）》2013年第2期

中国现代文学文献学研究的力作
——徐鹏绪著《中国现代文学文献学研究》评介

　　徐鹏绪教授主持完成的国家社会科学基金项目《中国现代文学文献学研究》（项目批准号为02BZW046），最终成果以同名专著在中国社会科学出版社于2014年8月出版。这是第一部以"中国现代文学文献学"命名的著作。我认为，该编著可称为中国现代文学研究上的学术力作，在中国现代文学的学术史上也会占有一个相当重要的地位。

　　"文献学"本是一个独立学科。而作为某一具体学科文献学著作的中国现代文学文献学，则是对中国现代文学和文献学进行综合性研究的产物。因而，中国现代文学文献学的出现，乃是文献学和中国现代文学两个学科发展到成熟阶段的标志。

　　从文献学角度来看，虽然中国历朝历代都有大规模文献整理活动，中国历史上也有许多专门从事历史文献整理、研究的学者，但并无"文献学"这一称谓。直到近代梁启超才在《清代学术概论》中提出"文献学"这一概念。最早以"文献学"命名的中国文献学著作是郑鹤声、郑鹤春《中国文献学概要》（商务印书馆1930年出版）。新中国成立后，特别是进入20世纪80年代新时期之后，文献学具有了更明确的学科意识。不但出版了被称为"奠定了中国文献学的理论和学科体系"的张舜徽先生《中国文献学》那样的综合性文献学著作，而且还出版了各个学科的专科性文献学，如杨燕起、高国抗《中国历史文献学》，张君炎《中国文学文

中国现代文学文献学研究的力作

献学》等。同时,各学科的文献学又继续分化,从中国历史文献学中又分化出断代史文献学,如黄永年《唐史史料学》;从中国文学文献学中再分化出断代的文学文献学,如刘跃进《中古文学文献学》。这种不断的分化和细化,是文献学发达繁荣的重要标志。

从中国现代文学学科来看,中国现代文学起始于1917年的文学革命,终止于中华人民共和国成立前第一次文代会的召开。作为一个完整的历史时代(新民主主义革命时代)的文学作品,包括这三十二年间产生的小说、诗歌、戏剧、散文,已经成为自我完足不可再生的历史文献——这是中国现代文学的原典文献,也是中国现代文学学科研究对象的本体。原典文献的存在方式,除了在新文学发展过程中随时形成的诸如手稿、誊清稿、手抄稿,在报刊上发表时的初刊稿、单行本、阶段性的作家选集之外,还有在新文学传播过程中编辑出版的收录个别作家作品的"别集"(选集、文集、全集)和汇选诸家作品的"总集",以及"丛书""类书"等。到目前为止,新文学原典文献的类型堪称完备。而且以《鲁迅全集》为代表的"别集"和以《中国新文学大系》为代表的"总集",在编辑体例的严整、科学方面也已达到了很高的水平。

自新文学诞生起,也就有了对新文学作家作品的批评研究。所以新文学批评研究史与新文学史的产生、发展几乎是同步的。在对原典文献进行批评、研究的过程中产生的二级文献(其主要文献类型为研究新文学的论文、专著、文学史著),经过近百年的积累也非常丰富。对于研究文献的整理,至迟在《中国新文学大系》的《建设理论集》和《文学论争集》编选时,就已经开始了。1979年中国社会科学院文学研究所现代文学研究室发起编纂大型史料丛书《中国现代文学史资料汇编》,该丛书包括:甲种《中国现代文学运动·论争·社团资料汇编》三十卷;乙种《中国现代作家研究资料丛书》,编写了一百七十多位作家研究的专集或合集;丙种《中国现代文学期刊目录汇编》《中国现代文学总书目》等大型工具书多种。甲、乙、丙种总计五六千万字。这次文献整理,是中国现代文学批评研究文献的一次大检阅。可以说,凡有价值的二级文献资料都已囊括其中了。在近百年的批评研究史中产生的新文学批评研究的主要文献类型——论文、专著、文学史著的形式,特别是文学史著的编写形式，至20世纪后期已呈现多样化、规范化的局面。对二级文献进行梳理研究的三级文献，即"研究之研究"文献，也在20世纪80年代以后渐趋成熟和丰富起来。研究资料索引、研究资料汇编、研究述评、研究史，是新文学学科三级文献的基本类型。2008年黄修己、刘卫国主编的《中国现代文学研究史》的出现，标志着三级文献类型的成熟和完备。这些成果表明，中国现代文学学科文献，无论从级次、类型，还是从数量上说，都堪称完备。即使再有新的材料被发现，也不会影响中国现代文学文献学体系的建构。也就是说，从中国现代文学文献学的研究对象这个角度来看，建立中国现代文学文献学学科的客观基础条件已经成熟。

从主观上说，现代文学研究界早已有人从事新文学文献的搜集、整理和研究的实践，并有了专门的研究机构和团体。1989年，中华文学史料学学会成立，并编辑出版了会刊《中华文学史料》。2007年成立了中华文学史料学学会中国近现代文学分会。进入20世纪80年代以来，学术界即不断有人发出建立中国现代文学文献学的呼吁。《中国现代文学研究丛刊》1985年第一期刊登了已故学者马良春《关于建立中国现代文学"史料学"的建议》；《新文学史料》1989年第一、二、四期，分上、中、下连续刊载了著名学者樊骏《这是一项宏大的系统工程——关于中国现代文学史料工作的总体考察》。他们在文章中倡导中国现代文学文献学的建立。这说明，研究界一些有影响的学者早已有了明确的建立中国现代文学文献学的学科意识。

《中国现代文学文献学研究》正是在这样的历史背景下展开自己的研究和书写的。作者在已有的现代文学文献研究成果基础上，从目前现代文学文献整理与研究的现状出发，汲取我国传统和西方现代文献学的理论方法，借鉴图书馆学、情报学的相关知识和经验，构建中国现代文学文献学的理论体系，设计了一个能够包容现代文学各级次、各类型文献的叙述结构和研究框架，并对已有的现代文学重要文献的文献价值予以评述。

中国现代文学文献学理论体系的建构，首先要面对中国传统文献学和西方文献学已有的理论、原则、方法，还要面对与文献学有密切联系

中国现代文学文献学研究的力作

的图书馆学、情报学、信息学以及与文学文献相关的传播学、阐释学、接受美学等理论方法。在历朝历代长期的官方和民间的历史文献整理过程中形成的中国传统文献学已经拥有自己的一套独特、成熟、行之有效的理论、方法，并且发展成诸如版本、目录、辨伪、校勘、考证、辑佚、注释等分支学科。西方文献整理与中国传统文献整理偏重于收藏不同，它更重视文献的利用和传播，因此，西方现代文献学与图书馆学、情报学、信息学融为一体，在编目和索引方面，总结出更为先进、科学的理论方法。但中国传统文献学，除了方法、技术层面的内容外，还要求文献整理者承担"辨彰学术、考镜源流"的任务，要在学术发展的历史进程中，确认每一种具体文献的学术价值和文献价值。这就把文献整理活动提升到学术研究的层面，主持参与文献的人，必须是高水平的学者。中国历代由官方组织的大型历史文献整理活动的成果，大都是中国学术史上的代表性成果。例如《四库全书总目提要》，参与编纂《四库全书》的大都是当时的一流学者，而《四库全书总目提要》无疑是清代，也是中国传统学术史上的最高成果。所以，我们在建构中国现代文学文献学理论时，一定要坚守文献整理的学术品位，要在继承中国传统文献学理论、方法宝贵资源的基础上，广泛吸纳西方文献学的理论、方法、技术，并结合中国现代文学文献存在方式和整理现状，以创造既不脱离中国现代文学学科文献的实际，又能与世界接轨的理论体系。作者从发生学意义上对中国现代文学文献学的基本概念和范畴进行界定，并总结其基本规律，综合运用文献学、传播学、接受美学等理论方法，尝试建构中国现代文学文献学理论体系的一种模式，即由"总论""本体论""功能论"三大部分构成的文献学理论体系，以突破中国古典文献学以史实考证为主的"实证"研究和西方现代文献学以文献信息的技术操作与应用为主的"实用"研究的藩篱，把中国现代文学文献置于现代文化传播的视野中进行系统考察，赋予中国现代文学文献更为丰厚的文化内涵，拓展文献学理论研究的维度和视野。从而结束现代文学文献工作长期以来停留在具体的史料整理、应用，在文献学理论研究上则局限于方法论探讨的局面。这对于促进中国现代文学学科建设、推动中国现代文学与相关学科的平等对话及其在21世纪的发展，都具有重要意义。

研究框架的设计，面对的是中国现代文学三十二年间所产生的文学创作文献和近百年来由整理、研究这些文学作品所派生出来的"研究文献"，以及对"研究文献"进行梳理、研究所生成的"研究之研究"文献。三十二年与历史上的朝代所经历的年份相比，虽然比较短暂，但由于现代印刷出版条件的优越和近代稿费制度养成的规模庞大的创作队伍，使现代文学作品在绝对数量上要比古代任何一个朝代都要高出许多。现代文学作家几乎都同时是现代文学批评家，加上专业的文学批评队伍，特别是新中国成立后，中国现代文学学科确立，在高校和科研机构中又涌现了一批从事新文学批评研究的专业人才。近百年来所产生的现代文学"研究文献"和"研究之研究文献"其数量之多可谓汗牛充栋。将浩如烟海的现代文学文献纳入传播学的视野，以阐释学、接受美学等理论予以全方位观照，提出了"学科文献"的概念，并首次对学科文献进行级次划分，即将现代文学学科文献划分为原典文献—研究文献—研究之研究文献的三级文献；在确立了文献级次后，再对各级文献进行类分，从而搭建起现代文学学科文献的研究、叙述框架，也就是现代文学文献学本体的结构模式。其设计的科学性，就看它是否能够容纳现代文学各级次各类型的文献，并使之按照一定的逻辑层次关系，构成一个有机的整体。该书作者认为，中国现代文学文献学的研究、叙述框架，只能围绕着学科文献的存在形式和对文献的整理、研究、利用而建构。中外文献的整理，总是分类进行，并以符合各类文献特点的原则、方法而加以整理的。文献成果也总是以"类"的形式而呈现。因而从文献的存在类型着眼来搭建的文献学研究、叙述框架，既符合文献工作的实际情况，又符合文献生成发展的规律，因而能够充分地把已有的文献吸纳包容进来，形成一个具有内在联系又层次类例分明的文献谱系。只要文献类型无缺，则即使遗漏单个文献，文献学的机体就依然是健全的。分类是科学研究的重要内容，是科学研究深入进行的起始阶段。成功的科学的分类，是以对事物外部特征、内在性质的准确把握为前提的。《中国现代文学文献学研究》一书，将学科文献厘为三级，级内再进行类分的做法，是在对整个的学科文献进行全面系统研究，深思熟虑的结果。该书以传播学、阐释学、接受美学理论观照历史文献，引

中国现代文学文献学研究的力作

入"文献活动"这个概念来表征文献的生成、存贮、交流到消费利用的过程，并把"文献活动"析分为"文献记录活动"和"文献交流活动"两个基本范畴，作为建构中国现代文学文献理论的历史和逻辑起点。这一认识打破了中国文献整理重收藏、轻传播的传统理念，把原典文献传播过程中生成的批评、研究、阐释原典文献的文字资料——"研究文献"和"研究之研究文献"视为"学科文献"不可分割的组成部分，纳入中国现代文学学科的文献谱系，从而使有可能被束之高阁的封闭的不可再生的"死文献"，变成不断丰富、发展的流动的"活文献"。原典文献在不断被阐释、接受的传播过程中不仅可以不断生成难以数计的二级、三级文献，而且原典文献也会被编辑成不同的形式来满足各时代各类读者不同的阅读需求，从而使固化了的原典文献被激活。从作者在该书中对研究、叙述框架的设计来看，无论是文献级次的厘定，还是对各级文献内部的类分，都是合理的、科学的、实用的。可以说，凡中国现代文学学科的文献，都可以被适当地安放在这个框架中的级次、类型之中。

对本学科重要文献进行价值评估，是学科文献学所应承担的重要任务之一。可以说，这种评估是构成文献学内容的主体。该书作者认为，"文献价值"包含两个方面的内容：一是该文献的文学史价值或学术史价值；二是该文献的文献学价值。在评估文献价值时，该书遵循两个原则：即"经典化"原则和"辨彰学术、考镜源流"原则。这两个原则相辅相成，实际上就是在文学史（或学术史）和文献学史的大视野中，将那些具有经典意义的文献遴选出来加以精当地评述，准确地评估其文学价值（学术价值）和文献学价值。这是一种很高的要求，该书在编写中明确规定，在各级次、各类型文献中，一定不要遗漏其中"最早、最高、最新"的成果。作者在广泛搜集、大量占有、认真阅读分析资料的基础上精选出各级各类文献中那些有代表性的成果，这就避免了高水平成果的漏选，又避免了平庸之作的混入。由于作者把每一种单个文献都置于文学史、学术史、文献学史中加以考察，故能在"辨彰学术、考镜源流"中确认其文献价值，在对每种文献的评述中，虽仅寥寥数语，却能切中肯綮，精当严密，无浮泛语，反映了作者深厚的学术功力。

总之，在中国古代文献学和西方文献学基础上独创中国现代文学文献学，对现代文学作品和近百年漫长历史阶段中产生的大量中国现代文学研究的成果做文献学上的系统完整的整理研究和总结的著作，这是第一部，也是唯一的一部。它的意义不仅在于对以往中国现代文学研究成果的总结和陈述，同时也是正式建构中国现代文学文献学的开始。其意义是重大的。这部著作将中国现代文学研究的独特学术经验和学术规范融入传统的文献学，并吸收了西方文献学的长处，丰富和发展了中国固有文献学的内容和方法，不但在其完整性、系统性上保证了该编著的学术品格，也在其创新的意义上推进了文学文献学的发展，其学术意义和价值是无可辩驳的。

原载《中国现代文学研究丛刊》2014年第12期

谈"化"
——朱崇科《鲁迅小说中的话语形构:"实人生"的枭鸣》序

记得在20世纪90年代初的一次小型集会上,钱理群先生曾说,他想对鲁迅作品的语言做一些专门的研究,并认为这是一件太有意义的研究了。我当时也颇有同感。鲁迅作为一个艺术家,我认为,首先就表现在他的语言上。迄今为止,对鲁迅作品有着普遍好感的,恐怕还不是我们文学界,甚至也不是我们中国现代文学研究界,而是美术界。在我们中国现代文学研究界,还是有不少研究者从内心就不太喜欢鲁迅的,但在我接触的美术界的朋友中间,只要读过鲁迅的,几乎没有不对鲁迅的作品感到由衷的敬佩的。他们之敬佩鲁迅,大都不是因为我们认为最重要的文化思想,不是因为鲁迅在中国文化史上的地位和作用,而在于鲁迅作品的语言,在于他们对鲁迅作品的语言的感觉。记得我在初中开始阅读鲁迅的时候,也是首先被他的语言所吸引的,那时当然不懂得什么西方文化、中国文化,但一读他的作品,那语言就使他从其他大量彼此雷同的语言中站立起来了。我始终认为,在中国现代文学作家中间,仅就其语言的功力,能够与中国古代那些最伟大的作家(例如老子、庄子、司马迁、陶渊明、杜甫、蒲松龄、施耐庵、曹雪芹等等)媲美的,恐怕只有一个鲁迅。

但是,时间过去了近二十年,钱理群先生和我都没有将当时的想法付诸实行,这里的原因恐怕是多方面的,但其中有一个原因大概是关键性的，即面对这样一个繁重而庞大的研究任务，没有一个在当代世界上有影响力的文化理论和语言学理论的框架作为入手的功夫恐怕是事倍功半的。语言这个世界太庞大了，一个民族语言大师的语言世界的庞大性和复杂性也是超过我们平常人的想象的，甚至一个虚词、一个标点符号的用法都会与一个语言大师的整体语言风格紧密联系在一起，仅就其研究的基础工作就是一两个研究者所无法承担的。我曾想，要想系统地研究鲁迅作品的语言，最好先编纂一部《鲁迅语言辞典》，依照鲁迅作品将其中每一个词语做出新的注释，以了解它们在鲁迅作品中的各种意义、意味、词性和用法的细微变化，然后再在此基础上进行各方面的研究。但尽管如此，我们仍然会遇到一个十分棘手的问题，即语言学的问题。在当代的世界上，语言学是一个专业性极强的领域，我和钱理群先生走的都是"野狐禅"的研究的路子（在这里，拉上了钱理群先生，若有不妥，请钱理群先生原谅），是凭着我们对中国社会及其文化的一点观察了解和亲身体验对鲁迅作品进行研究的，对西方当代新的文化理论特别是语言学理论殊少了解，大概这也就是我们最终也没有着手这个方面的研究工作的原因。

去年（2010年），朱崇科先生给我寄来他的《鲁迅小说中的话语形构："实人生"的枭鸣》这部书稿，并希望给它写个序言，我非常高兴，但也非常为难。高兴的是在这个鲁迅研究相当冷落却倍受指摘的历史时期，朱崇科先生持之以恒地坚持着鲁迅研究并且毫不以故意挑剔一点鲁迅的似是而非的毛病而显示自己的"进步"或"超脱"为荣，反而以更加严肃的态度去开掘这种极难开掘的研究课题，是非常令人感动的，也是令我这个"鲁迅党"的"党员"感到十分高兴的。为难的是我对西方当代文化理论和文学理论的无知，使我感到没有资格为该书写序。对于福柯的"知识考古学"，我是早有耳闻的，也买过他的和关于他的一些书，但直到那时，一本还没有读过。当时我的想法是，借这个机会好好读读福柯的书和有关他的研究著作，然后再认真地读完朱崇科先生这部书稿，即使仍然无法完全弄懂福柯的理论（听说福柯的理论是不太容易读懂的），到底也算长了一点见识，写起序来也不至于只说一些令人笑掉大牙的外行话。但谁知这个计划还没有付诸实行，就大病不起，

谈"化"

差一点见了阎王，病情尚未好转之际，恩师樊骏先生又不幸去世。我想，总该先给恩师樊骏先生写篇悼念文章，谁知文章一开头，心情原本有点沉重，病中精力又不济，觉着有好多樊骏先生活着时就应该说的话没有说，就像蜗牛爬山一样，爬起来就没有一个完了，直到现在还没有爬到终点。但到这时，朱崇科先生的书稿在我这里已经压了将近两年，虽然他不便明言，但我知道已经让我耽误得太苦，觉得再也不能拖下去了，就只好停下悼念樊骏先生的文章，赶写这篇序言。福柯的书我已经来不及看了，甚至对朱崇科先生的这部书稿也没有来得及从头到尾地细细品读，只好先天马行空地说上一些话，让朱崇科先生先把书出来。这是很对不起朱崇科先生的，也是很对不起读这本书的读者的，请大家原谅。

说点什么呢？因为朱崇科先生是以外国当代文化理论为基本框架对鲁迅作品进行的具有开拓性意义的研究，我就以此为题说点自己的看法吧！

毫无疑义，输入外国最新的文化理论、文学理论和文学研究方法对中国文学进行新的具有开拓性的研究，对于持续不断地推进中国文学研究的繁荣发展是有关键的意义的。任何一个民族的文化，任何一个研究者，没有从系统外输入的新的文化信息、新的文化模式，仅凭自己已有的、有限的文化信息及其文化模式，是很容易陷入一个固定的循环圆圈而导致自我的停滞与落后的。在这样的文化中，好像每一代的人都在走，向前走，甚至有时走得急急忙忙，但走着走着，就又走回到原地来了。像鬼打墙一样，就是走不出原来的圈子，并且越走，这个圈子越小。如果按照西方的耗散结构理论，这还是一个系统逐渐耗尽自己内部的能量而最终导致系统无序化的方式。实际上中国古代两千余年的封建文化史就是一个明证，只不过中国知识分子至今并不想承认这点罢了。但是，这并非意味着一个民族文化的发展只能依靠外国文化及其模式的输入，更不意味着在任何情况下、以任何形式输入的外国文化都会起到推动本民族文化发展的作用。在这里，是确确实实存在着一个中国知识分子常说的"化"的问题的。对于我们中国的文学研究者，我认为，至少要有两个"化"，其一是外国理论要中国化，其二是非文学的理论要文学化。

  关于外国文化要中国化，中国知识分子已经说了很多很多，但大都是那些其本意就是反对输入西方文化价值观念的人说的，而那些意在输入西方文化以改造中国文化的人反而只强调西方文化自身的价值和意义，而并不重视这个中国化的过程，这就使我们的文化研究至今仍然主要停留在晚清文化开放与文化封闭和中西文化优劣论的层面上，实质性的问题并没有得到较为完满的解决。国家政治提倡开放，人人就都成了开放派；国家政治提倡封闭，人人就都成了封闭派；国家政治在这个方面开放了，人人都在这个方面成了开放派；国家政治在那个方面开放了，人人都在那个方面成了开放派。到头来，还是随大流，还是人云亦云；还是长官意志，还是唯权是从。形式上变来变去，但骨子里还是旧的。实际上，知识分子的作用，并不直接表现在对政治的态度上，而是表现在文化的实践上。在政治上，国家政治理应担负主要的责任，国家政治要有主动性，即使改革，也要国家政治根据现实情况对自己的政治方针和政策做出新的调整。我们知识分子（包括从事政治、经济、国际关系等领域专业研究的知识分子）同全体国民一样都只是一个社会的监督者，而不是国家政治的实践者。我们有监督的责任，却没有越俎代庖的权力（除非我们立志成为一个一生从事政治实践活动的政治家），因而既不应因为国家政治的整体进步而得到奖赏（除非我们有实际的政绩），也不应受到政治失责的惩罚（除非我们实际地触犯了国家的法律）。甚至连鲁迅与当时国民政府的关系，也只是这种关系，而不是鲁迅要实际地代替国民政府行使国家政治的权力。但在文化上，知识分子就不能老是跟在政治家的屁股后面转了，知识分子在文化上要有主动性，要独自上路，走在现实政治的前面，要独自按照文化传承和文化传播的规律各自发挥自己独立的作用。不难看出，也只有在这种情况下，西方文化的中国化才有实际的可能性，中国知识分子也才能主动积极地逐级推进西方文化向中国文化的转变即中国化的过程。而不必政治要开放的时候就饥不择食地去哄抢外国文化，什么乱七八糟的东西都往自己的肚子里装，而政治不要开放的时候又一个劲地往中国文化堆里钻，好像外国的东西都被施了魔咒一样，好的坏的都得往外扔。只要我们在文化上有了一点

谈"化"

主动性，只要我们不是慌慌忙忙地要和别人抢什么，我们就会看到，外国文化的中国化实际是有各种不同的文化层面的，而在各种不同的文化层面上，其中国化的形式又是各不相同的。我认为，在这里，主要有五个文化层面：其一是外国文化作品的中文翻译和介绍；其二是中国的外国文化研究；其三是中国的比较文学研究；其四是运用外国文化各种现成的研究成果对中国文化的研究；其四是在接受中外文化遗产基础上中国知识分子的独立文化创造。

外国文化作品的中文翻译和介绍，实现的实际是外国语言作品向中国语言作品的转换，就其原作，属于外国文化，而其翻译或介绍，就属于中国文化了。它本身就是一个外国文化中国化的过程，所以五四新文化的先驱们特别重视翻译，视翻译与创作并重。而对那些西方文化作品的拙劣的模仿品，则取着极端蔑视的态度，更莫提那些抄袭和变相的抄袭了。在这个过程中，我们已经能够发现，并非所有外国文化的产品都能实现向中国文化的转化，那些根本无法翻译成中文的作品也就意味着它根本没有中国化的可能，所以外国文化的中国化永远不可能是全部外国文化的中国化，其最高限度的意义也只是那些有可能被翻译成中文的外国文化作品的中国化；与此同时，不论在任何的时代，对于任何一个外国文化作品的翻译家，外国文化作品都不会具有同等重要的翻译价值和意义，这也意味着在任何时代，对于任何一个中国知识分子，外国文化都绝对不是一个浑融的整体，充其量也只是一个有立体感的文化结构，而构成这个立体结构的不同文化产品，对于中国文化和中国文化中的各个不同的人，也是有各种不同的价值等级的。在20世纪30年代，左翼作家重视苏联和弱小民族文学作品的翻译和介绍，英美派知识分子重视英美等发达资本主义国家的文学作品的翻译和介绍，这是完全正常的，也体现了当时中国文化自身的特征。这不是谁对谁错的问题，而是外国文化和中国文化都不会是铁板一块的文化的问题；其三，外国文化作品的翻译和介绍，首先重视的就是忠实于原作，而不能仅仅依照翻译者和介绍者的主观愿望篡改原作的意义，但任何一个合格的乃至优秀的翻译家都会明白，他的翻译作品的精确度是有其最高限度的，而根本不可能不丢失原作的任何东西。而他的翻译作品到了中国文化的环境中，又有可能产生在外国文化环境中所不可能产生的新的思想或艺术的效果。这也就意味着，外国文化的中国化，永远要以尽量保持其异质性为标准，而不能以泯灭其异质性为主要目标，只有这样，才能起到丰富和发展中国文化的作用。那些专门翻译一些外国文化作品以证明在中国文化中已经具有绝对统治地位的文化的正确性和神圣性的翻译家，实际只是一些文化垃圾的制造者，是没有实际的价值和意义的。这正像家里已经有了太多的这种东西还要不断从市场买回家来一样。但是，不论我们如何努力保留外国文化的异质性，外国文化的异质性也不可能完整无缺地保留下来，其翻译作品仍然是以中国固有文化对其异质性的最大包容度而被包容在中国文化之中的，它起到丰富和发展中国文化的作用，但却不会导致整个中国文化的解体。好多中国知识分子喜欢以西方文化的代言人自居，其实这只不过是自己的主观想象而已。因为再伟大的翻译家也不会完全等同于外国文化作品的原作者；最后，外国文化作品的翻译和介绍，当然首先取决于翻译者和介绍者对外国语言的熟悉和了解，但更取决于他对中国语言的熟练运用。如果说他对于原作只是一个读者，而对于中国的读者他就是一个创作者了，而对一个创作者的语言表达能力的要求，是永远高于对一个读者的要求的。也就是说，西方文化的中国化，是必须以固有的中国文化为基础的，它起到的是重新激活中国文化的一种潜质的作用，而不可能用外国文化完全取代中国文化。一个对中国文化一知半解的人，是不可能成为一个合格的外国文化的翻译者和介绍者的。

　　外国文化作品的翻译和介绍，其自身就是一个外国文化中国化的过程，但假若仅仅有一个个外国文化作品的翻译和介绍，外国文化作品在中国读者心目中留下的印象可能还是极其单薄而无力的，有时甚至会留下一个完全被歪曲了的形象，而无法感受和体验到它的更加真实、更加丰富而又深刻的意义，从而也无法在中国文化中发挥持续而又深刻的影响作用，特别是在刚刚由封闭走向开放的中国，就更是如此。鲁迅曾说中国文化就像一个大染缸，什么东西投入到中国文化中来，很快就会被染黑了。其实，他这种感受并不是多么难以理解的，因为中国有四千余年的文化，将一两个外国文化的翻译作品投入到像汪洋大海一样的中国

谈"化"

文化之中,很快就会被中国固有的文化传统所稀释了,浸染了,很难起到实际地推动中国文化发展的作用。而要使外国文化作品给中国的读者留下不可磨灭的印象并长期起到它的影响作用,就要有对外国文化作品的更深入细致的研究。这就有了中国的外国文化研究。外国文化研究者对外国文化作品的一个最基本的意识形式就是,外国文化作品是外国作者写给外国读者读的作品,是首先在外国文化的环境条件下发挥自己的影响作用的,因而其意义也是首先在外国文化系统内部取得的。对它的研究其实就是要努力在外国文化背景上感受和了解它的意义和价值以及它之所以能够获得其意义和价值的原因及手段。在这个意义上,一个中国的外国文化研究者与一个外国的本国文化的研究者是没有本质上的不同的,他是被整体浸泡在外国文化之中的,是自觉外国化的过程。一些中国的外国文学研究者从开始学习外国文化的时候就抱着批判的态度,就唯恐被外国文化所同化,这类的人是永远也不会对外国文化有一点真切而真实的了解的,因而也不会成为一个合格的研究者。对于外国研究者对同一研究对象的研究成果,一个中国的外国文化研究者也是不会吝于接受的。但是,任何一个研究者,都必须是有主体性的,而不是没有主体性的,对研究者的最基本的要求就是要有自己独立的发现,要成为其他所有同行研究者的对话者,而不能成为其他同行研究者的研究成果的转述者和抄袭者。一些中国的外国文学研究者仅仅将外国同行的意见用中文转述出来,就当作自己的研究成果,其中并没有自己的独立见解,严格说来,这是一种变相的剽窃行为,是不能被允许的。而当一个中国的外国文化研究者在努力在外国文化背景上感受和了解了研究对象的意义和价值并充分吸收了外国研究者的相关研究成果之后,必然还会回到中国文化的背景上感受和了解他所已经掌握了的这一切,在这时,他所掌握的外国文化和他自己,实际又进入了一个重新中国化的过程,只不过他带入中国文化的已经不只是他的研究对象自身,还有环绕着它并能显示其自身的意义和价值的一个相对完整的文化图像。一个研究但丁的人,必然是在整个西方文化史的图像中呈现但丁的,并且越接近但丁的四周,其图像的密度和亮度就越大,因为但丁的意义和价值是在这个完整的图像之中呈现出来的。我认为,迄今为止中国知识分子对外国文化的接受，都还停留在直线性接受的层面上，中国的马克思主义者不重视马克思主义在其西方文化背景上是怎样获取其存在的意义和价值的，而总是想拿着阶级和阶级斗争的武器一路过关斩将而直奔共产主义；中国的民主主义者也不重视民主在西方文化背景上是怎样实际地构成了一种现实的政治体制的，而只想通过民主政治制度优越性的宣传而从天降下一个像美国那样的民主社会（中国不是没有对这些文化现象的研究。但这些研究却极少能够进入实践者的实践过程之中去，因而在中国更多的是一些文化漂浮物）。事实证明，这都是事倍功半乃至劳而无功的做法，要想外国文化在中国文化内部起到实际推动中国文化发展的作用，必须在研究的基础上形成一种实际的人生态度和人生道路，并像一个普普通通的中国人一样走上一条普普通通的人生道路，不论从别人看来多么难以理解，但从自己而言却是自自然然、顺理成章的，不是为了出人头地，也不是为了震骇人世，而是为了以自己的意愿安排自己的人生，并在此基础上逐渐并有效地接近自己的追求目标。也就是说，要"化"，要"化"于无形。凡是将外国文化想象成洪水猛兽或者包治百病的圣手神医的人，凡是以为依靠某种文化学说就能够拯救整个现实世界的人，一般来说，恰恰是那些不懂得外国文化的人。在这里，还有一个中国的外国文化研究者如何让中国更多的人了解并理解外国文化作品的价值和意义的问题，部分中国的外国文化研究者为了抬高自己的身价，故意将自己研究的对象说得神乎其神，好像只有自己能够懂得，任何其他人都不会懂，其实这也就抹杀了自己研究活动的意义和价值。实际上，中国的外国文化研究者存在的意义和价值，就是为了中国有更多的人不必像自己这样专门研究外国文化，也能正确或接近正确地理解外国文化，并能运用外国文化的知识解决相关的问题。这就要求中国的外国文化研究者要以中国读者或部分读者能够听懂的语言和语言表达方式将自己对外国文化作品的感受和理解更加充分地表达出来。而这个过程，实际也是外国文化中国化的过程。

外国文化需要研究，中国文化也需要研究，而当将这两种研究直接结合在一起，就有了比较文化研究、比较文学研究。实际上，不论是法国的影响研究，还是美国的平行研究，凡是比较文化、比较文学研究，

谈"化"

都向我们透露着这样一种基本的文化观念,即世界上各种不同类型的民族文化,至少在其存在的意义上都是彼此平等的,并且这些彼此平等的文化又是相互有联系的,即使没有外部的有形的联系,也有内部人性上的联系。在这种文化意识的基础上,比较文化、比较文学的基本原则应该是同中见异、异中见同,即在不同民族文化的文化现象之间的相似中发现其彼此的差异性,又在彼此的差异性中发现其相同或相近的本质特征。通过比较文化、比较文学的研究,研究者同时更清晰地呈现了不同民族文化中的不同文化现象的特征,同时也为不同民族文化之间的相互交流疏通了渠道。对于中国文化与外国文化的比较而言,它同时是外国文化中国化的过程,也是中国文化外国化的过程。我主观认为,过去我们常说的世界文化和现在人们常说的全球文化,就是在这种广泛而又深入的比较文化研究的基础上逐渐建立起来的,它是一种杂多中的统一,也是一种统一中的杂多,而不可能是纯而又纯的:既不会是纯而又纯的西方文化,也不会是纯而又纯的中国文化。在当今的世界上,美国一些知识分子口口声声要用美国的价值观念拯救整个世界,而中国的一些知识分子也口口声声地要用中国的儒家文化拯救整个世界,我认为,这都只不过是一种文化沙文主义的狂想而已:一种思想统治一个民族的时代即将成为历史,一种思想统治整个世界的时代也绝对不会到来。那些"全球化"的知识分子应当随着世界历史的发展不断进行更加全面细致的比较文化研究,只是一味地像做国际买卖那样进行文化的推销活动是不行的。

像朱崇科先生该论著这样用西方文化、文学理论中一种具有普世性价值的文化、文学模式具体研究中国文化或文学作品的研究方式,严格说来,也是一种比较文学的研究方式,是将中国文化和西方文化直接联系在一起的方式。我曾说"五四"以来的中国文学研究在其严格的意义上都是广义的比较文化、比较文学研究,就是因为如此。这里的原因是多方面的,但其中一个最重要的原因就是中国文化专制主义传统势力的强大,使具有革新愿望的中国知识分子必须找到支撑自己的一个强有力的思想支点,否则在中国社会上就不会有人愿意站在平等的立场上平心静气地理解并接受你那些与传统价值观念不同的新的思想观念和新的思维方式。时至今日，中国人仍然常常会说：你是老几？为什么我要听你的？也就是说，只要你在社会上没有至高无上的社会地位，你的话是不会有人听的，也不会有人相信你说的就是真理。在这种情况下，已经在外国文化背景上产生了广泛而深刻影响的文化理论和文学理论，就起到了这种思想支点的作用。在这里，是有一个潜台词的，那就是：为什么那么多外国人会相信这种文化理论、文学理论的正确性呢？这肯定不是没有原因的吧！实际上，这就是从晚清洋务派、改良派、革命派直到五四新文化运动那些先进知识分子所实际采用的文化革新策略，是打破传统儒家文化价值观念的独尊地位、打破自我封闭式文化心理的一种行之有效的方式。但是，这种方式也不是没有其局限性的，即当它破坏了中国传统儒家文化的独尊地位、打破了中国传统的自我封闭式文化心理之后，在新派知识分子之中，又有可能形成对西方某种文化理论、文学理论的独尊心理，并以这种文化的独尊代替对中国传统儒家文化的独尊。虽然在五四新文化运动中就提出了个性解放的问题，但其文化心理仍然常常被封闭在某种文化理念的内部，甚至连个性解放也仅仅认为是西方的思想，而不是中国人自身的自然愿望和要求。五四新文化运动之后，除了在中国社会上仍然具有实际统治地位的儒家文化传统之外，在新派知识分子之中则形成了以马克思主义为核心文化理念的左翼文化阵营和以英美文化理念为核心的所谓右翼文化阵营。其共同点在于都是以在西方已经具有广泛影响力的思想为理论基点的，并且都带有绝对排他的性质。1949年中华人民共和国的成立不仅标志着共产党对国民党军事斗争上的胜利，同时也标志着以马克思列宁主义为核心文化理念的左翼文化阵营对以英美文化理念为核心的所谓右翼文化阵营的胜利，此后在文化上进行的一系列的斗争都是以马克思列宁主义思想清除所谓英美资本主义文化影响为目标的斗争，并形成了马克思列宁主义思想在中国大陆的绝对独尊地位，在文化心理上造成了较之中国古代知识分子有过之而无不及的绝对封闭状态。必须看到，当马克思列宁主义在中国得到越来越广泛的传播并逐渐形成了一个独立的文化阵营的时候，马克思列宁主义在中国文化的实际发展中是起了至关重要的历史作用的，它不但标志着中国部分知识分子在思想上已经从中国传统儒家文化的禁锢和束缚中摆

谈"化"

脱出来、开始独立地面对现实世界和现实的社会人生，而且也标志着他们对以广大贫苦农民为主体的最底层社会群众生存权利的重视，而这是当时以英美文化理念为核心的所谓右翼知识分子所较少具备的，但当1949年之后以马克思列宁主义思想为旗帜开始清除以英美文化理念为核心的所谓右翼文化阵营的时候，当将马克思列宁主义思想作为整个社会独尊的唯一思想的时候，其意义就发生了本质性的变化。因为以英美文化理念为核心的所谓右翼文化阵营，同样是在摆脱了中国传统儒家文化的禁锢与束缚之后逐渐形成并壮大起来的一个文化阵营，尽管他们由于自身的局限性对广大最底层人民群众的生存状态没有像当时左翼知识分子那么关心，但他们却绝对不是反对中国人民的自由和解放的，而只要重新回到五四新文化运动的历史场景之中去，我们就会看到，他们在基本的文化理念上与真正的左翼知识分子其实是相通乃至相同的，胡适与李大钊的分歧仅仅是分歧，而不是绝对的对立。二者之间的绝对对立状态是被他们后来的那些追随者所无限地夸大了的，并且是在政治权力的斗争中被无限地夸大起来的。不仅如此，即使这些新派知识分子与中国传统儒家文化的斗争，也只是文化上的斗争，是以文化的（科学的、文学的）方式进行的斗争，而不是政治的斗争，不是用政治权力的手段进行的你死我活的斗争。以文化的方式进行的文化斗争，是不会导致任何一个文化派别的最终灭亡的，而是将其从一家独尊的地位上降低到能够与其他文化派别平等对话的高度，并在这种高度上找到自己继续演化发展的独立文化道路。"五四"之后的新儒家学派就是这样一个独立的文化学派，是在现代学院文化环境中重新找到了生存和发展空间的儒家文化学派。它像传统儒家文化一样是以将儒家文化重新上升到国家意识形态的高度并取得在中国文化中的独尊地位为最终的奋斗目标的，但这个目标起到的仅仅是鞭策自己努力适应现实政治统治环境以求得自身存在和发展的最大空间的作用，而永远不会实际地取代新文化而独霸现实社会文化的空间。1949年之后的历次革命大批判运动，在有限地扩大了马克思列宁主义在中国大陆的传播的同时，却更加严重地破坏了五四新文化运动时期那种多元共生的文化环境。这导致了"文化大革命"的文化大破坏。"文化大革命"结束后的改革开放可以认为是中国现代又一次的文化革新运动，但在这个时候，个体人的个体思想仍然是无法像在西方文化环境条件下得到社会的广泛认同的，其文化革新的方式仍然是以输入外来文化以革新中国文化的形式进行的。而在这时，英美发达资本主义国家文化的输入成为中国这个历史时期文化革新的主要形式。西方当代文化理论、文学理论代替过往时代的马克思列宁主义思想学说及其文艺思想，成为中国文化研究的主要研究模式。毫无疑义，这种研究模式的建立在从"文化大革命"结束至今的中国文化演变和发展的历史上，是起到了至关重要的推动作用的，但它也是有其局限性的，像是加入了过多塑化剂的食物，尽管也有其营养作用，但同时也有隐性的毒化作用。这种毒化作用的具体表现是，中国知识分子仍然是将自己的思想寄生在西方早已成型的思想之中而获取其存在的意义和价值的，似乎当代西方文化理论和文学理论就是当代世界文化理论和文学理论的终极形态，正像美元就是世界货币而中国货币仅仅是中国货币、必须换算成美元才能显示中国货币的真实价值一样。中国知识分子不论在其外部世界上，还是在其自身的意识中，还是没有自己的独立地位的，还是以传播别人的思想为其最高的历史使命的恶，这同时也将中国现当代历史上中国人和中国知识分子的独立文化创造遮蔽在西方文化理论和文学理论的幕布之后，使我们自己也感觉不到、体验不到了。甚至连明明是中国知识分子自己发动起来的五四新文化运动和新文学运动，也仅仅成了西方文化的功劳，而新儒家学派则因为五四知识分子普遍受到西方文化的影响而将其逐出中国文化之外。而在具体的文化研究中，它则逐渐消解了包括鲁迅在内的整个左翼知识分子在中国现代文化史上的独立贡献而极大地夸大了英美知识分子在中国现代文化史上的独立贡献，并以英美文化的代言人自居而将自己的文化活动完全纳入英美文化传统之中去。但是，我认为，这仍然不能完全抹杀这种研究模式在中国文化研究中的积极作用，因为它的这种局限性并不是无法克服的。克服这种研究模式的局限性的方法有二：一、不把西方现成文化理论和文学理论作为研究的标准，而仅仅作为具体研究活动的入手功夫，当进入实际的研究过程之后则要充分发掘研究对象已经呈现和未曾呈现的价值和意义，并将研究对象当作一个独立的对象、当作一个独立的个体，而不是这种文化理论

谈"化"

和文学理论的产物。实际上,这种形式正像以西方人已经发现了的一个科学定理具体研究中国的具体事物一样,是符合科学研究的常规的,这在一个文化尚不够发达的国家也是一种更经常用到的研究方法。必须明显看到,世界上任何事物的价值和意义都是特定的,绝对不会成为各种不同价值和意义的大杂烩,也不会完全为任何其他一个事物的价值和意义所代替。鲁迅的《狂人日记》就是鲁迅的《狂人日记》,谁都没有权力要求它必须符合西方哪个文化理论、文学理论的要求,但我们可以从西方一个文化理论、文学理论或文学研究方法出发对它进行具体的研究,或从现实主义理论,或存在主义哲学,或从意识流,或从叙事学理论,等等,都无不可,但所有这些都不能成为衡量《狂人日记》价值和意义的标准,《狂人日记》的价值和意义是在中国文化史和中国文学史的具体背景上得到或显或隐的呈现的,研究者应当在其特定的研究角度上进一步接近对它的整体研究,而不应当仅仅满足于将西方文化理论和文学理论的标准套用到《狂人日记》身上了事。实际上,这也是一个将西方文化理论、文学理论或文学研究方法中国化的方式。毫无异议,朱崇科先生这部学术论著也是以西方当代文化理论为基本文化框架的,但他并没有以这个框架本身为裁判鲁迅小说优劣的价值标准,而只是将其作为研究的入手方式。它发掘的是鲁迅小说自身的话语形构,所以也没有那种居高临下的学者式的傲慢,是成功地避免了这种研究模式常有的局限性的;二、在用西方的文化理论、文学理论即西方模式分析研究中国文化作品的时候,必须注意剪裁所剩下的"下脚料"的价值和意义的分析和研究。并将对这些"下脚料"的价值和意义加入自己的研究整体之中去。因为任何西方的理论都是在西方文化背景上总结出来的最基本、最常见的文化结构形式,它不是"语言",而是"语法",而任何"语法"都是无法完全代替"语言"的。而越是中国的、具有独创性的文化和文学创作,越是无法完全包含在这种一般性的理论概括中,所以,当我们运用西方现成的文化模式分析研究了中国文化作品之后,要特别注意有哪些东西仅仅在这种模式中没有得到充分的说明,而这恰恰是从一般进入特殊、从世界普遍性进入民族独特性的开始。在过去,我们好用西方现实主义文学理论研究鲁迅小说,这并无不可,但在用西方现实主义理论充分揭示了鲁迅小说的某些特征之后，不是明明剩下了很多东西没有在这种分析中得到说明吗？不是像裁衣服一样剩下了很多被剪裁下来的"下脚料"吗？不难看出，正是这些"下脚料"，体现了鲁迅小说与西方现实主义小说的根本差异之所在，只有将这种差异也加入自己的研究之中去，这种研究才会成为更加充分的研究。否则，西方的文化理论与文学理论就真的成了像科学定理那样的文化教条了。显而易见，朱崇科先生这部论著在这个方面注意得还是不够的。我总觉得，中国知识分子在西方的文化理论和文学理论面前不妨再洒脱一点，甚至还可以再傲慢一点。不要那么拘谨，不要那么中规中矩。文化和文学，在当代的世界上，已经不是稀有金属。谁都是从小就在文化和文学中摸爬滚打的，对于文化与文学，谁都不是先知先觉，也不是神仙皇帝，世界上所有文化的理论和文学的理论，都是用于交流的，而不仅仅供人学习的。交流，没有一个谁高谁低的问题，只要尊重对方的人格，尊重对方的劳动，就可以了。不妨放得再开一些，不妨把话说得再大胆一点。这对于我们鲁迅研究者，似乎更有实际的意义。——传达出鲁迅作品自身所具有的那种文化品格。

　　西方文化的中国化有没有一种最完满的体现形式？我认为是有的，那就是既有中国固有文化传统的影响又有西方文化的影响但又成功地进行了自己独立的文化创造的中国作者的文化产品。鲁迅的小说、散文诗、杂文，曹禺的《雷雨》《日出》《原野》《北京人》，冯至的《十四行集》，张爱玲的《传奇》等等，我认为都同时体现了中国传统文化的现代化和西方文化的中国化的两种文化趋向。有人认为，"五四"之后的这些作品都是西方文化影响的产物，已经没有中国文化的根。实际上，这种说法是一种极不负责任的说法。试想：这些作品让一个没有中国经验的外国人能写得出来吗？这些作品让一个没有西方文化知识的中国古代人能写得出来吗？与此同时，即使我们与他们有了同样多的中外文化知识，也未必能够创作出这样的作品，因为其中起关键作用的已经不是这些中外文化知识的本身，而是他们进行独立创造的能力以及他们这些具体的独立创造。也就是说，有创造性，就既有中国传统文化的现代化，也有外国文化的中国化。没有创造性，任什么都"化"不了。任

谈"化"

什么都可以导致对我们自身的异化。

关于非文学的理论文学化的问题，是我想到的。我之所以想到这个问题，是因为，我认为我们当前的文学研究，特别是中国现代文学研究，有一种太过理性化的趋势，以至于完全用理性的判断取代了文学的感受，这与我们对外国最新文化理论和文学理论的接受是有莫大的关系的。我们是从事文学"研究"的，"研究"是一项理性的活动，我们在接受外国文化的时候，也常常更重视外国当代最新的哲学、社会科学学说，与文学有关的则是西方当代最新的美学、文学理论，再其次就是西方同行教授们的研究成果。这原本是无可厚非的，但我们研究的到底是"文学"，"文学"主要不是供我们认识的，而是供我们感受和体验的。即使对文学的认识，也要首先认识我们感受和体验中的文学世界，而不能脱离我们的感受和体验而像认识桌椅板凳一样认识文学世界中的事物。但是，我们却极少在西方文学发展历史的具体背景上接受西方文化和文学的理论，我们不太注意西方文化、文学理论与西方文学的关系，不想了解西方文化理论家和文学理论家对西方文学的感受和体验，而更多的是将西方的文化、文学理论直接用来评论中国的文学，好像西方任何一种著名的理论学说，都能直接拿来评论我们的文学作品，并且这种评论就直接等同于我们对这些文学作品的理解和认识。具体到我们对美国文化的接受来说，我们对美国文化的接受，除了美国哲学、社会科学、美学、文学理论和文学批评（包括我们美国同行学者的具体研究成果）之外，关心的倒更是美国的政治制度和经济状况，好像越是关心美国文化的中国文学研究者，越是极少提及像斯陀夫人、马克·吐温、杰克·伦敦、爱伦·坡、惠特曼、辛克莱、德莱赛、海明威这些美国历史上的著名文学作家及其作品。好像美国文化就是那些学者和教授眼里的文化，而并非这些文学家眼里的文化，但我们拿来评论的却是我们的文学和文学作家。这种过于理性化的研究，具体到我们中国现代文学研究中，就把一些在新文学发展史上没有或极少贡献的教授和学者提升起来，而好像那些实际地开创并推动了中国新文学发展的文学作家和文学评论家走的却是一条错误的文学道路（他们的贡献应该在中国现代高等教育史或学术史上得到相应的评价，在我们的文学史上是理应以对文学及其发展的实际作用为基本标准的)。例如，不论林纾在晚清小说翻译史上有多么杰出的贡献，但他在五四时期写的《荆生》《妖梦》所表现出来的都是传统的文化专制主义思想倾向；不论学衡派在其学术史上有多么杰出的贡献，但都不能认为其反对五四白话文革新的主张也是合理的和正确的。必须看到，文学研究属于科学研究，但又不是一般的科学研究。如果说一般的科学研究是由实到实的研究，即从已有的确定性的认识出发，通过逻辑推理获得一种更新的确定性的认识，那么，文学研究则是由虚入实再由实入虚的过程，即文学本身是虚的，不是一个有确定性认识结论的物质实体，而是通过精神感受和体验而形成的一种朦胧的心灵状态，为了对它有一个更清晰的感受和认识，我们对其中的某些侧面进行理性的思考，以对其有一种相对确定性的认识，但最后还要将这种确定性的认识返回到对整个文学作品的精神感受和体验中去，亦即重新构成一种新的更丰富、深刻的浑然一体的朦胧感受和体验。任何一个文学研究者的任何一个研究成果，都无法最终地认识一个文学作品或一个文学现象。如果一个研究者认为自己的研究已经确定无疑地说明了对象，或者因为他研究的对象根本就不是文学作品，或者这个研究者根本就没有将其作为文学来研究。总之，任何一种现成的文化理论和文学理论，都不能最终地说明文学；任何一种外国的文化理论和文学理论，也不能最终地说明中国文学，而必须在有限地使用了这种理论框架说明了应该说明的问题之后而将其颠覆或拆解，以使自己重新回到精神感受和体验之中去，回到文学之中去。也就是说，当我们使用现成的理论框架研究文学的时候，必须将其文学化，使其与被研究的文学对象相适应，而不能使文学一味地迁就理论的框架。任何现成的文化理论和文学理论都是对文学的禁锢和束缚，都有可能导致歪曲地解读文学的结果。文学不等于科学，在其最本质的意义上，科学是文学之敌，而不是文学之友。在这个科学主义、物质主义盛行的时代，尤其应当注意这一点。

2011年8月8日于汕头
原载《鲁迅小说中的话语形构："实人生"的枭鸣》，
朱崇科著，人民出版社2011年版

他摸到了学院学者文学家的脉搏
——读于慈江著《杨绛,走在小说边上》

一

于慈江在我的博士研究生中是最特殊的一个,也是最令我感动的一个。他是在中国社会科学院财政与贸易经济研究所获得了经济学博士学位之后,紧接着就报考了北京师范大学文学院中国现当代文学研究专业的博士研究生并在我的"门下"继续自己的学业的。这在当代的中国,恐怕也是一件绝无仅有的事情,同时也是令我这个中文系的教师感动不已的。在当今社会,"经济"改变了中国,市场经济改变了中国,经济学也理所当然地成了一门显学。所以,于慈江在取得了经济学的博士学位之后又来转学中国现当代文学,着实是一件令人惊异的事情,也是令我这个文学呆子十分感动的事情。

我最初建议于慈江做的题目,是中国现代文学对经济生活的描写,但于慈江没有接受这个题目,而是自行决定以杨绛为研究对象。说实话,这也是我始料所未及的。但到后来,在于慈江的研究活动的带动下,我也渐渐咂摸出了他这个选题的味道。所以,我应当感谢慈江,因为是他的研究,引导我重新思考了杨绛和她的文学活动,并对这样一个学者型的文学家的价值和意义,有了一个更加切近和具体的了解。

二

从20世纪90年代开始,因为余秋雨散文的走红,就有了"学者散文"这样一个名目。余秋雨的散文我读得不多,但在我的印象里,却不把他的散文归入"学者散文"之列,因为虽然他曾经是个学者,是研究戏剧理论的,但他的散文却与他的学者生涯没有本质上的联系;因为我们在他的散文创作中,感觉到的并不是他作为一个学院学者的气质,而更是一个扬才露己、带点浪漫气息的文学作家的气质。我认为,在20世纪末,堪称学者文学家的,主要有下列几个人:其一就是杨绛,她的《洗澡》应该是名副其实的"学者小说";其二是季羡林,其三是傅雷,季羡林的《牛棚杂忆》和傅雷的《傅雷家书》应该是标准的学者散文;其四是郑敏,她在这个时期的诗歌创作大概也带上了更多学者诗歌的特征。

所谓"学者小说""学者散文""学者诗歌",我认为,不应当只是它们的作者曾经是一个学者或现在仍然是一个学者,而应该是其作品本身就流露着浓郁的学者的气息。它们的作者是长期在学院文化的氛围中生活的,是在与身边大量学院精英知识分子的交往中,形成了自己的世界观和人生观以及与此相联系的一系列人性的和人格的特征,是长期从事学术研究和教学工作的。这都使他们更习惯于理性的思考,更习惯于理智地面对现实的世界和与自己有关的一切,性格偏于内向;这就过滤了情感中大量直感直觉的成分,使其性格更趋于稳健和平,既不属于热情洋溢的那一类,也不属于感伤悲观的那一类,即使表现的是自己人生中的坎坷经历和悲剧感受,也有他们更多的人生思考。而作为作者的他们,却不会因为"情"不可遏而在自己的作品中有什么"失态"的描写。

这种学者文学,在中国现代文学史上,实际上一直是有很大势力的。在"新文学"初期,像胡适、鲁迅、周作人、郭沫若、闻一多、朱自清等人,都既是著名的学者,也是著名的作家。只不过在那时,学者和作家的界限还没有后来那么清楚,所以我们也无法截然地分出一类学者的文学来。到了1949年之后，从事学术研究的学者和从事创作的文学作家的界限就愈加明显起来。虽然那时中国大陆的学院学者也已经感到了做人和作文的困难，但作为一个阶层，到底还像是漂在中国社会表面的一层油，面子上还是能够维持下去的，因而早已养成的那种温柔敦厚的个人的气质，还是保留了下来。到了"文化大革命"，其地位才一落千丈，也领略了在学院学者的地位上所不可能领略的人生百态，有了文学创作的素材。但是，所谓"江山易改，禀性难移"，无奈这时作为一个学院学者的性格已经养成，虽然这份人生的坎坷是过去所未曾有的，但到"文化大革命"结束之后，当重新回到学院学者的地位上反思这段经历时，那份学者的矜持和尊严仍然没有丢失。而在这时进入文学创作界的文学作家，又大都是"文革"中上山下乡的知识青年。这些学者是站在高处俯视人生的苦难的；而那些新进的青年作家，则是在人生苦难的深渊中挣扎着向上爬的。所以，前者的作品在总体上趋向于稳健和平，而后者的作品在总体上则透露着躁厉不安，学者文学与非学者文学的界限就是异常明显的了。

三

"文化大革命"之后，靠着研究生招生制度的恢复和发展，我也勉强跻身于学院学者的行列。但我们这代学院知识分子大多出身贫寒，很少是书香门第出身的世家子弟，"文化大革命"之前、之中又不断接受工农兵的"再教育"，所以对我们这些爷爷、奶奶辈的学术前辈的那份矜持和孤傲，反而感到生疏和隔膜了。我当时主要是从事鲁迅研究的。鲁迅虽然也是一个著名的学者和教授，但在文学创作上却不属于稳健和平的一派。我喜欢的也是他那种嬉笑怒骂皆成文章的热辣的风格。所以，虽然一向对季羡林、傅雷、杨绛、郑敏这些学术前辈心怀钦敬，但对他们的文学作品却甚少注意。一直到于慈江将杨绛研究作为自己博士学位论文的选题，特别是读了他的论文初稿之后，杨绛作为一个学者文学家的形象才在我的心目中重新活了起来。

我爱上文学，是在初中的时候。由于父亲是个"国家干部"，也喜欢买书，所以我向他要钱买几本自己愿意看的书，还是不被禁止的。在开始，一个高中的爱好文学的"大朋友"自愿担当了给我选书的任务。我买的第一本书是《安徒生童话选集》，我当时有点不高兴，认为既已经成了"中学生"，还让我读"童话"，是有点看不起我；到了第二次，他给我买的是奥斯特洛夫斯基的《钢铁是怎样炼成的》，我就更不高兴了，因为我在小学已经读过一遍，并不想重读一本已经读过的书；所以到了第三次，我就不让他给我选了。而这一次，我自己选购的就是菲尔丁的《约瑟·安特路传》。

它虽然与杨绛在自己的论文里翻译的同一本书的书名不尽相同，但在我的头脑中，菲尔丁这个英国小说家的名字却是与杨绛联系在一起的。在那时，我还长期订阅着一份学术刊物《文学研究》（《文学评论》的前身）。由于读了菲尔丁的《约瑟·安特路传》，并且颇感兴味，杨绛发表在《文学研究》上的《斐尔丁在小说方面的理论和实践》自然就格外地引起了我的注意。她这篇文章对我的影响还是蛮大的，它不仅使我对作为"英国小说之父"的菲尔丁有了一个整体的了解，同时也是我最早接触到的小说理论。

在初中，我还买过一本西班牙的流浪汉小说《小癞子》。大概不是全译本，薄薄的一册，32开本，是不是杨绛翻译的，我也不知道，但对于《小癞子》这部书在西班牙文学史上的地位的了解，也是通过杨绛的文章才得到的。西班牙文艺复兴时期的另一部文学巨著《堂吉诃德》大概是我到了大学才读的。而杨绛发表在《文学评论》上的《堂吉诃德和〈堂吉诃德〉》，则是我迄今为止读过的唯一一篇研究和介绍这部西班牙文学巨著的文章。

杨绛在《文学评论》上发表的《萨克雷〈名利场〉序》也给我留下了极其深刻的印象。在20世纪50年代的中国，萨克雷与狄更斯被认为是英国19世纪两个齐名的批判现实主义作家。我读过狄更斯的《大卫·科波菲尔》，初中时读了一个缩写本，大学时读了全译的上下两卷本。高中时读过他的《老古玩店》，还买过他的一本《艰难时世》，但至今没有来得及读完全书。萨克雷的《名利场》一直想读，但终没有读。所以，我对于萨克雷《名利场》的了解，完全是从杨绛那篇序言中获得的。

他摸到了学院学者文学家的脉搏

杨绛还介绍并翻译过法国作家勒萨日的《吉尔·布拉斯》。这部小说同菲尔丁的《大伟人江奈生·魏尔德传》、萨克雷的《名利场》、拉伯雷的《巨人传》一样，都是我很早就想读而至今未读的小说名著。但我读过勒萨日的另外一部小说《瘸腿魔鬼》，并且给我留下了极其深刻的印象。20世纪80年代，一家报纸让我向读者推荐几本书。我认为西方作家的那些代表作，读者大都熟悉，不用我推荐。我就推荐了几本人们不太注意但我却感到颇有意味的书，其一就是勒萨日的《瘸腿魔鬼》，其二是马克·吐温的《傻瓜威尔逊》，其三是陀思妥耶夫斯基的《二重人格》。

我所以重视外国文学，在更大程度上是受了鲁迅的影响。他的《青年必读书》更是使我将课外阅读的热情主要倾注在西方（包括俄罗斯和东欧、北欧各国）文学上的直接原因。所以，我关注的主要是西方18、19世纪的浪漫主义、现实主义文学作品。19世纪俄罗斯文学更是我所崇仰的对象。但尽管如此，现在想来，我头脑中的文学天空还是有一小片是属于杨绛的，是杨绛用自己的手给我拨开的。

四

这使我想到学院文学学者在一个民族文学以及文学观念发展中的作用和意义。

任何一个民族的任何一个时代的青少年都要通过阅读来获得自身的成长和发展，其中的文学阅读则在其全部的阅读中占有绝对大的比重。这种阅读，在开始阶段，往往是盲目的，是受到当时社会环境阅读趣味的裹挟的，与阅读对象也像隔着一层布满烟雾的玻璃一样，是模糊不清的，是朦朦胧胧的，是似乎明白又似乎什么也没有明白的。这种阅读看来是自由的，实际又是最不自由的，是被当时社会环境的阅读倾向所绑架了的。待到清醒过来，才感到自己已经在一些毫无意义的阅读中浪费了太多的生命，而那些应该阅读却没有阅读的好书则再也没有机会阅读了。正是因为如此，学院文学学者的作用和意义，文学研究和文学教育的作用和意义才表现了出来。学院文学学者的阅读不是仅凭个人当时的兴趣，不是随大溜的，不是别人读什么自己也去读什么，而是在对文学的历史有了一个大致的了解之后，才选择那些更有思想价值和文学价值的作品来阅读的，并且阅读的时候不是仅仅看重其表面的兴趣，而更加重视体味其内在的意味，是带着欣赏的态度、研究的态度和理性的眼光去审视对象的。这同时也像擦亮了隔在我们和作品之间的那层布满烟雾的玻璃一样，使我们能够更清楚地看到作品本身的价值和意义。

实际上，历史上的很多文学名著，像曹雪芹的《红楼梦》、但丁的《神曲》、塞万提斯的《堂吉诃德》、莎士比亚的《哈姆雷特》、歌德的《浮士德》、列夫·托尔斯泰的《复活》、陀思妥耶夫斯基的《卡拉玛佐夫兄弟》、卡夫卡的《审判》、马尔克斯的《百年孤独》、鲁迅的小说、散文诗和杂文，等等，没有前辈学者的研究和介绍，我们是不可能仅凭自己的阅读便能直接感受到它们深层的价值和意义的。这就使我们的审美能力和审美趣味无法进入到一个更高的境界。所以，在任何一个民族的任何一个历史时代，文学创作家的创作是不可或缺的，学院文学学者的文学研究活动也是不可或缺的。文学创作家依靠的首先是自己对现实生活的直接感受和体验，学院文学学者首先依靠的是自己广博的文学知识和在对文学作品直感感受和体验基础上建立起来的理智的和理性的思考能力。所以，学院文学学者不论对于什么，都是要想一想的。一个文学创作家写了一部文学作品，常常是自己感到满意了，也就到此为止，未必再去思考它的更深层的价值和意义，未必重视读者将怎样阅读、感受、理解和接受它。这也就是为什么《奥勃洛摩夫》的作者冈察洛夫说他自己也没有想到杜勃罗留波夫在其《什么是奥勃洛摩夫性格》一文中所揭示出来的他的作品《奥勃洛摩夫》的思想价值和意义的原因。而一个学院学者，即使自己创作了一部文学作品，也常常是要站在一个学者的立场上想一想的，也常常是希望读者要以他认为正确的方式感受和理解他的作品的。

我认为，当我们注意到这一点，我们就会感受到，于慈江这本《杨绛，走在小说边上》作为一部研究著作，实际是有点匠心的。他不像我们那样主要用杨绛自己的文学思想分析和解剖她的文学作品，也不像我们那样主要用杨绛的文学作品论证她的文学思想，而是分别考察她的小说创作、小说研究和小说翻译，并从她对自己小说创作、小说研究和小

他摸到了学院学者文学家的脉搏

说翻译的看法中考察她对小说的理解和认识。这就找到了能够将杨绛全部文学活动串联起来的一条红线。而这条红线恰恰是一个成功的学院文学学者与一般的文学作家不同的地方,是学院文学学者较之一般文学作家更少盲目性、有更多理智的思考和理性的判断的原因。他们的思想建构与其文学实践是同步进行的,他们的感性经验与其理性的思考也是共生同进的。

"文化大革命"及其以前的社会变动赋予了20世纪80年代的新进青年作家以崭新的生活经验,使他们的作品呈现出更加鲜活的特征,但历史也剥夺了他们接受更多学院文化教育和熏陶的机会,因而他们的文学创作又有着极不稳定、无端变化的弱点。他们似乎总是随着时代的变迁而升降沉浮的,开始大红大紫的作家后来却变得默默无闻,开始默默无闻的作家后来又大红大紫。即使同样一个作家,也常常是前后不一、没有一个内在的统一的思想脉络的,一会儿陷在政治斗争的漩涡里,一会儿又掉在经济竞争的深渊中,似乎始终无法找到驾驭自己的那个舵。

当然,学院学者的文学也有自己的弱点,但他们的文学作品当时并不多热,现在也并不多冷,学院学者的那点矜持和孤傲到底还是给他们的思想和艺术留下了自己的统一性。在这个意义上,于慈江的这部学术著作是值得重视的,也是有它的出彩的地方的——他摸到了学院学者文学家的脉搏。

原载《博览群书》2015年第1期

华人女性：东西方性别文化解读新符号
——《"她者"镜像：好莱坞电影中的华人女性》引发的思考

《"她者"镜像：好莱坞电影中的华人女性》一书是运用后殖民主义文化理论和女权主义文化理论写成的一部具有开创意义的学术著作。尽管书中借用了部分西方女权主义的理论，但归根结底，该书是从一个中国女人的立场上提出问题和研究问题的。中国女性的眼光赋予了本书特有的情感色彩。

东西方文化交汇语境下的"华人女性"

如果以一部作品中的性别关系对中国现实社会中的男女关系做一个形容，笔者认为，中国的男人更像丁玲《莎菲女士的日记》中的韦弟，而美国男人则更像凌吉士。中国的女性主义和西方的女性主义是不同的，西方的女性主义涉及的更像是莎菲和凌吉士的关系，而中国的女性主义涉及的则更像是莎菲和韦弟的关系。在莎菲和凌吉士的关系中，莎菲是关键，莎菲的独立性必须靠莎菲自己来争取，而在莎菲和韦弟的关系中，莎菲的问题就不仅仅是莎菲一个人的问题了，而是莎菲和韦弟两个人的问题。韦弟的问题似乎更有些麻烦：要学凌吉士，肯定于心不忍；不学凌吉士，莎菲又是不会爱上他的。这就有了中国当代男人的矛盾和困惑。

华人女性：东西方性别文化解读新符号

在西方，男性的等级是按阶级分的，女性的等级也是按阶级分的，不掺杂更多别的因素。而在中国，则还有一个文与武的差别。中国重文轻武的传统使得国家机器掌握在一些白面书生手里。阴盛阳衰的文人社会表面看来减轻了女性的压力，实际上，却把整个国家的权力都压在中国古代的女性身上。在中国传统文化中，两性关系的突出特征是：男性不美而爱美，女性无权而爱权。男性虽然掌握了国家政权，却弱化了自己战士的本质，成了社会一切物质成果的消费者，女人也成了他们消费的主要对象之一；女性也因丧失了权力的保护而更加重视社会的权力，并企图通过附属于拥有强权的男人而获得自己对社会、对其他女性的权力。

鸦片战争之后，西方势力开始入侵中国，中国的韦弟的问题随之出现。正是在这里，产生了鲁迅的立人思想。鲁迅的"立人"思想，是把中国男人和中国女人都作为"人"来看的，既不把中国男人视为"上帝"，也不把中国女人视为"神灵"，都是并不完美的"人"，都需要自省、自立与自强。这只要具体到韦弟这类人的自然愿望中就会看得非常清楚：像一个弟弟爱着自己的姐姐一样爱着莎菲的韦弟绝对不是一个男性霸权主义者，但作为一个面对西方的凌吉士而意欲自强的男人的韦弟也绝对不会成为一个货真价实的女权主义者，仅仅站在女权主义的立场上是无法判断他的思想的性质和意义的。而中国的新文化就产生在像韦弟这样的中国男人的意识的觉醒和发展中。

在笔者看来，中国的女性从五四新文化运动的时候起，就是"被解放者"。中国女性的解放，首先表现在中国女性由单纯的家庭成员同时也成为一个国家社会的成员，离开中国女性在国家社会生活中的地位和作用是无所谓女性的独立性或自由性的。因为女性之进入社会首先是从这个以男性为主体的社会愿意接纳女性进入社会开始的，并且进入社会的新女性首先意味着告别传统女性的精神群体而适应当下以男性为主体的社会的基本要求。在女性群体中，她成了孤立的个人；在男权社会中，她成了孤立的女性。这时，她更需要紧紧地贴近中国男权文化，以谋求自己在国家社会生活中的独立地位和作用。

与美国相遇的"华人女性"

20世纪八九十年代中国人的美国梦是一个真实的梦,虽然这也仍然是一个梦。中国的男男女女是怀着一种理想来到美国的,是将自己作为一个与美国人没有差别的一般意义上的人来想象美国社会、想象自己在美国的生活的,但在这里,他们首先感到的,却是民族之间的差异。

海外华人在两个不同世界的文化之间进行价值转换:美国的韦弟如果像中国的韦弟一样挚爱着美国的莎菲,他将永远只是一个美国的韦弟而无法成为一个完整意义上的美国的凌吉士,但当他在美国的社会文化环境中继续沿着"欲自强,并颂强者"的个人主义路线发展下去,他就会自觉地遗弃其中国文化的特征而完全融入美国社会,成为美国主流文化的一个有机构成成分;美国的莎菲如果满足于与美国韦弟间的姐弟式的同情和怜悯,她将像中国的莎菲一样永远无法得到自己理想的爱情。因为正像女权主义理论所揭示的一样,美国的文化也是一种男性霸权主义文化,而美国的莎菲要像中国的嫦娥一样再一次实现自我的超升。

好莱坞电影中的"华人女性"

这里还有一个学术、文学与电影的关系问题。"文革"结束之后的中国文化复兴,是从20世纪70年代末到20世纪80年代初的学术复兴开始的,在那时,以鲁迅研究为主体的五四新文化研究处在中国文化的轴心地位,到20世纪80年代中后期,当代文学创作的影响就超过了学术的影响,而到了20世纪90年代之后,直至现在,影视文化就一直是影响最广泛的文化门类,当代中国青年主要是在影视文化的强烈影响下成长起来的。与这个过程相伴随的,还有一个从严肃文化为主体向消费文化为主体的演变过程。

毫无疑义,学术研究是最具严肃性的文化,是在极少数学院知识分子之间进行的,直接诉诸理性认识,不具有直感性;到了文学创作,就有了娱乐性,不是完全严肃的了,其接受范围也比学术著作更加广泛,

华人女性：东西方性别文化解读新符号

但这种娱乐性还是通过具有高度抽象性的文字符号进行传达的，必须通过读者自己的主观想象，不是直接诉诸感官感觉的，其感官享乐性质自然不及影视作品。20世纪80年代的电影，还是以文学性为主的，属于心感文化，到了20世纪90年代之后，影视作品的票房价值就成了不能不关注的对象，感官享乐的性质空前加强了，也由心感文化为主体转变为以性感文化为主体。中国电影与海外，特别是美国电影的联系正是在这种消费欲望的推动下发生的，在美国的电影中，中国的男女演员，特别是女演员就被置于了充满消费欲望的美国观众，主要是男性观众目光注视之下。

综上观之，《"她者"镜像：好莱坞电影中的华人女性》是有开创意义的，因为它是第一部对美国电影中的华人女性形象做出系统研究的著作，其搜集资料之完备，历史描述之清晰，都是难能可贵的。

原载《中国妇女报》2017年2月14日

《依然旧时明月》序

我们都是研究"文学"的,但我们却很少提出这样一个问题:"文学"在哪里?

在大多数的情况下,我们会说屈原的《离骚》、杜甫的《兵车行》、曹雪芹的《红楼梦》、鲁迅的《野草》、莎士比亚的《哈姆雷特》等等就是"文学"。言下之意,就是说这些文本就是"文学"。但是,同是文本,我们为什么不认为马克思的《资本论》是"文学",而认为列夫·托尔斯泰的《战争与和平》就是"文学"呢?为什么不认为《三字经》是"文学",而认为白居易的《长恨歌》就是"文学"呢?当然,文艺理论家还会给我们讲出这些文本的许多具体特征,但是,只要我们综合分析一下文艺理论家给我们列出的所有这些特征,我们就会发现,没有一个"文学的特征"是能够离开我们的心灵感受而单独存在的。也就是说,"文学"不是首先存在于某个印刷品里,而是首先存在于我们的心灵里。是我们用心灵将"文学"从众多文本中独立出来,而给了它"文学"这个总的名称,如果说"研究"都是对一个或一些"事实"的研究,那么,作为我们研究对象的"文学",研究的不是我们心灵外的"事实",而是我们心灵内的"事实"。

我们说"文学"是我们心灵内的"事实",实际也就是说它不是文学文本的自身,而是文本在作为读者的我们的心灵里造成的"事实"。即:它不是一个文字的"事实",而是一个心灵的"事实"。"黑云压城城欲

《依然旧时明月》序

摧"不是一天黑云就要将一个城市的房屋全都压塌了,而是我们的心灵所感到的那种紧张感,那种危机感,那种喘不上气来的窒息感,那种想用全身的力量进行反抗的被压迫感,以及伴随这些在我们的心灵里所涌现出的一切可思议与不可思议的心理幻象。这不是一个特例,而是文学的基本特征:"文本"只不过是投到我们心灵湖面上的一些石子,湖面上激起的纵横交错的波纹才是我们所说的"文学"。"人生自古谁无死,留取丹心照汗青",并不等于说"人都会死,我要死得光明磊落,让我的赤诚之心光照千古"。如果可以这样说,它就是文天祥的一份决心书,而不是诗了。它之所以是诗,就是因为它使我们自己也产生一种凛然不可犯的尊严感。一种"富贵不能淫、贫贱不能移、威武不能屈"的义勇感,一种"大泽焚而不能热,河汉沍而不能寒,疾雷破山、飘风振海而不能惊"的精神超越感。在我们这里,已经没有一个"忠君"的问题,更没有忠于哪个"君"的问题。它超越了一切世俗的利益,也超越了死亡,超越了时空。它不再只是文天祥的"精神"或"品德",同时也是我们自己的心灵状态。在这一刹那,我们就是文天祥!文天祥就是我们!

正因为"文学"不是我们心灵外的"事实",不是文字本身的"事实",所以我们的文学研究首先不是对我们心灵外的"文本"本身的直接研究,而是对这个文本在我们心灵内部造成的"事实"的研究。在这时,也只有在这时,文学的"文本"才是真正"文学"的文本,文学的"语言"才是真正"文学"的语言。什么是真正"文学"的语言呢?在这个意义上,就是在我们心灵里引起了审美感受和体验的语言。如果我们心灵里根本没有这种审美感受和体验,我们有什么理由认为它就是"文学"的语言呢?我们有什么理由认为由这些语言构成的文本就是"文学"的文本呢?在中国古代文论中,有一种"虚实说"。实际上,这种"虚实说"就是在将读者的审美感受和体验融入文本之后发现出来的。从总体来说,读者的审美感受和体验是在文本语言进入读者的心灵之后产生的一种特定的心灵感受和体验,这种心灵感受和体验既与文本有关,又不完全等同于文本及其语言的本身。它是"虚"的,而文本本身的语言在整体上总是有所指的,是作者在某种境遇或情景中的语言,是"实"的。这样,"虚"和"实"就有机地结合在了一起。与此同时,这种"虚""实"的关系又是可逆的。当文本的语言是作者本人在特定境遇或情景中的心灵感受和体验的直接表达的时候，文本的语言也可以是"虚"的，当这种语言进入读者的心灵之中去，则有可能与读者自己的大量直观经验连接起来并构成新的心理幻象，从而将这种心灵感受和体验转换为自己的心灵感受和体验。这样，中国古代文论家也就发现了"文学"存在的独立的空间：文学既不存在于纯客观的现实世界上，也不存在于完全虚空的无何有之乡，而是存在于这二者之间，存在于"虚""实"之间：它是"虚"的，但"虚"不至"真空"；也是"实"的，但"实"不至"真有"。它虚虚实实，实实虚虚，虚中有实，实中有虚。我们要在它的"虚"处感觉出"实"来，要在它的"实"处感觉出"虚"来。这样，文学的语言也就像蛇体从蛇蜕中蜕变出来一样，从文本自身的文字中蜕化出来。实际上，在我们欣赏一个杰出的文学作品的时候，没有一个词语还停留在它原来的词典的意义上：它们是被我们的心灵感受和体验重新照亮了的，重新激活了的，重新塑造了的。它们无一不反射出我们的心灵之光来，无一不折射出我们的生命活力来。难道我们心目中的孔乙己就只是鲁迅小说文本中写到的那个孔乙己吗？难道我们心目中的孔乙己就不浸透着我们对他的同情和怜悯吗？就不浸透着我们对人类、对人类社会的人道主义关怀吗？如果我们是一个铁石心肠的人，我们心目中的这个孔乙己的形象还能呈现出来吗？

"文学"自然有自己存在的一个独立空间，"文学"自然存在于"虚""实"之间，文学的语言自然需要我们的心灵之光去照亮，也就有了一个我们能不能进入到这个空间中去的问题，以及怎样进入这个空间中去的问题。在我们的观念中，常常认为对文学，特别是对白话文学作品，没有一个懂不懂的问题，只有一个如何评价和认识的问题。显而易见，这是违背最起码的生活常识的。一个民族的人并不是生来就具备掌握和运用一个民族的语言的能力的，那就更不用说掌握和运用文学语言的能力了。这种能力是在后天的学习中逐渐获得的。怎样获得？那就要进入"文学空间"，真实地而不是虚幻地感受和体验到"文学"的存在；我们怎样进入"文学空间"？在西方文论中常常使用"阅读"这个概念。但如上所述，对于文学作品，不仅有一个"阅读"的问题，还有一个对

《依然旧时明月》序

文本进行转换或曰"二度创造"的问题，还有一个由"实"见"虚"和由"虚"见"实"的问题。这就有了读者自己的主体性，有了读者发挥自己独立创造活动的空间。在中国古代文论中，将这样一个过程称之为"欣赏"，虽然这个概念还反映着中国古代文人审美观念的某些局限性，还主要停留在获得审美愉悦感（所谓"赏心悦目"）的审美层面上，而不包括我们在《离骚》《俄狄浦斯王》《麦克佩斯》《悲惨世界》《铸剑》等作品中所能够获得的那种审美感动，但它到底突出了读者的主体性作用，到底突出了文本在进入读者心灵之后所发生的性质转换和形态变化。在没有一个更恰当的概念表示这个转换过程的时候，我们不妨继续使用"欣赏"这个概念。如果我们在全部审美感受和体验的基础上使用"欣赏"这个概念。那么，我们就可以说，"欣赏"才是我们进入文学空间的唯一孔道。对于读者，"文学"永远是欣赏中的"存在"。没有"欣赏"可以有"文本"，但还没有"文学"。读者是在"欣赏"中才接触到"文学"，才感知到什么是"文学"的。与此同时，"欣赏"还是一个在文本语言与心灵活动之间穿梭般不断往复的过程，尽管它有时具体表现为在刹那间完成的"感悟"，但这种"感悟"并不能终结"欣赏"，而是整个"欣赏"过程中的一个关键环节。只要文本在我们的心灵里是作为"文学"存在的，我们实际都处在"欣赏"的过程中。在这个过程中，我们的心灵状态是流动着的、变化着的，是一刻也未曾驻足停留的。"坑灰未冷山东乱，刘项原来不读书"，只要我们感到它是诗，它就不是这些文字本身，甚至也不是它述说的历史事件的本身，而是一些纷至沓来的历史现象和人生感受。我们说真正的优秀作品是"常读常新"的，也就是说，在"欣赏"过程中，我们的心灵状态是不断变化着的。对于一个人是这样，对于整个民族、整个人类也是这样。一个成功的文本就是这样在历代人的欣赏活动中不断流传并且不断被更新的。

在这里，还有一个问题，那就是："文学研究"是做什么的？

我们都是从事"文学研究"的，但也常常忽略对"文学研究"自身存在价值和意义的感受和思考，似乎"文学研究"原本就是一个悬在半空的神坛，好像现实社会原本就有将我们这些文学研究者当作修成正果的神仙供奉起来的义务。但这不是事实。"文学研究"之所以成为人类社会的一项事业，是因为它与广义的"文学教育"是紧密结合在一起的。就其整体的"教育"，是人类自身的再造工程，任何一代人都是从幼年的无知状态重新开始自己的成长过程的。人类为了更迅速地成长，就要充分运用人类已经取得的文化成果。这样的成果，总起来说，有两大类。一类是文学艺术，一类是科学技术（包括社会科学及其社会实践在内）。文学艺术体现的是人类心灵感受能力的不断加强，科学技术体现的是人类理性认识能力和与此相关的实际操作能力的不断提高。这是人类在其生存和发展过程中所不可或缺的两种基本能力，而在这两种基本能力之间，心灵的感受能力不但有其独立性和独立发展的空间，而且也是人类理性认识能力和与此相关的实际操作能力的生成和发展的基础。人类的任何理性认识都不能不是在人的心灵感受的基础上建构起来的。没有对"礼崩乐坏"的社会现状的痛苦感受就不会产生孔子的思想学说，没有对现代工人阶级命运和前进的真诚关怀就不会产生马克思主义，没有对光明的热爱和对黑暗的厌恶就没有电灯的发明。脱离了人类的心灵感受，"科学"就成为无本之木。"科学主义"不但不利于人类的生存与发展，有时还会对人类的生存和发展造成严重的损害，甚至有可能导致人类的毁灭。正是因为如此，所以不论是西方还是东方，文学艺术都不仅仅是作为个别人的特殊技能来看待的，而是作为人类社会的一项事业而看待的，并且成了国家教育事业的一个重要组成部分。表面看来。"文学研究"也是一种理性认识活动，也是一种"科学"，但只要意识到它实际是从广义的"文学教育"派生出来的，只要意识到"文学教育"归根到底是为了人类心灵感受能力的提高而不是或主要不是为了理性认识能力的提高，我们就会知道，"文学研究"的最本质的意义实际不是像植物学、动物学那样的认识意义，而主要是通过认识文学以及各种不同的文学现象而服务于人的精神发展，是为了读者更广泛、更深入地感受和体验人类历史上所创造出的各类文学文本。任何一个人的现实生活空间都是极其狭小的、零碎的，只有通过大量文学文本的感受和体验，一个人才能够进入古往今来的现实的、想象的、梦幻的空间之中去，才能在自己的心灵内部开辟出一个更加广袤、更加丰富多彩的空间。这是一个自我心灵内的宇宙，并使自我的精神不断得到升华。所有这一切，

《依然旧时明月》序

都是通过具体的欣赏活动而逐渐实现的。所以。文学研究与一般的科学研究的一个最根本差别在于：它不是始于已知、终于未知，而是始于欣赏、终于欣赏。欣赏是全部文学研究的核心和灵魂。

可以想象，在最初的文学流通中，是没有现在所谓的"文学评论"和"文学研究"的，而只有"文学欣赏"。文本的写作是在作者那里完成的。文学的欣赏是在读者这里实现的。只有当文学文本多了起来，阅读这些文学文本的读者也多了起来，读者与读者之间也有了交流，"文学评论"才在"文学欣赏"的基础上产生了。在中国古代文论中，有"鉴赏"这个概念，就是将"文学评论"和"文学欣赏"结合在一起的。实际上，对于不只欣赏过一个文学文本的读者来说，在"欣赏"中就已经包含着"鉴别"，在"鉴别"中也自然包含着"欣赏"。没有"欣赏"，对文本根本无所感受，怎样鉴别优劣？怎样评论短长？但是，同作者的"创作活动"一样，读者的"欣赏活动"也是极具个性色彩的，其中不但有欣赏水平的高低，也有感受角度和审美趣味等等的差异，这反映在文学评论中，大量"文学问题"就被提出来了。对于这些问题，需要系统地考察和了解，需要专门的思考和研究，"文学研究"也就应运而生了。到系统的、有目的性的"文学研究"逐步开展起来，"文学研究"也就成了人类社会的一项事业。但是，必须看到，"文学研究"中的所有"问题"，归根到底是在不同读者对于同样一些文学文本的不同感受和体验中提出来的，是在"文学欣赏"的过程中出现的，所以"文学研究"试图解决的归根到底还是"文学欣赏"的问题：对文学各种问题的研究和思考；归根到底是为了精化、深化对文学文本的感受和体验，而不是相反。

随着"文学研究"事业的不断发展，文学研究逐渐分化为几个大的领域。在所有这些领域里，都有自己所要思考和解决的"认识"问题，都有自己从事具体研究活动的"知识"基础。甚至也有自己相对独立的方法论体系，但它们赖以存在的共同基础和最终归宿却只有一个——文学欣赏：

一、文学史与文学史研究。必须看到，文学史不是文学作家的家谱，不是为已经死去和未曾死去的作家树碑立传的，而是为文学史的读者服务的，是以"史"的形式将历代文学家所创作的优秀的文学文本介绍给读者的方式，是为了引导他们通过这些文本的阅读和欣赏逐步提高自己的审美感受能力。它是作品史，不是作家史，作者的介绍和研究也是为了让读者阅读和欣赏他们的作品，而不是仅仅记住这些作家的历史功绩，更不是为了读者知道他们的更多的轶闻趣事。所以，它必须是建立在文学史作者对历史上大量文学文本的欣赏的基础之上的。有欣赏，才有鉴别；有鉴别，才有哪些作品能够"入史"，哪些作品不能"入史"的问题，才有一个如何叙述文学史的问题。仅仅从文学史及其文学史研究的角度，历史资料的搜集和整理，时代背景的考察和研究，历史理论和历史方法的掌握和运用，是文学史及其研究所不可或缺的，但所有这一切，都必须建立在文学欣赏的基础之上。没有欣赏，就没有文学，更没有文学史。

二、文学批评。文学史是历时性的。文学批评是共时性的，但不论是历时性的还是共时性的，都是对于文学作品的批评和研究，因而其前提还是对作品的欣赏。对于文学批评，"角度"和"方法"是最重要的，但不论从何种"角度"，我们批评的还应是"文学"，还应是对我们的心灵发生过触动作用乃至震撼作用的文学文本，亦即还是我们"欣赏"过的文本。对于那些根本不需要我们的心灵去感受、去体验的文本，亦即根本不需要我们"欣赏"的文本，我们所有的"批评"都不可能是"文学的"批评。"方法"，也是如此。在作者那里，叙事学的方法是为了创造一种全新的审美境界；在读者和研究者这里，是为了通过叙事学的分析更精确、更深入地进入到作品所开拓出的审美境界中去，是为了更精确、更深入地欣赏这个文学文本，否则，不论运用多么新的研究方法，都是毫无价值和意义的。

三、文学理论与美学。文学理论与美学是对文学史、文学批评中所提出的带有普遍性的问题的抽象思考和研究，但它们的基础仍然是通过文艺理论家或美学家的欣赏活动而被激活了的文学文本。在我们的观念中，好像文学理论家和美学家首先是阅读了更多理论书籍的人，而不是阅读和欣赏了大量不同时代的不同类型的文学文本的人。我认为，对于那些新的文艺理论体系的创建者，情况可能恰恰相反。因为新的理论发

《依然旧时明月》序

现大都是从对文学作品的新的感受和理解开始的，而不是从原有的理论推论出来的。现实主义的理论是从对现实主义作品的感受和理解中建构起来的，而不是从浪漫主义文学理论中推导出来的。

总之，文学研究的不同领域有不同的学术规范和不同的研究方法，但都必须以"文学欣赏"为基础，"文学欣赏"是联系所有文学研究领域的总纽带。在当代文化中，文学研究越来越与更多的学科建立了广泛而深入的联系，但文学仍然不是文字学、语言学、音韵学，不是哲学、文化学、人类学、民俗学、社会学、道德学、政治学、法学、教育学、传播学、历史学、考古学、心理学、病理学、经济学，更不是天文学、地理学、动物学、植物学、地质学、建筑学、医学、物理学。文学，就是因为它是始于"文学欣赏"，也终于"文学欣赏"的。"文学欣赏"是全部文学研究的圆心，所有的文学研究活动都必须围绕"文学欣赏"这个圆心才能找到自己的轨道。

我们生在一个文学不但成了一项"社会事业"，也成了一项"社会职业"的时代。在这样一个时代，"文学教育"既可以是"文学"的教育也可以是"职业"的教育；我们既可以是因为热爱"文学"而选择了"文学研究"这个"职业"，也可以是因为谋求"职业"而选择了"文学研究"这个"事业"。这就使我们的"文学研究"以及"文学研究"的观念变得复杂起来，在这种情况下，我们往往在还没有成为一个真正的文学的"读者"的时候就直接成了文学的"研究者"，是在还没有形成正常的文学欣赏习惯因而也没有较之一般社会群众更高的文学欣赏趣味的时候就直接开始了自己的"文学研究"。在这时，我们较之一般人多出的就不是更高的文学鉴赏能力，就不是更能敏锐感触到文学魅力的心灵，而是在表面的文学研究活动中所需要的"知识"和"材料"。我们把"文学研究"当成了一般的社会科学研究甚至自然科学研究，从而较之一般的社会科学研究和自然科学研究带上了更加严重的"科学主义"性质。实际上，当我们无法在心灵感受上区别开屈原和宋玉，区别开《水浒传》和《荡寇志》，区别开晚清谴责小说和鲁迅小说的情况下，我们整个的文学研究也就像研究一块铁矿石与一块铜矿石的区别那样成了纯客观的平面化比较，从而失去了"文学研究"本身的价值和意义。在前一个时期，在我们的文学研究中也同在其他研究领域一样，提出了一种"价值中立"的原则。实际上，在文学的研究中，根本不存在这种"价值中立"的立场，我们不但不能在《红楼梦》与《红楼梦》的续书、《堂吉诃德》与当时的骑士小说、鸳鸯蝴蝶派小说与张爱玲小说之间保持"价值中立"的立场，即使在《史记》与《汉书》、苏轼与苏洵、鲁迅小说与茅盾小说之间也无法保持"价值中立"的立场，这是由"文学欣赏"的特点所决定的。只有对于心灵外的客观事实，我们才有可能保持价值中立的原则，而"文学"是我们心灵内的"事实"，对于这样一些"事实"，我们永远无法采取绝对中立的立场。当前的应试教育更是将文学欣赏挤出文学教育的强大力量，从而将文学教育异化为非文学教育或反文学教育。它不仅影响到中学语文教学和中学生文学欣赏习惯的建立，同时也严重影响到大学教育和研究生教育，影响到我们整个文学研究事业的发展。它使我们对于"文学"的了解极少是从文学作品的欣赏中"感受"到、"体验"到的，而更是在文学史和文学理论教科书上"记住"的。我们"知道"陶渊明诗歌、巴尔扎克小说、契诃夫戏剧的思想特征和艺术特征，但可能并没有读过他们的作品；我们"知道"什么叫新古典主义，但可能没有读过任何一部新古典主义的文学作品。即使读过，也常常是为了印证我们在文学史上对他们作品的论述或评价，有时则是为了从中寻找撰写研究论文的题目或资料，而不是像一个真正的读者那样被作品所吸引，所震撼，因而也没有"别是一番滋味在心头"的那种心灵感觉。我们的研究往往不是从文学作品的欣赏中建立起来的，而是依照西方的、中国古代的、中国当前的某种理论信条或研究方法建立起来的，依照当下的时尚建立起来的。我们从我们的研究著作或研究论文中感觉不出我们对文学作品的心灵感受和体验来，也感觉不出作者对文学的热爱和对文学发展的企盼来；我们对一个作家的评论和评价往往同对一个在文学上没有任何建树的人的评论和评价没有任何的差别，好像我们从事的根本不是文学的研究而是动物学研究、病理学的研究等等，我们对一个作家的逸闻趣事的关心更超过对他的文学作品的关心，我们像马戏团的演员展览自己喂养的一只猴子或畸形人一样展览我们的作家，陈列他的隐私，并对他们的隐私表现出超常的兴味。所有这一切，

《依然旧时明月》序

都说明我们并没有将我们的文学研究建立在"文学欣赏"的基础上，更不想在文学研究过程中逐渐提高自己的文学欣赏的水平，似乎我们自己的文学欣赏水平已经是世界上最完美、最高的文学欣赏水平。

按照我的观点，作为整体看的文学研究，大致可分为三个层次：一、文学欣赏；二、文学评论；三、我们现在所理解的以各种"文学问题"为核心展开的文学研究。"文学欣赏"是对具体文学文本的感受和体验；"文学评论"是对具体文学作品或文学现象的整体判断和评论；"文学研究"是对当前存在的各种"文学问题"的思考和研究，致力于完善对各种具体"文学问题"的认识和理解。在由这三个层次构成的"文学研究"整体中，"文学欣赏"是其基础部分，也是最重要、最关键的部分，它的高度决定着一个人和一个民族文学研究的整体高度。从中国古代文学家直到鲁迅，几乎很少有系统的文学研究著作或文艺理论著作，但我们却不能认为他们的文学研究是乏善可陈的，其基本原因就是因为即使在他们三言两语的欣赏和评论（"鉴赏"）文字中，也体现出他们极高的文学欣赏水平。"文学评论"和以专著、论文表现出来的"文学研究"，都不能从根本上脱离"文学欣赏"这个基础，它是区分一种评论和研究活动是不是真正意义上的文学研究活动的关键。在现代世界上，文学研究事业化了，但也职业化了，对"文学欣赏"的漠视几乎成为当代世界文学研究的通病，凡是已经取得了相对学术自由的文学研究领域。影响文学研究事业发展的几乎都来源于对"文学欣赏"的漠视和"文学欣赏"水平的低下。离开"文学欣赏"的"评论"既可以成为政治斗争的工具，也可以成为商业炒作的手段；离开"文学欣赏"的"文学研究"既可以将大量"伪问题"当作真实的"文学问题"进行"研究"，也可以表现为将文学研究完全等同于科学研究的科学主义。所以，在所有已经享有学术自由的文学研究领域，将文学欣赏水平的提高当作首要的任务是关系到整个文学研究事业发展的关键问题。

过常宝先生是中国古典文学研究专家，在北京师范大学文学院的讲堂上，是少数几个最"叫座"的中年教师之一。我是研究中国现代文学的，对于中国古代文学纯属外行，对于他的这部著作，原本是没有发表意见的资格的。但过常宝先生以专家的身份从事文学欣赏文章的写作，着实令我感动。记得在西北大学攻读硕士研究生的时候，读过傅庚生教授古诗欣赏，特别是杜（甫）诗欣赏的作品，对我的帮助甚大。他就是以写作欣赏文章而闻名于全国的。在20世纪90年代，我也曾写过一些这类的文章，无非是想借此提高自己文学欣赏的能力，并引起文学研究同行专家对"文学欣赏"的重视，但因为自己中国古典文学的学养太差，实在有些力不从心。现在过常宝先生以古典文学研究专家的身份写作古诗欣赏的文章，对我过去写的那些文章非但没有轻视讥笑的意思，反给了很多的同情和理解，所以我不揣冒昧，借此谈一谈我对"文学欣赏"的看法，也权作过常宝先生此书的"序"。

2007年5月22日于北京师范大学文学院
原载《依然旧时明月》，过常宝著，东方出版社2007年版

《翻身道情：解放区小说主题叙事研究》序

杜霞在2002至2005年于北京师范大学中文系攻读中国现代文学博士学位期间，我是她的博士生导师。她的这部专著是在她的博士学位论文的基础上修改而成的。所以，在该书出版之际，我就有了说些话的必要。

这部书的缘起，还应当从杜霞考取博士研究生之前说起。在那时，她就向我谈起，她曾经拜访过解放区作家徐光耀同志，并且为徐光耀同志写过一篇专访。这引起了我极大的兴趣。记得我上初中之后读的第一本小说就是徐光耀同志的《平原烈火》，在当时给我留下了很好的印象。大概也是由于这样一个原因，我接着买了一本李克、李微含的《地道战》。后来还读过《风雷记》《变天记》这两部小说，记得是一个作者写的，但很遗憾，作者的名字现在已经记不起来了，加上小学读过的孙犁的《风云初记》，这个时期可以说是我的革命战争小说的阅读期。到了初中二年级，就读了巴金的《家》《春》《秋》《雾》《雨》《电》，初中三年级读了《鲁迅全集》，此后兴趣就转向外国文学了。解放区小说和当代革命历史题材的文学作品零零星星地也读了一些，但从没有像那时那样集中地读过。到了大学，徐光耀同志的名字又一次引起过我的注意，那就是电影《小兵张嘎》的上演。但是，只是看过电影，小说原著却没有读。那时我上的是外文系俄罗斯语言文学专业，更专注于19世纪俄罗斯文学，特别是契诃夫的戏剧和小说，中国当代文学作品读得已经很少了。但是，直至现在，我仍然认为，《小兵张嘎》是中国五六十年代几部最杰出的影片之一。"文化大革命"结束之后，我有幸读了个中国现代文学专业的硕士研究生，后来又读了个博士研究生，毕业后留北京师范大学中文系任教，但始终主要集中于鲁迅研究，有关解放区文学的只写过两篇很短的文章。但是，我始终认为，中国解放区文学，虽然不像五六十年代文学评论家说得那么玄乎，但作为一个文学现象，不仅在中国文学史上，即使在世界当代文学史上，也是极为特殊的，是需要认真加以研究的。当时我的两个师弟罗钢、王培元正在从事抢救解放区文学史料的工作，王培元还出版了《延安鲁艺风云录》，我对他们所做的工作几乎有点嫉妒，很为自己没有能力和耐心做这样的工作而惭愧。所以，当杜霞谈到她的这个工作之后，我很感兴趣。以前还没有一个研究生对这项工作感兴趣。在她考取了博士研究生之后，我便建议她研究解放区文学，并且像她了解徐光耀同志那样，切切实实地进入到解放区作家的心灵之中去，通过他们自己对自己创作道路的呈现思考，总结他们在那个时期的文学创作。这样，既能打破当代研究者与解放区作家之间的隔膜，也能对解放区文学有一个超越性的理解，以达到重新感受和理解解放区文学的研究目的。

我与杜霞这届博士研究生还有一层特殊的关系，那就是他们入学之后我便接受汕头大学的聘任躲到了中国东南边陲的汕头来了。当时我写了一首打油诗，其中有两句是："同学皆高雅，老师独下流。"我的那些博士研究生大都是从外地进了京，成为知识精英，我却从京城流落到了外地，成为一个下流文丐。这不但给学生论文的写作带来了许多不便，而且在学术追求上也有了某些差异，很不利于他们论文写作的指导。幸亏我的学生们独立性都是比较强的，在没有老师的帮助下独立地完成了论文的写作。对他们，我是感到非常愧疚的，同时也是非常感谢的。杜霞也是他们中的一个，我以同样的心情感谢她在自己论文的写作过程中所付出的努力。如果说她的论文还有很多的不足，我这个指导教师应该是负有主要的责任的。

现在想来，解放区文学研究对于像杜霞这样没有农村生活体验的年轻研究者还是一个相当困难的研究课题。如何重新回到当时的历史情景之中去而又坚守当代知识分子对历史文化现象的超越性思想眼光，是在

《翻身道情：解放区小说主题叙事研究》序

解放区文学研究中能否取得真正突破性研究成果的前提。仅此一点，就不是一朝一夕所能够做到的。我们做学术的，也要有坚忍执着的奋斗精神，不要满足于当下的成功和表面的胜利，要准备下苦功夫，费死脑筋，像演算一道自己还没有演算出来的数学题那样，试各种路，想各种法，直至做到自己心知肚明，并且能够令人心服口服，才算真正完成了一个课题的研究。离这一步，我们对解放区文学的研究都还很远，杜霞也不例外。希望杜霞在此后的学术生涯中，继续将这个课题做下去。

2006年9月22日于汕头大学文学院

原载《翻身道情：解放区小说主题叙事研究》，杜霞著，河北人民出版社2006年版

《漳州籍现代著名作家论集》序

关于本书我想说的话，吴福辉先生已经说得很透彻了。我在这里只补充一点：不将一个地域的文学归结为一种主要倾向，而是将一个地域文学视为不同倾向构成的整体，并且要把这个整体放到整个民族文学、整个民族文学史的更大整体中来感受，来思考，这个意思在漳州籍作家研究中是很容易理解的。林语堂、许地山、杨骚这三个重要作家，就分属于不同的文化派别和文学派别，他们是中国，也是漳州地域不同文化发展倾向的体现。漳州现代文化发展的充分性，恰恰在他们构成的这个整体的格局中被充分地体现出来，所谓"麻雀虽小，五脏俱全"。我认为，这就是漳州现代文化为很多地域文化所难以企及的地方。在这里，也有一个对当前中国文化发展的观察、体验和研究的观念问题。中国现代文化危机常常不是孕育在没有变化和发展中，而常常孕育在畸形的发展状态中。"文化大革命"之前的文化是只重政治，而用政治的需要压迫了经济的发展，压迫了文化的发展，这种畸形的发展模式造成了以"文化大革命"形式出现的整体文化危机。显而易见，"文化大革命"之后中国的文化则有一种只重经济的倾向，长此以往，中国的文化发展还将遇到另外一种形式的文化危机。文化是这样，文学也是这样。没有"左翼文学"是不行的，但也不能只有"左翼文学"，文学传达的是人的感受和体验，不同的人有不同的感受和体验，相近的人在不同的境遇中也有不同的感受和体验。人们的感受和体验假若都相同，就不需要传

《漳州籍现代著名作家论集》序

达、不需要文学了。所以，在文学中简单区分先进的文学和保守的文学，现代的文学与非现代的文学，革命的文学与反革命的文学，并以这种区分作为评论和研究文学的标准，是毫无意义的。

就说这点，祝贺《漳州籍现代著名作家论集》的出版。

2005年12月12日于汕头大学文学院

原载《漳州籍现代著名作家论集》，漳州师范学院中文系中国现代文学学科编，人民文学出版社2006年11月版

《诗文探微》序

从胡适在美国试验现代白话新诗,至今已经有近百年的历史。在这近一百年的时间里,新诗已经成为中国现当代文学创作的一个重要文体形式。不仅在大陆,即使在台湾、香港和海外华文文学的创作中,新诗也已经蔚成风气,成为一个不移的文学事实。从中国文学暨中国诗歌发展史的角度,中国现代白话新诗是用现代白话文创作的诗歌作品,它打破了中国传统格律诗固定形式的束缚,将诗歌形式创造的权力完全交给了作者自己。作者可以按照自己的需要决定一首诗的长短、押韵与不押韵,押什么样的韵,换韵还是不换韵,怎样换韵,用什么样的节奏,节奏有无变化以及怎样变化,怎样处理诗的结构和诗的语言,怎样造成诗的效果以及造成什么样的效果……所有这一切,都交给了作者自己。于是有的人认为新诗没有了形式。新诗怎么会没有形式呢?只不过没有了别人为作者事先设定的形式,一首诗有一首诗的形式,不将任何的形式作为新诗的规范。这实际上为新诗的作者提出了更高的要求,没有更独特的生活体验和心灵体验,没有更丰富的艺术想象力和更高的驾驭语言的能力,要想在新诗创作中取得较好的成绩几乎是不可能的。有些人用新诗创作成就的薄弱否定新诗这种文体形式的价值和意义,我认为,这是极不公平的。在任何时代,都是出类拔萃的作品少,而不能传世的作品多。但只要将现当代那些最好的诗歌精选出来,我们就会看到,它们在诗歌形式创造的成就上是远远超过中国古代格律诗的创作的。仅从形

《诗文探微》序

式而言，中国古代诗歌的形式实际是极其有限的，中国古代诗人就用这极其有限的形式抒发自己的自然感受和人生感受，倒是他们感受的真切和自然、感受的丰富性和深刻性，充实了这有限的形式，而在有限的形式中创作出了无数的好诗。从形式上，五律就是五律，七律就是七律，彼此并没有很大的差别，五律、七律中那些好诗，主要不是因为形式不同，而是因为内容不同，表达的情感、情绪感受不同，它们是通过对已有的一种诗歌形式的微调而实现自我情感、情绪感受的传达的。中国现代新诗则不同，只要是成功的新诗，就一篇有一篇的新形式，其形式和内容是融为一体的：没有这样的形式，也没有这样的内容；没有这样的内容，也没有这样的形式。形式的创造与意义的创造是同步的，甚至同样一个新诗诗人的两首不同的好诗，也是形式各异、内容也各异的。这里的关键问题不是有没有形式，关键的问题是怎样看待新诗的内容以及内容和形式的关系。新诗的内容不是一个政治上的主题和哲学上的理念，而是语词的意义要被"形式"所熔化，从而获得在散文语言中所不可能获得的意义或意味。很多人认为，中国现当代新诗是对外国诗的简单的移植，甚至认为中国现当代新诗是对外国诗的拙劣的模仿。这种说法也是似是而非的。对于那些拙劣的新诗未尝不可这样说，但对于那些优秀的中国现当代新诗作品则绝对不能这样说。诗，是语言的艺术，中国现当代新诗是用汉语写的，而不是用外语写的，是汉语的艺术，而不是外语的艺术，只要一首中国现当代新诗是有审美价值的，那就一定证明它是中国诗歌，而不是外国诗歌。诗是最不能模仿的，对本民族诗的模仿还不能成为好诗，对外国诗的模仿就更不行了。

　　从90年代以来，中国的新文学又受到了来自各个方面的质疑，其中又尤以新诗为最。除了少数写新诗和研究新诗的人，似乎说新诗的好话的人越来越少，而说新诗的坏话的人却越来越多，甚至一些以新诗名世的著名诗人和以研究新诗名世的著名诗歌评论家也这么说。我认为，这是一个很不正常的现象。在五六十年代，贬新文学革新的，认为新文学背离了民族文化传统的，大都从现代话剧入手。认为现代话剧是舶来品，不是民族形式，不是中国人所喜闻乐见的戏剧样式。现在这样说的人似乎少了下去，其原因大概因为中国传统戏曲的票房价值也低落了下来，与现代话剧有点同甘苦、共患难的味道了。曹禺的《雷雨》《日出》《原野》《北京人》，根据巴金同名小说改编的《家》、老舍的《茶馆》都获得了很好的演出效果，像《狗儿爷涅槃》《天下第一楼》等当代话剧作品也很有些不俗的表现。事实证明，中国的观众似乎也不是那么不习惯"西洋"话剧。现在同样的命运似乎又落到了新诗的头上。在五六十年代，郭沫若、闻一多、臧克家、田间、李季、贺敬之、郭小川，都是我们无法否定的新诗诗人，讲新文学的坏话，是不好从新诗说起的。但现在有些不同了。现在我们没有了那时青年的盲目的热情，并且似乎厌恶了所有的热情，又遇上了一阵文化上的寻根热，新诗的境遇就艰难了起来。要寻根，思想上的"根"比较容易寻，我们的思想原本就与孔子、孟子的思想没有多少大的差别，一寻就寻到"孔孟之道"那里去了。文学则不同。电影、电视的"根"在中国古代是无论如何也"寻"不到的；小说的"根"好"寻"，但"寻"不到中国古代正统文化那里去，并且这个"根"是五四新文化运动为我们寻到的，不好反过来埋怨那些五四新文化运动的倡导者；散文有了鲁迅、周作人、朱自清、郁达夫、许地山、丰子恺、林语堂、梁实秋、何其芳、张爱玲这诸多名家，当代名家又大都是写散文的，其成就并不一定比中国古代散文更差，"寻根"的热情也高涨不起来。在这种情况下，"新诗"就成了人们蔑弃的对象。古代中国是个"诗国"，诗歌创作的成就最大，将中国古代那些大诗人以及他们的名诗佳作拿出来，中国现当代新诗就被比下去了。但是，这里仍然存在着一个问题，即我们把中国现当代新诗比了下去又能怎么样呢？从此就不让那些写新诗的人写新诗了吗？从此我们就只能写中国古代的格律诗了吗？对于这个问题，那些埋怨新诗写得不好的人，似乎也没有这样说，但是埋怨还是照样埋怨。

　　我认为，在这里，存在的是一个评论家怎样看待自己和自己的评论的问题。评论家能不能只是一个判断家呢？很多人很可能认为这就是评论家的职责，但我认为，这还是远远不够的，甚至还可以说这种评论态度是要不得的。一个评论家不同于一个普通的读者，读者是可以仅仅运用自己的直感或直观判断的，但他们的这种直感或直观判断除了回答调查问卷的问题之外，是没有公开发表的价值的。评论家的评论之所以需

《诗文探微》序

要发表，就是可以与人交流，要在相互的交流中给人以启发。所谓启发，就不是与别人的直感或直观判断的结论完全相同，而是有与别人的直感或直观判断不完全相同的东西，别人知道了彼此的不同及其原因，有可能改变或部分改变自己原来的直感或直观判断。所以，评论家的评论绝不能仅仅是自己直感或直观判断的结论，你认为好，我认为不好，双方只说出自己直感或直观判断中的结论，是无法实现二者之间的交流的，对别人是不可能有所启发的。要交流，就要陈述自己的理由，而这个理由，就是我为什么感到它好或是不好。这样，评论家就要更深地进入到作品之中去，更细致地感受和理解这个作品。这样的结果可能有两种，一种是与自己当初的直感或直观判断没有什么不同，原来"感到"好的，现在"知道"了它确实好；原来"感到"不好的，现在"知道"了它确实不好。这个"知道"，是因为发现了它所以好或者不好的原因。在这时，你对原作的感受至少更加深刻和细致了。但还有另外一种情况，那就是原来感到好的，现在感到并不那么好了；原来感到不好的，现在感到并不那么不好了。也就是说，当你更深地进入到作品之中、更细致地感受了作品本身之后，你对作品的直感或直观感觉也发生了变化。所以，评论家对自己的直感或直观判断也不能百分之百地相信，也得有点怀疑精神，也得想一想为什么。只有这样，我们才会感到更深入地进入到作品中去更细致深入地感受、分析作品的需要。评论家的直感或直观判断应该是经过这样一个过程之后的再度体验，是已经发生了某种程度的变化的新的直感或直观判断。就其全部评论活动而言，这个过程是永无终止的，一个评论家的审美感受是在变化发展着的。正是因为如此，他能发现一般的读者发现不了的美，能感受到一般的读者感受不到的精神震颤。他的才能主要不是停留在那些大家都已经感到、认识到的价值和意义的空间，而是主要探讨那些一般读者尚没有感到、没有认识到或感觉得不清晰、认识得不深刻的价值和意义的空间。正是在这个意义上，诗歌评论家没有理由仅仅重视中国古代诗歌而轻视中国现当代新诗。中国古代诗歌的成就是伟大的，但这种伟大又是被我们大家所共认的；中国古代那些优秀的诗篇是非常美的，但它们的美又是我们大家所共同感受到的。对这样一个诗歌传统，我们有继续深入研究的必要，但对于中国现当代新诗传统则更有研究的价值，因为这个传统还很年轻，如何感受和欣赏中国现当代新诗作品，怎样看待中国现当代新诗创作的成就和不足，以及如何推进中国现当代新诗创作的发展，至今仍是值得我们认真研究的课题。我认为，直至现在，我们仍然更多地用感受和欣赏中国古代诗歌作品的方式感受和欣赏中国现当代新诗作品，仍然更多地用西方的诗歌理论分析和研究中国现当代新诗创作中的理论问题。如何从发展中国现当代新诗的独立审美功能出发感受、欣赏、分析、评论和评价中国现当代新诗创作，并从这种评论中逐渐发展出中国现当代新诗的诗学理论来，还是一个没有解决甚至还没有人注意解决的问题。我们还能不能仅仅用王国维的意境感受和评价中国现当代的新诗创作？我们还能不能仅仅用西方的浪漫主义、现实主义、现代主义、后现代主义诗学理论分析和研究在中国现当代特殊文化背景、特殊历史条件下产生的新诗创作？这不是值得我们认真考虑的问题吗？在所有这些问题没有得到解决之前，我们对新诗的价值和意义、对新诗创作的成就和不足做出的一系列判断不是很值得怀疑吗？评论文学作品，是离不开评论者的直感或直观判断的，但仅仅依靠评论者一时一地的直感或直观判断也是非常危险的，因为直感或直观判断也会欺骗我们。《红楼梦》的价值和意义在普遍轻视小说的中国古代社会是不会有一个较近正确的判断的，那时中国知识分子的直感或直观感觉也并不是那么可靠的。所以，新诗需要阐释，需要研究，需要探讨，过早地对新诗这种文体下这样或那样的结论都是靠不住的。

与此同时，一个普通的读者之所以可以仅凭直感或直观感觉对某个作品做出直接的判断，是因为他只是一个接受者，而不是一个评论者，他对作者的文学创作不需要担负任何的责任，即使自己的看法是错误的，也无损于作品本身以及社会对它的接受。一个文学评论者则不同。文学评论是人类和民族的一项事业，这项事业就是为了人类和民族的文学发展的。尽管我们不能保证我们的意见都有利于人类和本民族文学的发展，但我们的主观动机却不能不放在这个基点上。从一般读者的角度，一部作品的好坏完全取决于作者，但从评论者的角度，却绝对不能这样认为，因为评论者也应当是人类和本民族文学发展的推动力量之

《诗文探微》序

一。文学是在作者和读者的交流中产生和发展的，没有读者的作者和没有作者的读者都是不可想象的。文学评论起到的就是沟通作者和读者的交流的作用。这种沟通，靠的不是一味的吹捧，也不是一味的贬斥，靠的是文学评论者对文学创作的更加深入和细致的感受、分析和认识，靠的是对作者和读者两方的真诚的同情和理解。即使新诗创作真如有些人说的那样不值一哂，我们也没有幸灾乐祸的理由，因为这绝不仅仅是诗人本人的悲剧，也是我们这些文学评论者的悲剧，是我们中国文学的悲剧。我们不能仅仅埋怨中国现当代诗人为什么没有给我们写出更好的诗来，因为我们自己也没有写出更好的诗来，甚至我们还写不到中国现当代著名诗人的作品的那种水平，我们必须同中国现当代诗人一道思考走出困境的道路。我们在检查诗人自身的原因时也得同时检查我们自己的原因，社会的原因、文化的原因、文学观念和文学制度的原因。假若我们从同情中国现当代诗人的角度，我们至少能够感到，我们自身的存在状态就是不利于新诗创作的。我们在一天天地实利化、物质化下去，我们对诗、对诗的精神已经没有了真诚的期待。我们天天反对着"激情"，嘲笑"激进主义"者；我们厌恶"狂热"，厌恶所有不冷静、不理智的言行。当然，我们这样做也有我们的理由。从鸦片战争以来，困扰着我们的就是国家太"弱"，人民太"穷"，我们首先需要的是物质，是金钱，是权力，我们已经无法从物质中分离出我们的精神需要来。但我们也应想到，一个缺乏"激情"的民族怎能会产生伟大的诗人，产生伟大的诗篇呢？不靠"激情"，诗人的精神又怎样冲出物质的重围获得自我的独立表现呢？不靠"激情"，诗人用什么撞开我们封闭已久的心灵让我们拥抱另外一个灵魂呢？不靠"激情"，诗人又从哪里找到转动一个个沉重的方块汉字的力量以让它们焕发出从来未曾焕发过的异彩呢？我们没有真诚的诗的渴望，也就没有对中国现当代诗人的感同身受的同情和理解，我们的稿费是依照字数计算的，我们把诗人挤到了靠写诗无法养活自己的程度；我们的教授是靠论文的篇数评定的，我们把诗人挡在了大学院校之外，使他们连讲授中外诗歌课程的资格也无法得到。但我们却说"五四"诗体革命搞糟了，中国现当代没有产生出足以同中国古代诗人相媲美的伟大诗人来。难道这是合理的吗？

研究文学的人到底不是研究科学的人，研究文学的，总不免产生各种不切实际的幻想。我也是如此。我想，我们中国现当代文化发展到现在，"学术"已经很繁荣了，核心期刊发表的学术论文越来越多；"散文"也很繁荣了，连我们这些大门不出、二门不到的学者和教授也都个个成了散文家；"小说"的繁荣更不必说，连十几岁的孩子都能够源源不断地写出一大堆长篇巨著来。电影、电视，特别是电视连续剧更是多得像塑料袋一样。这些都已经无法引起我们的惊异，也无法真正撼动我们已经麻木了的心灵。还有什么能够给我们中国现当代文化和文学一个新的惊异呢？还有什么能够给我们世俗化了的心灵一个猛烈的震动呢？我认为，那就只有中国现当代新诗了。我们经历了太长久的贫穷，我们太需要物质世界的温暖，在未来的十年、二十年、三十年的时间里，我们仍然可能惊骇于五光十色的现代科技，仍然可能陶醉于满面红光的现代消费，即使我们讲着老子、孔子、朱熹、王阳明、鲁迅、胡适、亚里士多德、莎士比亚、陀思妥耶夫斯基、卡夫卡这样一些中外名人，也像打麻将的人掂量着自己的骨牌一样，希望从中流出我们的物质幸福来……但是，总有一天，四千年的贫穷积欠下我们的物质幸福都被我们享受过了，被物质掩埋得越来越深的心灵再一次感到窒息，感到压抑，感到一种爆发的需要。于是在一个不知道时候的时候，从地心的深处，从人心的深处，一股股带着令人清醒的凉意的精神湍流，冲破厚重的物质地表猛然喷发出来。这种喷发将采取什么样的形式呢？那不就是一个、几个伟大的诗人的诞生吗？不就是一部、几部、几十部伟大的诗篇的诞生吗？像但丁之于意大利，像弥尔顿之于英吉利，像雨果之于法兰西，像歌德之于德意志，像惠特曼之于美利坚，像普希金之于俄罗斯，像舍甫琴克之于乌克兰，像密茨凯维支之于波兰，像贝多芬之于匈牙利，像泰戈尔之于印度，像聂鲁达之于智利……在那时，我们在他们的诗篇里，看到的将不再是成功，不再是名利，不再是形式和内容，也不再是令人艳羡的诗人的荣誉，而是我们自己，我们自己的心灵，我们自己的精神，我们自己内心的渴望与追求。在那时，也只有在那时，我们才知道，我们中华民族的精神不是连缀缝补起来的历史记忆的碎片，不是在讲堂里、会议上宣读的高头讲章，也不是用龙凤麒麟绣织的旌旗

《诗文探微》序

和壁毯，而就在我们真实的心灵中，在我们真正的生命感觉中，在我们做人的尊严中；在那时，也只有在那时，我们才感到，我们彼此不是敌人，不是竞争对手，不是互相欺骗的对象，而是被汉语言文字熔铸成的一颗不可分割的大的心灵，一个社会，一个民族。我们，在诗中，在中国的白话新诗里，将走到一起。

不要鄙弃新诗，不要鄙弃中国现当代诗人。他们不是天才，我们也不是天才。我们都是泥土，但未来的天才又是有可能在我们这些泥土中生长的。

历史留给中国现代白话新诗的时间要比留给我们的时间更加久远，新诗是有前途的。

马丽爱画，也爱新诗。她不鄙弃现当代诗歌，也不鄙弃现当代诗人。该集中的主要作品都是研究新诗创作的。在研究新诗的作品里，她重视欣赏，重视对一首首诗的揣摩和分析。我认为，这都是极其有益的工作，是为未来新诗的发展做泥做土的工作。

祝贺马丽该书的出版。

2005年8月9日于汕头大学文学院

原载《诗文探微》，马丽著，中国档案出版社2005年版

《经验与真理：中国文学真实观念的历史和结构》序

　　读了姜飞这部著作，很受感动。其一是因为文学真实性的问题是长期困惑我的一个问题。在我刚刚接触文学的时候，这个问题几乎是中国文学理论家谈得最多的一个问题，但那时是现实主义文学理论一家独尊的时代，所有的立论都不出现实主义文学的范围，我的文学观也大都是在这些著作和文章的影响下形成的，但带着这样的文学观去读那时的文学创作，却又感觉不到这些现实主义文学理论家所说的那种"真实性"。在我看来，现实主义文学作品的真实性，至少得是现实主义文学作家的独立发现，假若只是诠释政治家的政治战略和策略，那就不是文学作品自身的价值和意义了，也不是文学作品自身的真实性之所在了。"文化大革命"结束之后，中国文学迎来了一个"崭新"的时代，但在我的感觉中，这个文学的真实性的问题实际上还是没有得到较为明确的解决。在"文化大革命"前，我们是将文学归属于政治，但在"文化大革命"之后，我们又将文学归属于思想了。在这个时期，西方思想像走马灯一样在中国大陆转起来。任何一种新的思想潮流一来，都把原来认为优秀的文学作品当成了不优秀的，而原来认为不优秀的反成了优秀的。似乎文学作品就没有自己的任何确定性，一切都是随着思想变的。这在我们现代文学研究领域尤为明显。但是，我只是一个搞现代文学研究的，对文学理论所知甚少，虽然感到有点别扭，但也说不出个所以然

《经验与真理：中国文学真实观念的历史和结构》序

来。在这时，读到姜飞这部著作，感到特别的亲切，甚至有点"他乡遇故知"的感觉。其二是姜飞这部著作如此系统地梳理了中国文学真实观念的演变与发展，作为中国文学理论的一部史论著作是难能可贵的。它的跨度很大，从先秦到现代，涉及的人很多，援引的著作也非常广泛，显而易见，是花费了大力气的。仅从做学问的态度这一点，就是很值得我佩服的。其三是他概括和梳理中国文学真实观的思想框架不但是他的一个独立创造，同时也极为准确地把握住了中国人的文学观念的核心特征。他说："我相信，'真理之真'与'经验之真'组成的紧张结构及其微妙迁流基本可以概括中国文学真实观念的历史演变。'经验之真—真理之真'的结构来源于历史的情境和理性，而非先验的玄想和设计。"我认为，姜飞的这个概括是十分到位的，并且也真实地反映了迄今为止中国文学观念的根本特征。其实，仅从文学社会学的角度，中国文学传统就是与西方文学传统不同的。在古希腊，文学繁荣于哲学之前，当苏格拉底、柏拉图、亚里士多德的思想在社会上发生广泛影响之前，西方早有了希腊神话、荷马史诗、古希腊戏剧的繁荣，这使西方思想家不论是重视文学的，还是不重视文学的，都不会认为文学只是一种思想的工具。而在中国，首先在社会上有了广泛影响的不是文学，而是老子、孔子、墨子、孟子、庄子、荀子、韩非子这些思想家，《诗经》之成为"经"是因为孔子对诗三百的重视。这使中国文学从来不被作为一种独立的文化现象，而只是从属于一种思想传统。儒家有儒家的文学，道家有道家的文学，佛家有佛家的文学，其价值和意义也是按照某种思想的标准分的。西方在文艺复兴之后，文学与科学是作为并立的两种文化现象发展起来的，谁也没有领导谁的权利，但即使到了五四新文化运动之后，文学仍然不被中国社会作为有独立价值和意义的东西，有时从属于政治，有时从属于思想，有时又从属于娱乐，是供人们玩的东西。总之，人们是从文学的外部需要要求文学的。我认为，这就是姜飞所说的中国文学的"历史的情景和理性"，从而"经验之真"与"真理之真"就成了中国人看待文学真实性的基本观念。姜飞的这个概括简直有画龙点睛之功，一下子就把我们文学的观念画活了。

作为一部中国文艺理论的史论著作，姜飞的这部著作已经完成了自己的任务，但我总有些不甘心。我认为，时间已经到了21世纪，我们中国的文学再也不能仅仅作为社会思想的一种附属物而存在了。我们必须能够感觉到文学自身的价值和意义。这就有了一个如何看待文学真实性的问题。其实，文学真实性的问题归根到底讲的是这样一个问题，即不论现实的思想潮流怎么变化，屈原还是屈原，鲁迅还是鲁迅，我们可以从不同的角度揭示他们的意义和价值，但却绝对不会因为社会思想潮流的变化，他们就不是伟大的文学家了。西方的思想潮流连殷商时代一个甲骨碎片的真实性都无法颠覆，但却能够颠覆一个伟大文学家的伟大文学作品。这不是咄咄怪事吗？

在姜飞这部著作的启发下，我写了一篇关于文学真实论的文章，但因为它太长了，不适于作序言，仅将这篇文章的几个主要观点复述如下：

真实性作为一个文学的命题是伴随着现实主义文学的兴盛和发展而成为文艺理论家重点关注的对象的，但现实主义文学的真实性是其定语"现实主义"的质素，而不是其主语"文学"的质素。

文学的真实性归根到底来源于语言的真实性，但语言的真实性并不等同于言语的真实性。语言的真实性是整体的真实性，是在整体内、外部构造关系中呈现出来的，而言语的真实性则是分散的、狭义的、无序的、彼此无法沟通的真实性。

在"现实主义"的意义上，"真实"的反面是"不真实"；在"文学"的意义上，"真实"的反面是"虚无"；文学的真实根源于心灵的真实，文学的虚无根源于心灵的虚无。

文学的真实性是被心灵感受出来的，而不是被理性认识到的；认识到的文学的真实性不是本来意义上的文学的真实性，只有被心灵直感到的真实性才是文学的真实性。

文学之"诚"的真实含义是"自由"；在真正伟大的文学作品中，"诚""爱""自由"是一种三位一体形式的存在；文学的特征是"假中见真"，理性判断的特征是"真中有假"。

这些观点，未必正确，只是同姜飞一起，呐喊一声，希望引起文学理论界对这个文学基本问题的重视。

《经验与真理：中国文学真实观念的历史和结构》序

因这序，耽误了这么长的时间，实在对不起姜飞和出版社的先生们。

2009年11月27日于汕头大学文学院

原载《经验与真理：中国文学真实观念的历史和结构》，姜飞著，巴蜀书社2010年6月版

充满真实的青春激情
——《郭小川精选集》序

凡是在20世纪五六十年代爱上文学的青年，大概没有不受到郭小川诗歌的影响的吧！我也是从那个时代走过来的，我那时曾喜欢过不少诗人的诗，到了现在，经历了人生的沧桑，经历了时代的变化，经历了社会思想的动荡，大浪淘沙，有些诗人的诗在我的脑子里淡漠下去了，有一些诗人的诗甚至在我的感受中变了味道，甜的成了酸的，红的成了灰的，但有些诗人的诗却仍然保留了原来的色调，虽然没有变得更加隽永，更加鲜艳，但也没有褪色，没有腐朽。其中就有郭小川的诗。仅就我个人的感受，郭小川仍是"十七年"诗人中最耀眼的一个。他是那个时代的最杰出的诗人之一。他入选"世纪文学60家"就是一个有力的证明。

关于诗，我们经常谈的是诗人的思想、诗人的道德、诗人的人生道路的问题，实际上，诗人的思想、道德和人生道路是不能脱离开诗来单独加以评说的，那是思想家的事，道德家的事，政治家的事，而不是诗歌评论家的事。诗歌评论家没有权力反对社会对一个诗人的思想要求和道德评价，但诗歌评论家却必须通过诗人的诗感受诗人的思想和道德。郭小川是从延安来到北京的，是从革命根据地来到中华人民共和国首都的，他是属于少年布尔什维克的一群，他是中国共产党和毛泽东旗帜之下的一个战士，一个"小兵"。这不是郭小川的"思想"，也不是他的

充满真实的青春激情

"道德",而是他的"真实"。在革命战争的年代,他是一个少年、青年,他随同革命集体一起走向了胜利,走向了辉煌。这个胜利,这个辉煌,是集体的,也是他的,但他的自我无法同这个集体分离开来,同这个集体分离开来的自我就不再是他真实的自我。他浸泡在胜利的喜悦中,浸泡在辉煌的光域里,但他知道,这个胜利,这个辉煌,主要是他的前辈们,特别是那些革命的领袖们的胜利和辉煌,在那时,他还不是一个独立的发光体。他带着这样一个胜利的光圈进入了20世纪50年代,成了一个"精壮的"中华人民共和国的公民。到了自己发光的年龄,到了自创辉煌的年代,他仍然无法设想他能脱离开这样一个胜利的集体,辉煌的集体,他仍然只是这个集体的一员,但他却应当像自己的前辈那样与自己的同代人一起承担起这个集体的事业,成为这个军队中冲锋陷阵的战士。他是一个少年布尔什维克,是少年布尔什维克群体中的一员。他不同于像俞平伯那样的学院派教授,他们是在"五四"民主、自由的曦光里走入社会的,是在中国和外国的书本里获得自己的思想的,到了20世纪50年代的中国社会上,他们已经没有自己的集体,没有自己思想的归宿。他们在国家的意识形态里找不到自己思想的归宿,在以工、农、兵为主体的"人民"的意识形态里找不到自己的归宿,甚至在他自己所处的学院派教授们中间也找不到自己思想的归宿——这是一个没有集体意志的集体,一个没有集体思想的思想领域;他也不同于胡风及胡风的朋友们,他们是马克思主义者,但他们的马克思主义是在20世纪二三十年代的人生道路上独立接受过来的,是为反抗当时社会和社会思想的旗帜高高举起的。进入20世纪50年代的胡风和他的朋友们,除了自成一个小集体(所谓"集团")之外,没有一个更大的集体,他们是游离在国家意识形态之外的,也是游离在"人民"的意识形态之外的,他们没有自己思想的归宿;他甚至也不同于冯雪峰、丁玲和艾青这样一些成名后才到了延安的知识分子,他们有半个身子不属于革命,不属于革命的集体。革命是他们的选择,但却不是他们全部的自我。他们有一个湖畔诗人的自己,一个《莎菲女士的日记》的自己,一个《大堰河——我的保姆》的自己。他们是吃着革命的"粮食"长大的,但却不是吃着革命的"奶汁"长大的;他甚至也不同于像王蒙这样的少年布尔什维克,作为小说家的王蒙必须钻到生活的细部里去，钻到人的心灵的皱褶当中去，在那里他看到的是更多的淤泥，更多的灰色的东西。那里没有鲜艳的颜色，没有单音调的音乐，一切都综合成了浑浊的一体。而作为诗人的郭小川却是翱翔在空中看世界的，他看的不是细部，而是整体。他是跟着党的号召从中央走到地方的，是跟着中央广播电台的声音从天空落到地面的，他看到的是由乐团指挥的指挥棒掀起的新的声浪，是党与领袖早已计划好的社会的蓝图，他整个地属于这个集体，他是这个集体的集体意志的贯彻者。这决定了郭小川诗歌的话语和话语的形式。正像他整个地属于革命的集体，他的话语和话语形式也整个属于集体主义的话语和话语形式。他没有仅仅属于自己的话语，没有仅仅表达个人生活和思想情绪的话语形式，他甚至没有仅仅写给自己心爱的姑娘的求爱诗，没有仅仅写给自己亲切的朋友的抒情诗。他没有周作人那样的"自己的园地"，没有鲁迅那样的"小楼"（躲进小楼成一统，管他冬夏与春秋），没有沈从文那样的"边城"，也没有郁达夫自己的"迟桂花"，一切都是集体所有制的，一切都是复数第一人称的。这种集体主义的话语和话语形式在历史上是属于革命的，在现实社会是属于国家的，在性质上是属于政治的，在观念上是属于"人民"的，所以他的话语和话语形式也整个地属于革命主义的、国家主义的、政治主义的和人民主义的。集体的意志、革命的意志、国家的意志、政治的意志、党的意志、领袖的意志、人民的意志在他的诗歌中都以他个人的意志的形式被表达了出来。

仅就郭小川使用的诗歌的话语，除了那些同样被别的诗人所反复使用的大自然的话语之外，我们甚至在当时的社论和中央文件中都可以找到。这些是在当时干部的报告和学生的作文中千百遍地重复着的话语，是在人们的不断重复中变得干瘪和枯萎了的教条式的话语。但在郭小川那些为数并不算太少的优秀诗歌作品中，它们却没有失去诗意的汁水，而像鼓满了汁水的圆滚滚的葡萄。他激活了这些抽象的词语，激活了这些干瘪的教条，使它们具有了真实的生命。在郭小川的诗里，它们不再是国家的命令，不再是政治的号召，不再是集体的压力，不再是革命的威胁，而有了一种亲切感，一种激励着我们心灵的东西。为什么呢？因为所有这一切实际都是诗人自己的青春的激情，

充满真实的青春激情

是诗人自己迈着大步跨越人生时发出的急促的呼吸声。他就是一个少年布尔什维克,他在那个年代里就是这样感受自己、感受自己的人生的,甚至那个时代的社会语言也就是这些少年布尔什维克们创造出来的语言,是体现着他们的人生、他们的人生理想的。这种理想确确实实有大片的思想的盲点,但哪个时代的诗人、哪个时代的人生理想没有自己大片的思想盲点呢?但它是激情,是从诗人的生命里生长出来的。是激情就能感动人,是生命中生长出来的就有绿的颜色,就能使别的生命也绽出绿芽。正是这种真实的激情改变了这种语言的性质和作用。只要我们不被这些话语和话语形式本身所阻碍而能真正走进郭小川的诗里,我们就会感到,郭小川并不像他使用的那些语言那样沉重,那样严肃,那样不近人情。他是单纯的,甚至比我们单纯得多。他使用着那些语言,像一个天真的儿童使用着玩具的坦克、玩具的大炮,对别人并没有实际的杀伤力。他不是政治家,他甚至比我们更不懂得政治,不懂得人生的复杂,不懂得历史的沉重。他批胡风,批右派,诅咒一切当时所谓的反党反社会主义分子,实际上他并不真正了解他们。他像在将军指挥下参加军事演习的一个战士。"那是敌人的碉堡,同志们,冲啊!"他冲了上去,第一个冲进了碉堡,把红旗插上了碉堡顶,发出由衷的胜利的欢呼。但这个碉堡并不是他攻占下来的,而是早被政治家攻占下来的一个旧碉堡。这就是郭小川,真正属于他的,不是任何一个实际的斗争,实际的胜利,而是一个热血青年对世界的热爱,对生活的热情,对发展的追求,对前进的欲望,对行动的重视。他喜爱大,喜爱动,喜爱鲜艳的东西:喜爱惊天动地的声音,喜爱没有遮拦的谈话,喜爱宽阔平坦的道路,喜爱一望无际的灵魂。哪一代的热血青年不喜爱这一切呢?只不过在郭小川和他所处的那个年代,这一切都只能在那样一种话语和话语形式中被表现出来罢了。

激情是单纯的,单纯就是幼稚。诗恰恰因为诗人的幼稚才成为不可模仿的。"模仿"就要动心思,动不属于诗的心思。一动心思,就不幼稚了,就不是诗了。在郭小川那样一个时代,谁不愿把自己打扮成一个党和毛泽东的忠诚的战士呢?谁不愿把自己打扮成一个激情的社会主义诗人呢?但一有了打扮的考虑,激情就不是激情了。因为任何的激情,都不是只有一个象限，而是必须有两个不同的象限。好笑的人必然好哭，激烈的活动之后必然更加疲累。模仿者只要模仿笑但不想模仿哭，只想做出好动的样子但又不愿让人看到自己的疲累。这个模仿就不像了：恰恰是充满真实的青春激情的郭小川，容易疲累，容易在情感的宣泄之后感到内心的空虚，感到不被人理解的惆怅和迷惘。当然，他会极力压抑这种情绪，但因为这种情绪是同激情一体的，他想压抑也压抑不住。这表现在当时曾受到批评的《望星空》中。《望星空》的主旨依然是为了否定自己的惆怅迷惘。但这种否定也是建立在他真实的惆怅和迷惘情绪的基础之上的。实际上，在郭小川的最优秀的诗篇里，都深潜着一种隐不可见的感伤意味。这是一个给自己制定了太高的人生目标而又感到自己无力实现的人的感伤，一个充满建功立业的雄心壮志又感到失去了一个建功立业的时代的人的感伤。他衷心崇拜的是在革命战争年代领导中国共产党夺取了全国胜利的那些领袖人物所实现的丰功伟绩，他也是依照他们的形象塑造自己的，但在这和平的年代里他只能成为一个诗人。语言的力量是有限的，越是激烈的情绪越无法实现有效的传达，他在用激情呼唤人的激情的时候，反而更常常回忆起自己已经错过了的那个革命的年代，那个自己尚表现着幼稚和软弱的年代。他希望人们变得坚强有力，但在他的内心世界又理解人的幼稚和软弱。在这时，他与自己的读者成了朋友，成了"同志"，而不主要是党的意志的宣传者和贯彻者。这就是郭小川的诗和那些政治口号诗、那些出于歌功颂德的个人动机编写出来的诗的根本不同。那些诗是单向度的，是只会笑不会哭的诗，是只有豪言壮语而没有感伤情绪的诗。激情是起伏的，他们不敢起伏，也就不是激情。正是因为这样，郭小川在那个时代站了起来，成了一个虽然可以非议但仍然有自己的诗的诗人。

那个属于集体主义的革命时代逐渐远去，但郭小川的激情和感伤却以诗歌的方式保存了下来，并将永久地保存下去。

原载《郭小川精选集》，郭小川著，北京燕山出版社2006年版

《女子高等教育与中国现代女性文学的发生》序

女性文学研究是新时期以来中国文学研究的一大支脉。正像这个名称所昭示的一样,它是与男性文学相对举的,是在与男性文学相区别乃至相对立的意义上建构起来的。反对男性霸权主义、弘扬女权主义思想,几乎成了新时期女性文学研究的主旨。

这也是女性文学研究的必由之路:自然女性文学是与男性文学不同的文学,它就有与男性文学相区别的本质特征,研究者首先着眼于这种本质特征的研究,也是理所当然的。但是,这种研究也有自己的局限性,即它常常用这种定义性的抽象本质代替活生生的、复杂多变的研究对象。这不但不利于对具体对象的研究,有时也会派生出诸多似是而非的思想观念和文学观念,并由这些观念导致更加似是而非的研究结论。至少从我这个男性研究者的视角看来,在当前世界范围内的女性文学研究中,普遍存在着这样一个不尽合理的文学观念,似乎男性文学只是男性文化的产物,女性文学只是女性文化的产物。实际上,正像世界上没有任何一个男人只是由男人创造的,没有任何一个女人只是由女人创造的,世界上也没有任何一个男性的文学作品只是由男性文化创造的,也没有任何一个女性文学作品只是由女性文化创造的。它们无一例外的都是男女两性及其文化交媾所产生的宁馨儿。二者的区别仅仅在于,在男性的文学作品中,其男性文化的特征"有可能"得到更大程度地巩固和加强，而女性文化的特征则更少得到生长和发展的条件。这正像一个男孩在成长的过程中其男性的特征会越来越明显，而其女性的特征则越来越不明显一样。但即使这样一个结论，也是在排除了一切具体的内在与外在条件之后而得出的，而不是一条绝对的真理。与此相联系，在世界范围的女性文学研究中，也普遍使用着这样一种前提性的文化观念，即迄今为止的人类文化，都是男性文化，因而也都带有男性霸权主义文化的特征。这在抽象的意义上是正确的，但若用为论述的前提，则是极不精确的。在这里，存在的是如何看待男性文化本身的复杂性的问题。

仅就男女两性的整体关系而言，在中国古代文明的历史上，男尊女卑的观念是贯穿始终的，中国古代社会在整体上就是一个男权社会，中国古代的文化在整体上就是一种男性霸权主义文化。这是不容怀疑的。但必须看到，这只是一个整体的、本质的、理念化的结论，而不是"历史事实"的总和。假若离开男女两性这样一个特定的关系，我们又可以发现另外一个带有规律性的东西，即在中国古代文化的历史上，中国的男性文化本身则是其男性特征逐渐弱化而女性特征逐渐强化的过程。这里的原因是不难了解的：一个人，除了生活在男女两性的关系之中，还同时生活在君臣、父子等一般性的社会关系之中，而在这样一些关系中，一个男人在大多数的情况下所处的地位实际上也等同于一个女性在男女两性关系中所处的地位，是依附性的，是以"服从"为天职的，所以中国古代儒家教育在本质上就是一种臣妾道德教育，是为适应大量依附性关系而进行的教育。在君臣、父子、夫妻三种关系中，臣文化、子文化与妻文化本质上是相同的，而儒家实施的教育则是这三种文化的总和，都可以纳入"孝"这个总体的概念之中。所以，中国古代的男性文化在总体上不是带有更加雄强的男性特征的文化，而是带有更加阴柔的女性特征的文化。

从中国文化发展的具体状况而言，我认为，中国男性文化可以分为下列几个主要的演化阶段：

一、原始文化阶段。在这个阶段，所有固定的文化价值观念及其价值标准还没有正式形成，所以也无法谈论男性文化与女性文化的关系。

二、前文明阶段。我将像老子、孔子这样的知识分子产生之前的中

《女子高等教育与中国现代女性文学的发生》序

国社会，称为前文明社会；将这个历史阶段，称为前文明阶段。这是中国文化生成的历史阶段。在这个历史阶段所生成的文化，带有更纯正的男性文化的特征。它是伴随着国家的产生而产生的文化，有了国家，就有了政治，有了政治权力，有了以维护个人权力为目的的矛盾和斗争，有了以维护国家权力为目的的人类战争。所有这一切，都是男人干的事情，都是武力与武力、生命与生命的直接冲撞。这种文化，已经带有十分鲜明的霸权主义的特征。但这种霸权主义，在原初的意义上，还不是男性对女性的霸权，而是男性对男性的霸权，男性中强者对弱者、统治者对被统治者的霸权。从男女两性关系的角度，与其说体现的是男性对女性的压迫，不如说是男性对女性的保护。战争是残酷的，是以生命的牺牲为代价的，而人类和种族的繁衍直接依靠女性，男性用生命保护女性与小儿就成了人类和种族繁衍发展的需要。这是一种男女两性最原始的分工形式向整体社会规模转变的产物，至少在最初的阶段，并不是男性对女性的压迫。这种两性分工的形式在此后的历史发展中始终是存在的，尽管其中越来越多地注入了男女两性不平等关系的因素，但我们却绝对不能将所有这种分工关系的本身都视为男性对女性的霸权。只有当用一种文化价值观念体系将这种社会分工固定下来之后，只有当与男性直接相联系的国家、政治、社会权力获得了较之与女性直接相联系的生殖、生命、情爱更高的社会价值之后，这种社会分工的形式才成了男性压迫女性的形式。严格说来，这是在知识分子文化产生之后才发生的文化现象。

三、文明阶段。我将知识分子文化产生之后的人类历史统称为文明阶段。知识分子文化的产生，标志着人类或一个民族在直接的现实生产或生活活动之外，还存在着一种或多种文化价值观念体系。人们不但实际从事着各项生产与生活的活动，而且还存在着一种或多种感受、思考和评价这些活动的价值观念体系及其价值标准。具体到中国历史上，这个阶段又可以分为三个不同的历史时期：

1. 从先秦到汉唐。这是一个中国知识分子文化生成与发展并逐步实现了与国家政治的有机结合的阶段。在这里，实际上有两种不同的因素在同时发挥着作用。首先，在"文"与"武"的对立中，知识分子文化的本身具有更明显的女性文化的特征。如上所述，在前文明阶段，发展起来的是一种更纯正的男性文化，它是以"武"为特征的文化，是肉体与肉体、力量与力量、生命与生命的直接冲撞。在这种冲撞中，从整体上，男性是具有绝对优势的。而"文"，主要是一种话语形式，"君子动口不动手"。在这种话语关系中，男性并不占有绝对的优势，从长远的历史发展来看，它实际是更有利于女性文化而不利于男性文化发展的（我认为，从当代文化发展的实际状况，我们已经能够发现，在不以强权为背景的情况下，女性运用语言的能力更强于男性）。但这时的知识分子文化，是以前文明阶段造成的男性社会为背景的，不但这时的知识分子都是男性，而且他们赖以形成自己的价值观念体系的现实政治社会也是由清一色的男性构成的。所以，就其形式，它具有明显的女性文化的特征，而就其内容，则主要属于男性文化。"男尊女卑"的价值体系就是在这个时期正式形成的。这也决定了中国知识分子文化产生之后，逐渐实现了与现实政治权力的直接结合。在这种结合中，现实政治权力赋予了这种原本不具有强权性质的文化价值观念以霸权的性质，成为当时社会上的一种霸权话语，这同时也是男权社会对女性的霸权统治。但是，在这个历史时期，这种结合并没有完全实现。"秦皇汉武，略输文采；唐宗宋祖，稍逊风骚"，他们还是以"武"为主，还是表现着比较纯正的男性文化的雄强特征。这种以雄强为主要特征的男性文化，是具有霸权主义性质的，但仍然主要是男性对男性的霸权，而不是男性对女性的霸权。"武皇开边意未已"与"汉皇重色思倾国"是相互联系的两个方面，从整体上，中国仍然主要上演着"英雄美人"的故事。虽然当代女性不会满足于这种关系，但这种关系仍然主要是相互征服的关系：男性以"力"对女性的征服，女性以"美"对男性的征服，二者构成的是相互依存的情爱关系，不能简单地归结为男性对女性的压迫。

2. 从宋至清末。科举取士制度的形成，知识分子文化普及程度的提高，宋明理学的昌盛，使中国政治社会开始呈现出"文"盛"武"衰的特征。就其整体特征，是男性霸权主义文化的衰退与女性情爱文化的胜出。这同时导致了两种相互联系的不同精神后果。其一是男性文化女性特征的加强。这不但使少数女性在文化上取得了与多数男性相当的社

《女子高等教育与中国现代女性文学的发生》序

会地位，产生了像李清照这样著名的女性词人，而且使女性在男性文化产品中的地位得到了提高。到了《红楼梦》，就有了"男人是泥做的骨肉，女人是水做的骨肉"的感叹，虽然这也是在男性立场上产生的两性观念，但要将曹雪芹生生地判定为男性霸权主义者，则显然是有些冤枉的。在这时，"英雄美人"的两性模式仍然存在着，但逐渐发展起来的却是"才子佳人"模式。如果说"英雄美人"模式是政治与生活的结合，权力与情爱的结合，男性是担负着社会的、政治的责任，担负着用生命保护女性的社会责任的，而女性则成为男性的精神家园或精神支柱，而"才子佳人"模式则完全是生活的与情爱的了。在这种模式中，男性并不承担较之女性更严峻、更重大的社会责任，而只是女性在情感上感到满足的一个对象，女性对于男性也是这样。从表现形式上，在"才子佳人"模式中，男女两性的地位更是平等的，但事情总是有两面性的。男性的男性特征的弱化，女性特征的加强，社会责任感的降低，享乐主义倾向的发展，在某些情况下尽管会加强对女性生活命运的感同身受的能力，但在更多的情况下，则是加强了男性对女性压迫和束缚的残酷性。文弱的男性只能统治更加柔弱的女性，白面书生只能压迫小脚女人，只要男尊女卑的观念还是社会上流行的一种两性关系的观念，只要女性的社会作用仍然仅仅局限在为男性传宗接代的动物性生殖范围内，女性就要受到男权社会的更严重的摧残和压抑。所以，正是在这个历史时期，出现了大量为男性殉身的节妇烈女，女性的自由也受到了更加严重的束缚。但是，即使在这样一个历史时期，落实到具体的男女两性的关系中，也仍然有各种形式的例外。在一个存在着男性霸权主义的社会里，是不可能不存在女性对女性、女性对男性的霸权主义统治的。女性与女性的竞争，男性与男性的竞争，使有些女性与男性霸权相结合而实现对另外一些女性乃至男性的霸权统治，就成了表面上溢出男尊女卑模式的另外一种模式。总之，在任何历史时期，都不可能是所有男性的意识都属于男性霸权意识，所有女性的意识都属于被压迫、被禁锢的女性意识，在存在着男性对女性的统治的地方，也一定会存在着女性对男性的统治。事物总是复杂的，社会总是复杂的。

3. 五四新文化运动之后。我们的女性文学研究多集中于这一时期，但恰恰在这一时期，男女两性文化呈现着最为复杂的状况。首先，在民族危机的社会条件下，早已呈现着明显的女性化特征的中国男性知识分子文化开始寻找自己早已失落了的雄强的男性文化的特征，这从鲁迅的"立人"思想、陈独秀的《敬告青年》、胡适的《易卜生主义》都可以看出其中的端倪，但也正是他们，首先提出了妇女解放的问题。显而易见，只有这些男性的觉醒，是不可能真正实现妇女的社会解放的，他们的作品归根到底仍然是男性意识的产物，但我们却不能认为，他们的作品也是男性霸权主义的产物。否则，我们便无法说明为什么这个男性发动的文化革命运动，会带来现代女性文学创作的逐渐繁荣。中国现代女性意识的生成是在反对男性霸权主义的过程中逐渐建立起来的，但却不是在反对五四时期男性作家的霸权主义的过程中逐渐建立起来的。实际上，在20年代，甚至在整个中国现代文学史上，中国的男性文学与中国的女性文学都是在大致平行发展的关系中共同发展的，将这个时期的中国女性文学与中国男性文学简单对立起来，是有违历史的事实的。女性，是一个弱势群体，而弱势群体的解放首先表现为向强势的方向发展，因为弱者只有自强自立，才能取得自己的独立性。直至现在，弱势民族反抗强势民族的侵略和压迫、被压迫阶级反抗压迫阶级的统治和压迫、女性反抗男性的歧视和压迫的斗争仍然常常结合在一起。在中国现代历史上，我们也能发现这种历史的发展趋势。所以，女性意识的独立性绝不意味着女性拒绝与任何男性群体相结合。恰恰相反，女性由家庭走向社会、由边缘走向中心的每一步，都具体表现为进入以男性为主体的群体联系之中。在这种以男性为主体的社会关系中，女性有可能受到男性文化更直接、更严重的压制和束缚，但在这种更直接、更严重的压制和束缚面前仍然能够坚守自己独立的女性立场却是女性意识走向独立的主要标志。我认为，意识到这一点，对于中国现当代女性文学研究也是非常重要的。在中国现代文学史上，女性独立意识的发展有三种主要模式：张爱玲模式、萧红模式、丁玲模式。这三种模式都有自己的优势所在，但也有自己无法克服的困难。片面强调张爱玲模式而贬低丁玲模式，我认为未必是合情合理的。与此同时，中国现代女性意识的发展，与表现形式的雄强化，有时是同步的，有时又是不同步的。在"文化大

《女子高等教育与中国现代女性文学的发生》序

革命"中，有些女性红卫兵表现出较之男性更加极端的"造反精神"，实质上，这是一种对男性社会政治霸权的主动适应形式，而不是女性意识发展的产物。

在这里，我们还必须注意"文学"自身的特征。如上所述，相对于"武化"的"文化"，本身就是在和平条件下平等交流的方式，所以相对于"武人"的"文人"，也更具温柔和平的性质。即使战斗的文章，仍然只是"文章"，而不是杀人的刀剑。只能震撼人的精神，而不能伤及人的皮肉和生命。"语言"本身是没有阶级性的，是没有霸权性质的，话语霸权是"话语"与政治、经济等现实的权力相结合的产物，不是话语本身的特征。也就是说，男人可以用话语表达自己的思想感情和情绪，女人同样也可以用话语表达自己的思想感情和情绪。不论何种形式的话语，在其本质上起到的都是人类之间的思想与情感的沟通作用，而不是相反。将一种与政治、经济等现实权力毫无关系的话语形式直接称之为话语霸权或男性话语霸权，在本质上是不合理的。与此同时，凡是拥有政治、经济等现实权力的阶级、阶层或个人，凡是经常借助政治、经济等现实权力直接实现自己的欲望和要求的阶级、阶层或个人，其运用语言的能力是不会得到较为充分的发展的，所以，文化的真正发展，总是通过像老子、孔子、墨子、庄子、韩非子、屈原、司马迁、陶渊明、杜甫、蒲松龄、曹雪芹、鲁迅这样一些没有实际的政治、经济权力的知识分子实现的。他们的作品，在其本来的意义上是直接诉诸读者的思想和感情的，是不伴随对读者的强权压迫的，是通过读者的主体感受而发挥其具体的影响作用的。成为话语霸权的往往不是这些作品本身，而是具有霸权性质的主流意识形态对它们的解读和界定。《论语》本身不是霸权话语，董仲舒提出"罢黜百家、独尊儒术"的国家文化战略之后对《论语》的各种权威的阐释才真正具有霸权性质的话语。这种话语要求的是直接的接受和遵从，而不是读者在自由联想基础上获得的独立感受和理解。在脱离政治、经济权力关系的"语言"关系中，所有的人都处于平等的地位，男女两性更是如此。在中国古代女性只是被剥夺了说话的权利，不是她们不具有语言才能。在这个意义上，"快嘴李翠莲"是有典型意义的。也就是说，构成了对女性歧视和压迫的实际不是语言本身，更不是那些具体的语言文本，而是剥夺了女性说话权利的政治、经济、文化的专制统治，是"权力"，不是"语言"。只要将"话语"从权力关系中剥离开来，"话语"就没有"霸权"。具体到"文学"，就更是如此。文学是传达人的内心感受和感情情绪的文体形式。如果说在男女不平等的社会上，男性更多地占领了社会和社会的理念，而在个体性的内心感受上却远不如女性更加敏锐和精细。所以，只要是一部真正伟大的文学作品，即使是男性的文学作品，也只是有可能带有明显的男性特征，而不能认为就是男性的霸权话语。霸权话语是让人不能不服从的话语，文学话语是让人不能不感动的话语，二者是有严格的区别的，不能混淆在一起。男女两性的爱情诗是互相发明的，男性的爱情诗往往是引发女性爱情诗的触媒。女性的爱情诗也往往是男性爱情诗的触媒。不能认为男性爱情诗就是男性在爱情上对女性的霸权占有，而女性爱情诗则是对男性这种霸权占有的反抗。文学就是文学，真正意义上的文学，不论是男性文学还是女性文学，与政治霸权、经济霸权都是毫无关联的。在这个意义上，女性文学是在参与过往主要由男性从事的文学活动的过程中产生的，而不是在反对男性文学的霸权地位的过程中产生的。在它产生之后，它自身的成长和发展同时也推动了人类文学事业的存在与发展，为人类的文学提供了男性作家所不能提供的文学范例和文学空间，而不是推翻了由男性作家创造的文学范例或占领了男性作家能够发挥自己创造才能的文学空间。也就是说，二者不是在对立的意义上联系在一起的，而是在相互推动和相互发明的意义上联系在一起的。

最后，我想说明的是，女性意识也像中国古代的"道"一样，是一个可感而不可言说的恍惚概念，是随着女性文学的发展而不断发生着改变的概念，而不像现在中国女性文学研究中所说那样明白和确定。李清照有李清照的女性意识，张爱玲有张爱玲的女性意识，一千年之后的女性作家怎样理解女性我们是很难断定的。即使同样一个时代的女性，对自身的感受和理解也是不一样的，同是两姐妹，勃朗特在《简·爱》中流露出的对女性的感受和理解，同艾米莉在《呼啸山庄》中流露出来的对女性的理解就是有差异的。女性文学研究要通过不同的文学作品具体摸索和探求各个女性作家对自身的感受和理解，而不能仅仅以一部或几部

《女子高等教育与中国现代女性文学的发生》序

论述女性的书的观点为标准衡量具体文学作品的价值和意义。

新时期以来的女性文学研究是取得了很大成就的，但我认为，迄今为止，我们仍然常常囿于女性文学的定义，并多在男女两性文学的对立中使用这些定义，这就影响了我们在更广阔的视野中从多方面探索女性文学的发展。王翠艳的这部专著改了一下路数，从中国现代女子教育，具体说来，就是从北京女子高等师范／北京女子师范大学这所最早的女子大学的角度观察和了解中国现代女性文学发展的问题。我认为，是有新意有见地的。有时候，直盯着一个事物看，未必看得那么清楚，多绕几个弯子，反而能够看出平常不易看到的东西。文学研究是一项长期的事业，女性文学研究也是这样。做得从容一些，或许更好些。

2007年5月2日于北京师范大学文学院

原载《女子高等教育与中国现代女性文学的发生》，王翠艳著，文化艺术出版社2007年版

"绘事后素"
——刘殿祥《闻一多〈死水〉论》序

有一次,子夏问孔子:"'巧笑倩兮,美目盼兮,素以为绚兮。'何谓也?"孔子回答说:"绘事后素。"子夏又问:"礼后乎?"孔子听到子夏的回问后说:"起予者商也!始可与言诗已矣。"(《论语·八佾》)子夏与孔子的这段对话大致是说,子夏读到"巧笑倩兮,美目盼兮,素以为绚兮"这几句诗,显然对"巧笑倩兮,美目盼兮"所描绘的这个女子的美丽动人的神态是心神领会的,但却不知道诗人为什么会说"素以为绚兮",就问孔子,这几句诗说的是什么意思呢?孔子回答说,譬如绘画,背景必须是素的,再用鲜艳的色彩作画,才能做出绚烂夺目的画来。这里的"巧笑倩兮,美目盼兮"虽然是美丽动人的神态,但这种美丽动人的神态却是在朴素无华的背景上呈现出来的,具体到这个美丽动人的女子来说,则是在她朴实无华的衣饰以及她的天真无邪的心灵状态的基础上表现出来的。背景不是素的,即使用鲜艳的色彩做出画来,这幅画也不会绚烂夺目,美丽动人。子夏听到孔子的解释,因而联想到"礼",认为"礼"也应当是简单朴素的,是自然而然的,是体现人与人正常关系的言行习惯和礼仪形式,不论是施礼的人还是受礼的人,都没有不自然的感觉,因而也不会留下任何强烈的印象。只有在这种基本的礼仪形式的基础上,才能通过不同于一般礼仪形式的具体言行而表达出这个人在这个特定的时空条件下对某个特定事物的特定的感情态度来。孔子说:

"绘事后素"

"不学礼，无以立。"（《论语·季氏》）也就是说，"礼"是做人的基础，它也像一个人的背景，这个人的道德情操是在这个背景之上突现出来的，而这个背景也应该像诗和画的背景一样是简单朴素的，其本身不能花里胡哨，炫惑人的耳目。所以子夏反问孔子说："礼是不是也像背景一样简单朴素呢？"孔子听到后，知道子夏听懂了他的话，并且将他讲的道理又用到了对"礼"的具体理解上，这对孔子本人也是有启发意义的。所以孔子说："能够启发我的是子夏呵！这样，我就可以与他谈论诗歌作品了。"

在这里，孔子提出了一个诗和诗的背景的关系的问题。显而易见，诗，乃至所有文学艺术作品的本体，必须是"有"，是"存在"，是能够让读者感受到、感触到的语言作品。读者不但能够感受到其中每个词语、每个线条、每个诗句、每个文学意象的意味，并且能够感到这首诗的整体的意味。它不能是"空"，不能是"无"，不能是淡而无味的"素朴"。也就是说，艺术不能是"空"的，不能搞虚无主义，即使当代的行为艺术，也得在画廊里摆放些东西，这些东西得有特定的状态，从而也给观众以特定的精神感受。什么也不摆，或者摆了一些不会引起观众任何内心感受的东西，或者只有零碎的感受而没有整体的感受，那就不是艺术了。所以，不是所有不按一定规则排列起来的文字都是自由诗，也不是所有按照一定格律排列起来的文字都是格律诗或新格律诗。它得有意味。但是，诗的意味，是在一个更广大的"空"的背景上、"无"的背景上、"素朴"的背景上呈现出来的。这个背景不是我们常常说的时代背景，也不是一首诗、一幅画、一个文学作品内部的东西，而是它们背后的东西，是它们的"底子"。这个"底子"可以从两个方面看：从一个方面看，它是这首诗、这个文学作品所存在的整体背景，这个背景是一个空间，是"空"的，如果这个背景上还有其他许多内容，这首诗、这个文学作品的意味就呈现不出来了，就没有意味了。"巧笑倩兮，美目盼兮"，只有这一"笑"，只有这一"盼"，其他的一切都是似有若无的，诗的意味就出来了。如果再将其他的东西突出出来，如果再描写她的鼻子，她的耳朵，诗反而索然无味了；从另外一个方面看，它又是诗人或文学家的"心地"。不论诗人或文学家在其作品中表现的是什么内容,表达的是什么感情,但他们的"心地"却必须是单纯的、朴素的、没有事先预留的情感内容或思想企图。"巧笑倩兮,美目盼兮"正是因为作者的"心地"是单纯的、朴素的,这个少女的笑容和眼神才如此鲜明地呈现在他的眼睛里,并引起如此强烈的美感感觉。如果作者在这时还保留着事先就已经产生的浓郁的感情或强烈的期盼,如果作者这时还保留着对其他女子的爱慕之情或对这个女子的超于美感感受的其他目的,这个女子的美就不会如此鲜明地呈现出来了。以上这两个方面,其实只是一回事情,即诗人或文学家的"心地"是单纯的、朴素的,除了他所实际描写的事物之外,其他的事物都没有进入到他的意识之中去,都处在一种混沌的空无状态。实际上,这种"绘事后素"的道理也没有什么难懂的地方。譬如,你要品尝食物的味道,得在品尝前感觉不到任何味道。如果你在品尝之前已经吃了很辣或很咸的东西,这个食物是什么味道的,你就品尝不出来了。

这个背景的"空",这个背景的"素",对于我们读者是比较容易做到的,因为我们谁也不会在全神贯注地从事着一些其他的日常事务或心神不宁地期待着一个现实物质追求的目标时,还会阅读文学作品。我们的文学阅读,大都是在空闲时间、没有急着要处理的事情,或者有,而能够在忙里偷闲、暂时忘却现实世界的日常琐事、能够静下心来阅读文学作品的时候。在这时,我们的心灵状态还不是空无的,平时遗留下来的一些横七竖八的生活印象还会缠绕于心,由于这些凌乱的生活印象的纠缠,自己的心灵还不是完全平静的,但我们却会像接受催眠师对我们的催眠一样听任文学作品用语言拨动我们的心弦。在这时,文学作品同时起到的是两种作用:一、为我们的心灵清仓。在这一刹那间,缠绕在我们脑际的所有那些紊乱无序的印象全都被遗忘在了脑后,使我们的心灵变得无限的空旷和澄明。二、文学的意象或情景在这空旷澄明的心灵中得到了较之任何日常生活印象都更加鲜明和突出的呈现。读《水浒传》眼前呈现的就是《水浒传》的画面,读《红楼梦》眼前活跃的就是《红楼梦》的形象,这就实现了我们对文学作品的欣赏。但到了作者那里,这个"空"却是极难做到的。这就是为什么历朝历代都是能欣赏文学作品的人多,并且越是好

"绘事后素"

的文学作品爱读的人越多,而能够创作出好的文学作品来的人却是少而又少。为什么呢?因为诗人,艺术家要做到这个心灵的空无是很难的,它依靠的不仅仅是自己当时的主观努力,而更是一种连自己也无法控制的"心境"。诗人、文学家是这样一些催眠师:他们要想给别人催眠,得先自己处于休眠状态,而在自己处于休眠状态的时候,还能够给别人成功地施行催眠术。要做到这一点,是极难的。

但是,这种心灵状态到底是有的,这是由那些传颂至今而仍能沁人心脾的文学艺术作品所证明了的。在这里,我们需要体味的首先是这种能够创作出好的文学作品来的艺术的"心境"。毫无异议,诗人和文学家也像我们普通人一样有自己的生活,有自己的人生,甚至也像我们普通人一样在自己的生活、在自己的人生之中并不是一切都感到满意的,总有一些不如意,总有一些坎坷和不平。如果这些不如意、这些坎坷和不平尽数都属于一己的,与他人无关,与社会无涉,与人类无牵连,或者自认为如此,充其量只能发发牢骚或者诉诉冤苦,然后压抑在自己内心了事,是不会想到写诗或写小说的。但是当这些不如意、这些坎坷和不平不仅仅属于个人,还与他人、与社会、与人类有些关系时,他就有了希望获得更多人的了解和同情的愿望了,就有了表现的冲动了。并且越是感到与他人、与社会、与人类关系重大,这种表现的冲动就越是强烈。这是一种人生感受,一种感情情绪。这种人生感受,这种感情情绪,越是浓郁,越是有排他性,越是容易接受相同人生感受、相同感情情绪的感染。在这时,有两种情况,一是突然有一种不同的感受,特别强烈,将平时这些不如意、这些坎坷和不平的感觉,一扫而空;二是有一种相同或相近的感受、相同或相近的情绪,特别强烈,将平时这些小的不如意、小的坎坷和不平的感觉,全部覆盖了起来。这就构成了我们前面所说的那种艺术的心境,那种将一个意象或一种情景在一种空旷澄明的境界中和盘托出的艺术的心境。如果他又是有写作的欲望和写作的习惯的人,他就会试图将这种艺术的感觉用语言的形式表现出来,从而进入文学创作的过程。实际上,诗人和文学家在其创作过程中,所营造的就是这种艺术的感觉,如果他根本没有这种感觉,他是不知道怎样营造它的;而如果他有这种感觉,而找不到产生这种艺术效果的语言形式，这种艺术的感觉也是营造不起来的。

　　在这里，我们就能粗略地感受到产生这种真正的艺术创作心境的困难了。

　　首先，诗人和文学家能不能产生这种艺术的感觉，并不是他自身能够左右的。很难想象，一个不是屈原的人会写出《离骚》《天问》，一个不是曹雪芹的人会写出《红楼梦》，一个不是鲁迅的人会写出鲁迅的小说、散文诗和杂文。但是，屈原之成为屈原，曹雪芹之成为曹雪芹，鲁迅之成为鲁迅，并不完全是由他们自己决定的，而是由无限多的偶然性所构成的。即使对于这些人，某种艺术的感觉也常常是稍纵即逝的。对于我们的读者来说，所有伟大的文学作品都是永恒的，因为我们可以直接接受这些作品的语言的"催眠"，只要一个民族的语言是永恒的，这个民族的伟大的文学作品也将是永恒的。而对于诗人和文学家来说，则与此相反，越是伟大的文学作品，越是只能产生于作者创作它的那一个特定的时段甚至是一刹那，只能产生在那种稍纵即逝的艺术心境中。即使郭沫若，也只有在写《天狗》这首诗的时候才狂妄到了真正忘乎所以的程度，才将此前所有自卑、自恋的情绪一扫而空，并开拓出了一个无限广大的空旷澄明的心灵境界；即使鲁迅，也只有在"三·一八"惨案发生之后、刘和珍和杨德群的尸骨未冷的时候，才会写出《记念刘和珍君》这篇散文，因为只有在这时，这个惨案以及与这个惨案有关的一切才真正胀大成了一个宇宙，一个将鲁迅的心灵整个地笼罩在其中的广漠的宇宙，从而也将鲁迅此前所淤积起来的各种复杂的情绪记忆全部汇集在这"出离了愤怒"的愤怒情感之中，使这种愤怒的情感也有了回肠荡气的艺术功能。也就是说，艺术的心境，正像铁树开花的那一刹那铁树的全体及其全部生命都被集中在它的花朵上绽放出来一样，但这一刹那的绽放却不仅仅有赖于这一刹那的努力。

　　其二，诗人、文学家的艺术的心境具体表现为一种痴迷状态，但却不是任何一种痴迷状态都是一种艺术的心境。这种痴迷是精神上的痴迷，而不是物质上的痴迷；是心灵的痴迷，而不是欲望的痴迷。一旦诗人、文学家的痴迷带上了一己的物质实利欲望的性质，一旦诗人、文学家对其感到美的事物和情景带上了据为己有的倾向，哪怕是潜意识中的，读者和观众也会在本能中就感到作者对自己的漠视和排斥，而无法沉入到对同一事物和情景的痴迷心境中来了，艺术也就不再是艺术。权力的欲望、金钱的欲望、性的欲望，甚至是成名的欲望，都是可以使人进入癫狂状态的欲望，但这却不是真正意义上的艺术的心境，因而也产生不出真正意义上的艺术作品，因为它们都是一个人在平时的日常生活中就不断积淀起来的欲望，是构成一个人的"心地"的内容，在艺术的创作中，则是隐现在背景中的事物。

人的物质欲望从来都是浑浊不清的，它以骚动的形式要求肉体的满足，因而也不可能将人的心灵导向空旷澄明的境界。必须意识到，对于一个人，尤其是对于一个已经具有写作能力的成年人，又是多么容易陷入这些现实实利欲望之中而不能自拔呀！艺术的心境首先扫荡的就是这些积淀在内心的物质欲望。在这个意义上，艺术的心境并不像人们通常所想象的那样是人们可以自由出入的广场，而更像是一个隐在草丛中的壕沟，诗人、文学家是一不小心就掉入其中的那些"失足者"，而不是那些拿着别人早已绘制好的文学地图到深山老林中来的"寻宝者"。在中国，尤其是如此。只要回望一下中国文学的历史，回望一下屈原、司马迁、陶渊明、李白、杜甫、蒲松龄、吴敬梓、曹雪芹、鲁迅这些杰出的中国诗人、文学家，人们就会相信我的这个判断绝不是危言耸听，这也就决定了构成真正的艺术心境的困难性。

其三，我们说诗人、文学家是一不小心掉入一个隐在草丛中的壕沟的"失足者"，但诗人、文学家却绝对不是一个一般的"失足者"，不是那些常常感到"一失足而成千古恨"的唯利是图的人，而是一个懂得并珍视人性美价值的人。他在这个无意间跌入的精神的壕沟中感到的不仅仅是绝望和孤独，而且出人意料地发现了在平时心境中所从来没有体验过的更加纯净的人性的美。鲁迅在创作《狂人日记》的过程中分明感到自己也成了一个"狂人"，但他却不是一个一般意义上的"狂人"，而是一个全身心都向往着"不吃人的人"和"不吃人的世界"的"狂人"——平时的鲁迅，是不可能仅仅活在这么纯净的社会理想之中的；李白"斗酒诗百篇""但愿长醉不用醒"，但他却不是一个一般意义上的酒徒，而是一个在醉意朦胧中更能够尽情体验人的精神自由的酒徒——

平时的李白，是不可能永远处在这种狂放不羁的心情之中的。也就是说，真正的诗人和文学家一定是有超常的心路历程的人，但却不是所有拥有超常的心路历程的人都能够成为真正的诗人和文学家。诗人和文学家至少是懂得人性美、珍视人性美的价值的人，是能够紧紧抓住这一刹那的超常的人生体验，从而表现出这一刹那的美的心灵和心灵的美的人。而我们，则常常自觉与不自觉地惧怕这种美的心灵和心灵的美。（试想，我们平常是多么害怕向公众讲出自己真正的心里话呀。）

其四，对于诗人、文学家，这种超常的人生体验是以超常的语言艺术形式传达出来的，而找到这种超常的语言艺术形式——正像我们所知道的——也不是一件轻而易举的事情。"当我沉默着的时候，我觉得充实；我将开口，同时感到空虚。"①我认为，这才是真正艺术心境来临前的一刹那的真实感觉……总之，即使对于一个拥有写作能力的人，要进入这种真正的艺术心境也不是那么容易的。

当问题提到现当代文学史上，这种艺术心境的营造更成了一个异常困难的事情。我们知道，中国的新文学是在中国新文化运动中产生的，我们甚至可以认为中国新文学就是中国新文化的产物，但是，中国的新文化运动表达的更是当时少数知识分子对现代中国社会及其思想的理性诉求。他们不是首先体验到了什么而去提倡什么，而是首先感到了对什么的主观需求而去召唤什么，这对于新文学创作带来了双重的困难：即使一个文学家与这些新文化运动的旗手有着完全相同的思想理想，这个文学作家所实际呈现的也不是这些新文化运动的旗手们所追求的那种思想理想本身，这正像一个人在梦中遇到的并不完全是在睡前所想的东西一样（如鲁迅的小说），而假若文学家所实际呈现的完全等同于这些新文化运动的旗手们所追求的那种思想理想，其作品恰恰又不是真正意义上的文学作品，这正像别人将你的白日所思说成了一个梦而这个梦却绝对不是一个真实的梦一样（如胡适的《终身大事》）。这是一种理性认识与艺术想象的矛盾。一种艺术感觉在诗人与文学家的心灵中如果无法起到"清仓"的作用，如果诗人、文学家在文学创作的过程中也无法摆脱

---

① 鲁迅：《野草·题辞》，载《鲁迅全集》第2卷，人民文学出版社，1981，第159页。

"绘事后素"

固有理性认识的束缚与干扰，就不可能达到孔子所说的"绘事后素"的境界从而将艺术的感觉活脱脱地和盘托出，产生真正的艺术效果。这就是为什么即使那些新文化运动的首倡者也没有创作出足以和自己的社会理想相应和的文学作品，这就是为什么连那些五四新文化运动的首倡者也没有充分意识到鲁迅文学创作本身的杰出意义和价值，而到了他们那些自以为信仰科学和民主的理性价值的后继者——英美派学院知识分子那里，甚至将鲁迅的文学创作视为"虚无主义"的或"激进主义"的。不难看出，五四时期的启蒙文学对其启蒙思想，20世纪20年代的青年文学对其爱与美的理想，20世纪20年代后期的革命文学对其革命理想，20世纪30年代左翼文学对其马克思主义阶级斗争学说，20世纪解放区文学对其《在延安文艺座谈会上的讲话》的精神，20世纪五六十年代文学对于社会主义现实主义或两结合的创作方法，直至"文化大革命"结束之后的中国文学对于现代主义、后现代主义及其纷繁复杂的西方文学理论，在整体上都是理论在前面跑，而文学创作在后面追；理论是先导，文学是随从，文学的创作是为了体现现代理性的要求的。实际上，所有这些都构成了文学创作的背景因素，成了诗人、文学家"心地"中的"永不消逝的电波"，使诗人、文学家的艺术感觉得不到独立的呈现。也就是说，决定艺术描写的已经不是诗人、文学家当下的艺术感觉，而是他们事先已经确立了的理性的判断。"后"既不"素"，"绘事"难成，这成为中国现代文学难以取得在实质意义上的长足发展的重要原因。

鲁迅以降，作家的队伍越来越庞大，艺术的穿透力却没有朝着日趋强大的方向发展。理性的负累越来越重，艺术的翅膀也越来越失去了凭虚御风的能力，飞离不了地面了。在鲁迅那里，即使一篇杂文都是那一刹那鲁迅心灵活动的整体表现，并没有将自己真实的"心思"留在作品之外的背景中，成为他"心地"中的东西，因而他的作品的"底子"和他的"心地"都是空旷澄明的，但到后来，作品之外的作家的"心思"却越来越沉重，致使进入作品之内的艺术感觉却越来越稀薄，甚至是支离破碎的，难以圆成整体。即使像茅盾这样的文学大家，即使像《子夜》这样的扛鼎名作，其艺术的感觉也带有被理性切割的明显痕迹。当然，也有反抗这种理性崇拜的倾向的，但他们更多的是用闪避现实、闪避自我的方式以反抗现代理性，而不是以直面现实、直面自我的方式超越现代理性。他们在1927年及其此后的血泊现实中寻觅"幽默"（"论语派"），他们打着"民族主义"的旗帜反对的却是本民族的知识分子（"民族主义文学"），他们向同样丧失了自己的自由权利的知识分子同行要求"自由"（"自由人""第三种人"），他们在漠视比自己政治、经济地位更加低下的民众的人身权利的前提下提倡"人文主义"……所有这些，都用自己的语言将自己人生感觉中最沉重、最鲜明的部分遮蔽在作品的背景上，其艺术的描写不能不是单薄无力的。只有痒痒的抚摸，没有刻骨铭心的快感。归根到底，这仍然是留在文学作品背景上的作家本人的那些多余的"心思"在作怪。总之，凡是那些无法将自己的全部心灵活脱脱地呈现在文学作品中的文学作品，是不可能成为真正的艺术杰作的。

如上所述，一个读者是最容易接受文学作品的催眠而进入这个作品的艺术情景之中的，正是在这里，在诗人、文学家具有对文学作品的创作的主体性之外，读者同时也获得了对文学作品的欣赏、评论和研究的主体性，因为相对于诗人、文学家自己，读者是更容易进入诗人和文学家所创造的艺术情景中的人，是仅仅借助于文学语言便可以领略到文学作品的人性美与艺术美的人。他不必像诗人、文学家那样相对被动地等待艺术心境的降临，也不必在纠缠如乱麻一样的思绪中剥离出真正艺术的情景，这正像一个酿酒的人未必能够品尝出自己所酿制之酒的味道，倒是品酒员更能品尝出他所酿制之酒的品级一样。但在这里，却有一个前提的条件，即这个读者必须是一个真正的读者，并且永远是一个真正的读者。在这个意义上，不论多么伟大的文学批评家，也仍然是一个文学读者，而文学读者则首先是一个文学作品的欣赏者，是一个情愿接受文学作品的催眠而在诗人、文学家的语言的引领下进入他所创造的艺术情景中去的人。在这个过程结束之后，他可以表示对这个作品的满意或不满意以及满意的程度，但在此之前你却不能以任何理由自觉抗拒诗人、文学家对你施行的催眠。不难看出，对于文学批评家，对于一篇文学批评文章，也有一个"绘事后素"的问题，即在你的批评文章之外，不能有任何其他的"心思"，其"心地"是单纯的、朴素的，其背景是空旷澄明的，不能有先入之见，不能用流行的理论、公认的标准代替你对作品的实际感受和欣赏。

中国现当代文化这种重"理(性)"轻"文(学)"的倾向,使中国现当代文学批评家不是首先重视作为读者的自我,而是首先重视作为一个理论家的自我。他们大都是从西方学院派美学和文学理论的接受中走上文学批评的道路的,丰富的"学养"同对中国现实社会人生的隔膜一起构成了他们文学批评活动的特点。如果说文学批评从来都是在文学创作和文学理论的夹缝中生存和发展的,但中国现当代的文学批评几乎是向文学理论一边倒的,中国现当代文学批评的话语几乎就等同于当时流行的文学理论的话语。当现实主义文学理论流行的时候,评论杜甫的诗用现实主义的话语,评论李商隐的诗也用现实主义的话语,而在现代主义文学理论流行的时候,评论李商隐的诗用现代主义的话语,评论杜甫的诗也用现代主义的话语,这就使我们的文学批评陷入了一个永远走不出的怪圈,好像我们的文学批评永远像烙饼一样将文学作品翻来翻去,并且不论怎么翻,都与作品本身没有多大关系。这使我们的文学批评严重脱离了文学批评家对文学作品本身的感受和体验,严重脱离了文学批评家对文学作品本身的欣赏。实际上,文学理论是理性的概括,文学作品是艺术的想象,这两者之间是没有直接结合的可能的,这种结合必须通过具体的文学作品的欣赏,理论只能是对欣赏过程及其结果的阐释、说明和引申,而无法直接概括艺术描写的本身。离开欣赏过程及其结果的文学理论话语,永远是游离在文学作品之外的,因而也是游离在文学批评活动之外的,起到的是干扰和破坏文学批评活动的作用,而无法构成文学批评的实际内容。只有通过自己对文学作品的欣赏,文学批评才是自己的批评,文学批评的话语才是自己的话语,而不是对其他文学理论家的话语的简单抄袭,这样的文学批评也才是活的,才是文学批评家心智与心灵的整体呈现。总之,不论是文学创作,还是文学批评,都应当是"无"中生"有"的过程:文学创作是非艺术的现实中创造出文学的意象和文学的情景来,文学批评是从非理性的文学意象和文学情景中创造出对这个文学作品的理性认识来,并进而上升到对文学整体的理性认识的高度。这种从"无"生"有"的过程体现在文学创作和文学批评的本身,就是孔子所说的"绘事后素":"底子"是空无的,"心地"是澄明的，文学作品、文学批评的本体就在这"空无"的背景上活脱脱地呈现出来。

我们说文学作品的"底子"是空无的，诗人、文学家的"心地"是澄明的，但这并不说明文学作品的背景中什么也没有，并不说明作者的"心地"完全是一片空白。这里的"空"不是绝对的"空"，这里的"无"也不是绝对的"无"，而是在读者阅读文学作品的过程中对现实世界的暂时忘却，是在这一刹那读者主体意识的悄然隐退。而恰恰就在这暂时的忘却和一刹那主体意识的悄然隐退之后，当读者从文学作品的阅读中苏醒过来，艺术背景中的整个世界，作者"心地"中的全部意念，又重新活跃在他的面前，就像一个暂时休克的病人重新苏醒之后，整个世界显得格外清晰，自我的心灵显得格外疏朗一样，是以全新的面貌重新呈现出来的。而在这时，读者在阅读这个文学作品的过程中所感受到、体验到的一切，也已经参与到读者的经验世界和意识世界中来。正是在这个意义上，我们说，每一次真正的艺术体验，都是一次新生，而他对这个文学作品的欣赏、评论、研究也有了一个更加广大的空间。

我们这个民族，是重"理"的民族。在中国古代，就有"理学"（其实再早的"道学"也是一种"理学"），文学是在"理学"的范围被提倡、被重视的；到了现代，首先重视的又是现代理性，"现代文学"是被视为"现代理性"的载体的。文学一直没有自己独立的地位。直至现在，从三岁的孩子开始，大人就叫他们懂"道理"，到了十几岁，大人懂的道理他们就懂得差不多了，上至世界大事、国际关系，下至人伦道德、行为举止，他们大都能够谈出一些"成熟的看法""独立的见解"，但一直活到七八十岁，他们喜欢看的还可能只是那些粗制滥造的鸳鸯蝴蝶派小说，而对中外文学经典，则毫无趣味。这种人性发展的不均衡现象，实际也严重影响到我们的文学研究乃至整个中国社会的发展。多一些实际的欣赏乐趣，少一些空洞的理论教条，很可能是我们的文学研究乃至整个中国社会发展中首先应该注意的事情。

原载《闻一多〈死水〉论》，刘殿祥著，国际广播出版社2010年1月版

谭桂林《本土语境与西方资源》序

谭桂林的学问和人品在中国现当代文学研究界已是人所共知的，他的学术著作有"序"无"序"以及有什么样的"序"，都是无关紧要的，都不会影响读者对其著作的接受。这样，我的"序"就可以随便写了。

该书的论题是一个过于沉重、严肃的话题，我就说些轻松而又有点油滑的话吧！中学时代读过许多诗，也写过许多诗。读的大都是政治诗，或者政治爱情诗（古典诗和外国诗除外），而写的却几乎全是爱情诗。那时写诗不是为了发表、不是为了当诗人，因为那时的诗人是不会一心一意地爱一个异性的，爱也是为了革命。而我，那时还不是一个革命者，也没有通过爱一个女孩子而成为革命者的意思。那时写诗，是写给同班的一个女同学的，但却不能给她看，因为那时学校里是不准谈恋爱的，即使同学们自己，也很瞧不起那些害"单相思"或"双相思"病的同学。实际上，即使当时有恋爱的自由，我也不敢把我的"诗"送给那个女同学看，她并不爱文学，更不懂诗，她会认为我写的诗是对她的冒犯和不敬："对我没动好心思！"所以，那时写诗，是自己写给自己看的。这样写了好多年，从初中写到高中，突然有一天，觉得实在没意思，就烧了。那时已经写满了两个纸箱子，整整烧了一个上午。从此，就不写诗，也很少读诗了。

实际上，我是早就知道自己是没有写诗的才能的。在我的爱好文学的朋友中，有一个"诗人"。他比我低两级，因为学校里爱好文学的人很少，我们几个人就常常来往了。久而久之，就成了朋友。他的诗经常在学校的壁报上、黑板报上登出来。歌颂党的，歌颂祖国的，歌颂大跃进的，热情洋溢，大气磅礴。他这个人也是风风火火的，整天像火烧着腚一样，没有一个清闲的时候。说起话来，没边没沿的，俨然像世界第一诗人，除了他自己的诗，就没有听他说过他还喜欢谁的诗。他是我们学校学生会的劳动部长，但到后来，被撤了职，还受到"留团察看"的处分，原因是他和他的女朋友在另一个县城的旅馆里住了一夜，被那个旅馆的人扣留在那里，学校领导去了才被领回来。我们几个朋友问他到底怎么一回事，他说："没什么事，真的没什么事，我们穿着衣服在床上斜躺着，说了一夜的话。""我想吻她，但不敢。"我们也不知道他说的是真话还是假话。高中毕业之后，他没有考上大学，就回到自己村子里当了农民。回村没有多久，就成了全县回乡知识青年的"标兵"，接着还当了村干部。在那时，我上了大学，假期里到他的家里看过他一次。他很神气，本村里的农民也很尊敬他。但过了没有多久，他就下了台。据他说，村里向来是分为两派的。他们这一派人，多是贫下中农，向来受气。他回到村子里，就领导他们夺了"走富农路线"的那一帮人的权，但到后来，那帮人又把他赶下了台。在这期间，他有些灰溜溜的，在村里被当作"坏分子"管制起来。"文化大革命"初期，他成了造反派，是全县几个最著名的造反派头头之一。造反派失势之后，他坐了几年监。在这期间，我很少见到他。直到90年代初，他又到北京找过我一次。说是要做买卖，还拿走了我的一本《卡夫卡小说集》，至今也没有还给我。

我们中学还有一个"女诗人"，比我低一个年级。开始我不认识她，但到了后来，她被清查出是"杏林社"的成员，成了全校的名人，我才知道她是一个"诗人"，但没有读过她的诗。"杏林社"是我们地区几个中学生成立的文学社团，是在一个公园的杏树底下成立的，就取名"杏林社"。后来被视为反革命组织，在全地区进行了清查。我是爱好文学的，也被作为清查对象。但那些"杏林社"的成员有眼不识泰山，竟然不知道我也是爱好文学的。他们成立"杏林社"，也没有给我打个"招呼"，但这也帮我逃过了一劫。把我作为"犯罪嫌疑人"清查了一番，后来就放过了我。而那个"女诗人"却被清查出来，据说她是参加了"杏林社"的。从此之后，便看到我们学校团总支副书记、那个"女诗人"的一个同班同学，经常同她一走散步，据说是对她做挽救教育工作的。

谭桂林《本土语境与西方资源》序

但到了后来，他两个人都被学校开除了。在这时，大家才知道，那个团总支部副书记非但没有教育好那个"女诗人"，反而被她"拉下了水"，爱上她了。学校领导警告他，他也不听，就把他也开除了。后来听说他两个人在农村结了婚，再后来的事情，我就不知道了。以上两个人，都是我心目中的"诗人"，但却不是真有诗歌作品发表的"真诗人"。我见到的第一个"真诗人"是贵州的黄翔。那时我已经到了北京，得了个"文学博士"学位。大概他误认为"文学博士"就一定是懂文学的，也是懂诗的，就和他的一些朋友到我的住所来。他的具体的样子记不清了，只记得他死活也学不会坐着说话。说不上两句话，便从沙发上跳了起来，两个臂膀在空中乱舞，声音大得整个屋子都装不下。我说："请坐！请坐！"好容易把他按在沙发上，一会儿的工夫就又跳了起来。弄得我心神不得安宁。他回贵州之后，就将他的诗的打印稿全都寄给了我。我倒是很喜欢他的诗，也想写一篇评论文章。但我早就不写诗也很少读诗了，实在不知道应该怎样评论他的诗。甚至连自己对诗的感觉对与不对也弄不清楚。当中他又来过一次，再后来，就听说他在贵州出了点事。我想，就他这样一种性格，不出事才怪呢！就去了一封信，劝他改一改自己的脾气，不要认为"文化大革命"结束了，就什么话都能够说了。记得他的朋友，也是一个"真诗人"的哑默，回了我一封信，对我的回信颇不满意。其实，这是因为他还不太了解我，把我想得太好。实际上，我从小就是一个胆小怕事的人，像契诃夫描写的那个"套中人"一样小心谨慎地生活着。诗人的事，我是管不了也不敢管的。但还好，后来听说，有关部门为黄翔平了反，他又获得了"自由"。再后来，听说他去了海外。在海外，还写诗。

唯一让我可以放心地与之交往的著名诗人是牛汉。他的一生也是坎坷的，但我与之交往的时候，他已经是一个德高望重的老诗人。我的一个博士研究生孙小娅的博士论文，就是研究他的，他给了她很大帮助。我也很感激他。

这篇序，写完了。

2007年11月15日于汕头大学文学院

原载《本土语境与西方资源：现代中西诗学关系研究》，谭桂林著，人民文学出版社2008年4月版